学校に行かない子どもの社会史

不登校とフリースクールの源流

田中佑弥

慶應義塾大学出版会

学校に行かない子どもの社会史　目次

第Ⅰ部　学校に行かない子どもの問題化と学校外における諸対応
――日本児童精神医学会と学校外の学び場に着目して

第三章　子どもの人権侵害と新しい教育の希求――一九八〇年代を中心に　75

第Ⅱ部　学校に行かない子どもに関する認識と対応の変容過程
――奥地圭子たちの活動に着目して

凡例

・日本語文献からの引用は「朝倉 1995, p. 72」という形で表記する。著者名の次に書かれている数字は発行年、「p.」の次に書かれている数字は引用したページ番号を示す。
・外国語文献からの引用は「Best 2017 = 2020, p. 64」という形で表記する。著者名の次に書かれている数字は原著と邦訳の刊行年、「p.」の次に書かれている数字は邦訳から引用したページ番号を示す。
・引用文中の「……」は、原文で使用されている場合を除き、中略を示す。
・引用文中の傍点は、すべて原文によるものである。
・引用文には今日においては不適切と思われる用語や表現もあるが、当時の認識を明らかにするために原文のまま引用した。
・本文を補足する資料として当時の新聞紙面を新聞社の許可を得て転載した。なお掲載にあたっては個人情報保護のため、電話番号、団体所在地の一部を加工した。
・引用文献一覧は巻末にアルファベット順で掲載した。
・序章は先行研究の検討など専門的な内容を含むため、第一章または任意の章から読んでも良い。

学校に行かない子どもの社会史——不登校とフリースクールの源流

序章

1 本研究の概要

(1) 研究目的

本研究は、一九六〇～一九八〇年代を中心に、学校に行かない子どもに関する認識と対応の変容過程を考察する。主要な研究対象を一九六〇～一九八〇年代とした理由は、一九六〇年代から学校に行かない子どもの研究が本格的に始まり、一九八〇年代に学校に行かない子どもが社会問題として注目され、学校に行かない子どもに関する教育行政の転換点となる学校不適応対策調査研究協力者会議（文部省の有識者会議）が一九八九年に発足したからである。文部省は同会議の報告を基に、一九九〇年代から適応指導教室の整備やスクールカウンセラーの配置などを推進していることから、同会議を今日につながる不登校生支援の起点として位置づけることができる。

「教育機会確保法」[1]が二〇一六年に制定され、文部科学省が「義務教育の段階における普通教育に相当する教育の機会の確保等に関する基本指針」を二〇一七年に策定するなど、学校に行かない子どもへの支援の拡充が求められており、学校に行かない子どもをどのように認識し、対応するかが問われている。不登校生支援の起点である学校不適応対策調査研究協力者会議に至る過程を検討することは、今後の不登校生支援のあり方を考察するにあたって必要不可欠な基礎的作業である。

(2) 研究対象

学校不適応対策調査研究協力者会議は、学校に行かない子どもに関する認識と対応を刷新したが、これを単に教育行政内部における力学の変容と捉えることは適切ではない。教育行政は隔絶されたシステムではないから、学校に行かない子どもや保護者、彼らを支援した学校外の学びの場の運営者、医師や心理職、ジャーナリストなど、多様な人びとによる複雑な相互作用の結果として、その変容を捉える必要がある。本研究では特に、これまで十分に検討されてこなかった学校に行かない子どもや保護者および彼らを支援した学校外の学びの場の運営者や専門家に着目する。その代表的な人物は、日本のフリースクールの草分けとして知られる東京シューレを一九八五年に開設した奥地圭子《おくちけいこ》である。自身の子どもが学校に行かなくなったことが小学校教師であった奥地がフリースクールを開設した契機であったように、彼女は学校に行かない子どもの母親でもあった。奥地は「フリースクール全国ネットワーク」代表理事や東京シューレ理事長を長年にわたって務め、(2) 文部科学省が二〇一五年に発足させた「フリースクール等に関する検討会議」に委員として参加するなど、学校に行かない子どもに関する認識と対応の変容に大きな影響を与えてきたが、その活動は十分には研究されていない。

なお一九八〇年代までの当事者たちの活動は主に、学校に行かない子どもの母親たちによって担われた。一九八〇年代以降は一部で学校に行かない子ども自身による活動も見られたが、学校に行かないことに対する批判が強かった当時は、子どもが社会的に発言するにあたって大人による支援を必要とした。一九九〇年代には『学校に行かない僕から学校に行かない君へ』（東京シューレの子どもたち編 1991）のように子どもの社会的発言がより見られるようになるが、これらも支援する大人によって文脈づけられているという批判もある。(3) 本研究では、学校に行かない子ども自身の声も重視するが、彼らの声が社会的に認識されるように努力した専門家や保護者、特に母親たちの活動に着目する。子育ての責任が母親に求められる傾向が強かった時代に、子どもが学校に行かない要因と見做された母親たちは、子どもが学校に行かないことを根源的に問わざるを得ない「当事者」であった。(4)

（3）研究方法

本研究では、学校に行かない子どもに関する認識と対応についての文献調査を実施した。(5) 学校に行かない子ど

（1）正式名称は「義務教育の段階における普通教育に相当する教育の機会の確保等に関する法律」である。本法は、学校に行かない子どもが増加傾向にあることを背景として、学校外における教育機会の確保を主要な目的の一つとしている。法律制定の経緯は高山（2019）を参照。

（2）奥地は、二〇二〇年にＮＰＯ法人フリースクール全国ネットワークの代表理事、二〇二一年にＮＰＯ法人東京シューレの理事長を退任した。

（3）貴戸（2004）などを参照。『子どもたちが語る登校拒否――四〇二人のメッセージ』（石川・内田・山下編 1993）も出版されたが、同書は医師・カウンセラー・ソーシャルワーカーによって編集されている。

（4）貴戸（2004）は、学校に行かない子どもと保護者は同じ立場ではないと指摘しており、狭義の「当事者」は学校に行かない子ども本人に限定されるだろう。親子の立場の違いは慎重に考慮されなければならないが、本研究が対象とする一九八〇年代に、社会に向けて発言することが困難な子どもに代わり、保護者が広義の「当事者」として発言してきたことを鑑み、本研究では学校に行かない子どもに加え、保護者も含めて「当事者」と呼ぶことにする。

もに関する代表的な歴史研究である加藤（2012）が、教育行政文書を中心に参照しているのに対し、本研究ではさまざまな図書、雑誌、学会誌、会報、報告書、新聞記事、法務省を含む行政文書、関係者のインタビューなど、参照できる資料を可能な限り活用した。これは、行政文書が計画的に保存されているのに対し、本研究が着目する人びとの活動は十分に記録されていないためである。参照資料が多様であることによって記述の一貫性を損なう恐れがあるが、小さな出来事の連なりを丁寧に記述することを本研究では重視した。人びとの相互作用は複雑であり、系統的に明示することは容易ではないが、重層的に継走する実践史を明らかにすることにより、そのダイナミズムを提示したい。

2　用語の説明

（1）学校に行かない子ども

①文部省調査の歴史の概観

本研究における「学校に行かない子ども」という用語について説明するにあたって、学校に行かない子どもに関する文部省調査の歴史をまず概観しておく。一八七二年の学制公布によって日本における義務教育制度は始まったが、すべての子どもが学校に行ったわけではなく、不就学は少なくなかった。学校に行かない子どもがいないという状況は義務教育が始まってから現在に至るまで一度もなく、学校に行かない子どもは必ず存在し、戦前にも心理的な理由によって欠席する子どもがいた（山岸 2018）。

第二次世界大戦後、実施体制や集計方法に変遷はあるが、文部省は一九五一年から長期欠席調査を開始し、一九五九年度を対象とする調査からは学校基本調査の一部として実施された[6]。当初、学校基本調査では欠席理由を尋ねていなかったが、一九六三年度対象調査から欠席理由を「病気」「経済的理由」「その他」の三つから選ぶ様式になった。朝倉（1995）によれば、「学校恐怖症または登校拒否児童の実態調査」がなされていないという精神科医たちによる指摘（若林ほか 1965）を受け、一九六六年度対象調査からは欠席理由に「学校ぎらい」が追加され、欠席理由は四分類となった。

文部省の調査における「学校ぎらい」の定義は必ずしも一貫していなかったが、「学校ぎらい」は「登校拒否」に相当するとされ（文部省編 1983）、「学校基本調査において、昭和四一年度から登校拒否児童生徒として『学校ぎらい』を理由に五十日以上欠席した児童生徒を調査している」（文部省編 1997, p. 10）と説明された。一九九八年度対象調査から「学校ぎらい」は「不登校」に変更され、現在に至っている。五十日以上の欠席は一九六六～一九九八年度、三十日以上の欠席は一九九一年度以降を対象に調査されている。[(7)]

不登校（学校ぎらい）の小学生と中学生の合計人数は、一九七四年度の九九六一人を最低値として、その後二〇〇一年度の十三万八七二二人まで一貫して増加した。二〇〇二年度以降は十二万人前後で推移していたが、二〇一三年度以降は一貫して増加しており、二〇二二年度には約三十万人になった。

少子化にもかかわらず不登校児童生徒数が増加しているため、不登校児童生徒の割合も急上昇している。全児

（5）第一章では、学校に行かない子どもに関する研究の黎明期に重要な役割を果たした臨床心理学者や精神医学者のインタビューデータも使用している。

（6）長期欠席調査や学校基本調査の変遷については、加藤（2012）、保坂（2019）を参照。

（7）図0—1、図0—2を参照。図0—1～4は文部省および文部科学省による調査データを基に筆者が作成した。なお「学校基本調査」における理由別長期欠席者数の調査は二〇一四年度対象調査で終了し、二〇一五年度対象調査は「児童生徒の問題行動等生徒指導上の諸問題に関する調査」、二〇一六年度対象調査からは「児童生徒の問題行動・不登校等生徒指導上の諸課題に関する調査」において理由別長期欠席者数が調査されている。

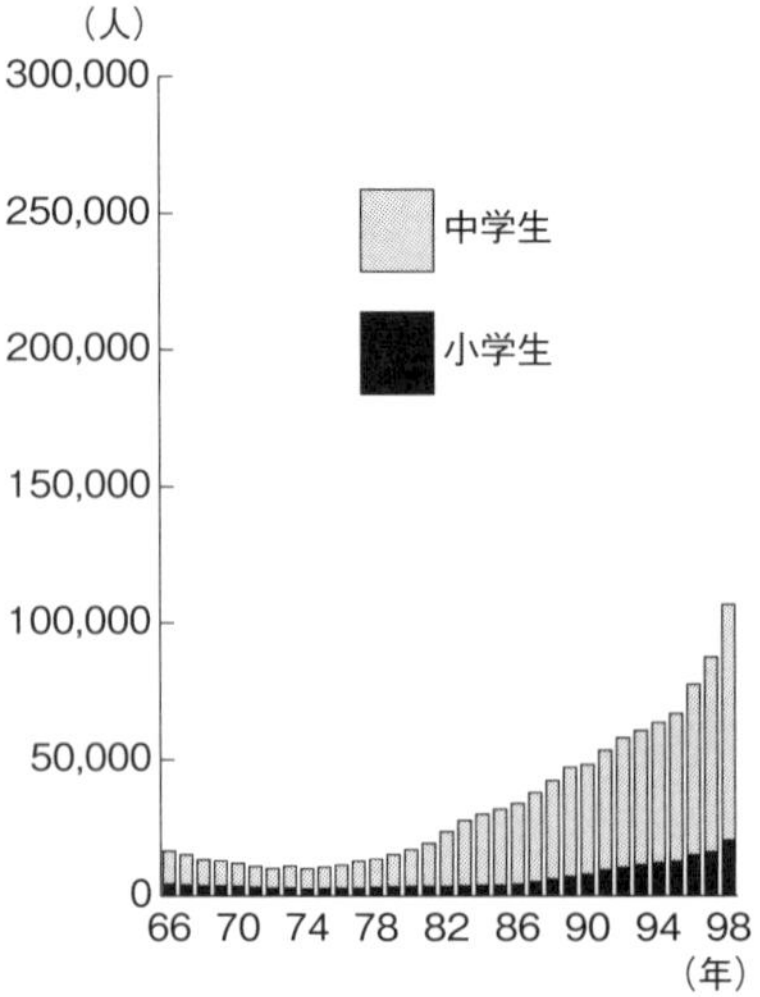

図0—1　「学校ぎらい」「不登校」(50日以上) の人数

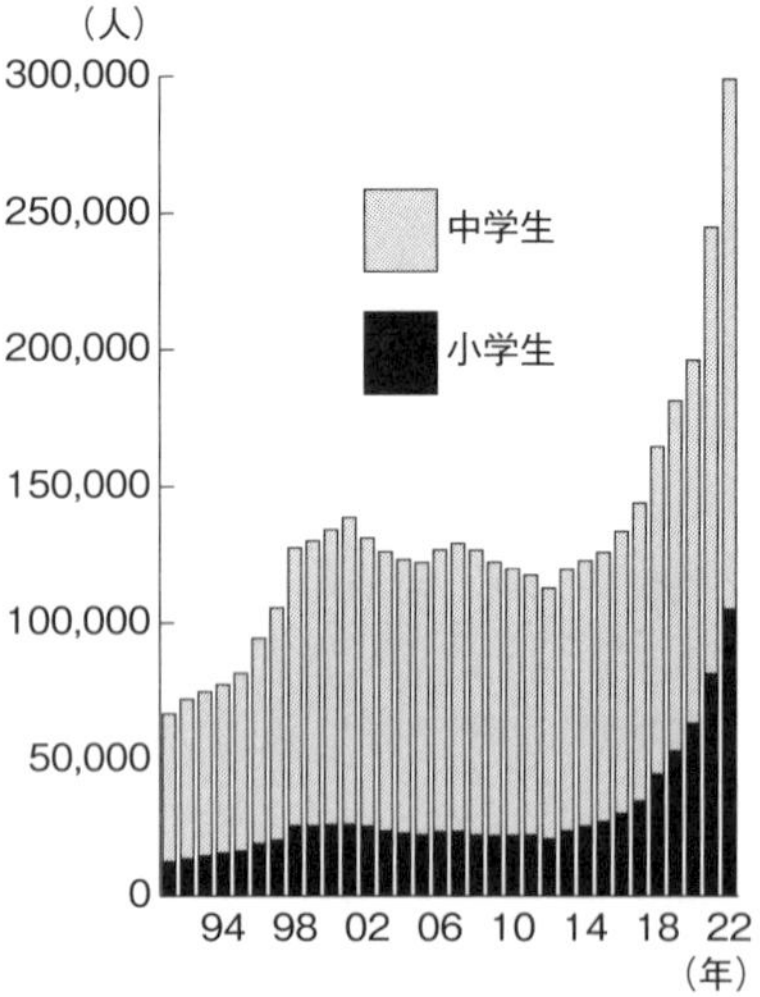

図0—2　「学校ぎらい」「不登校」(30日以上) の人数

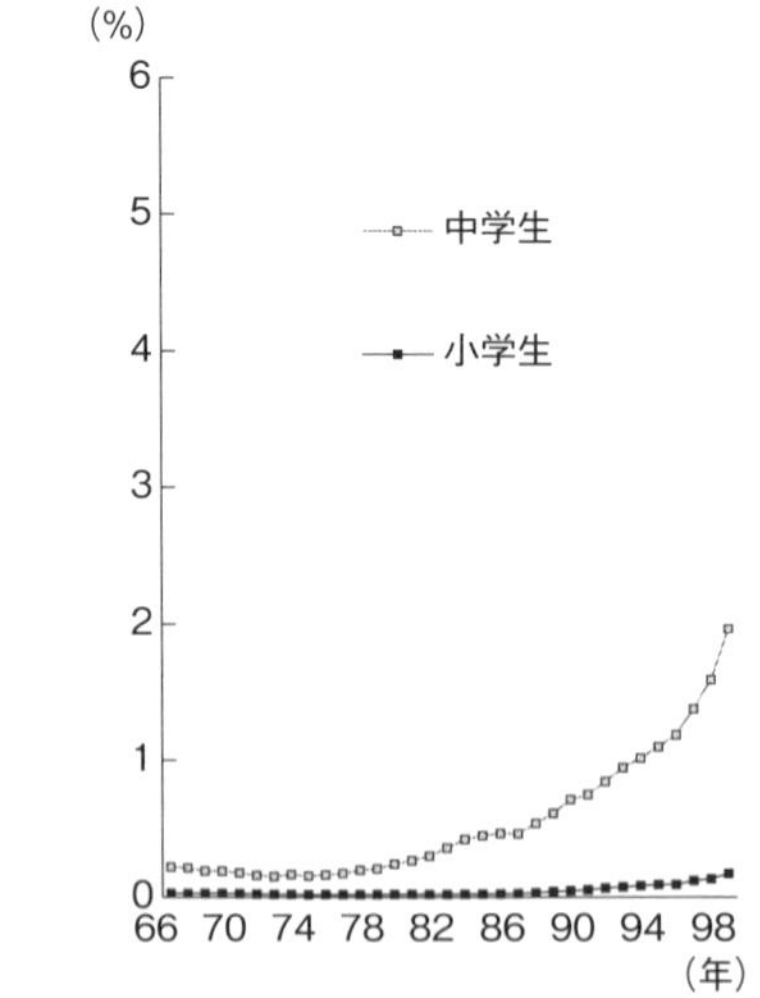

図0—3　「学校ぎらい」「不登校」(50日以上) の割合

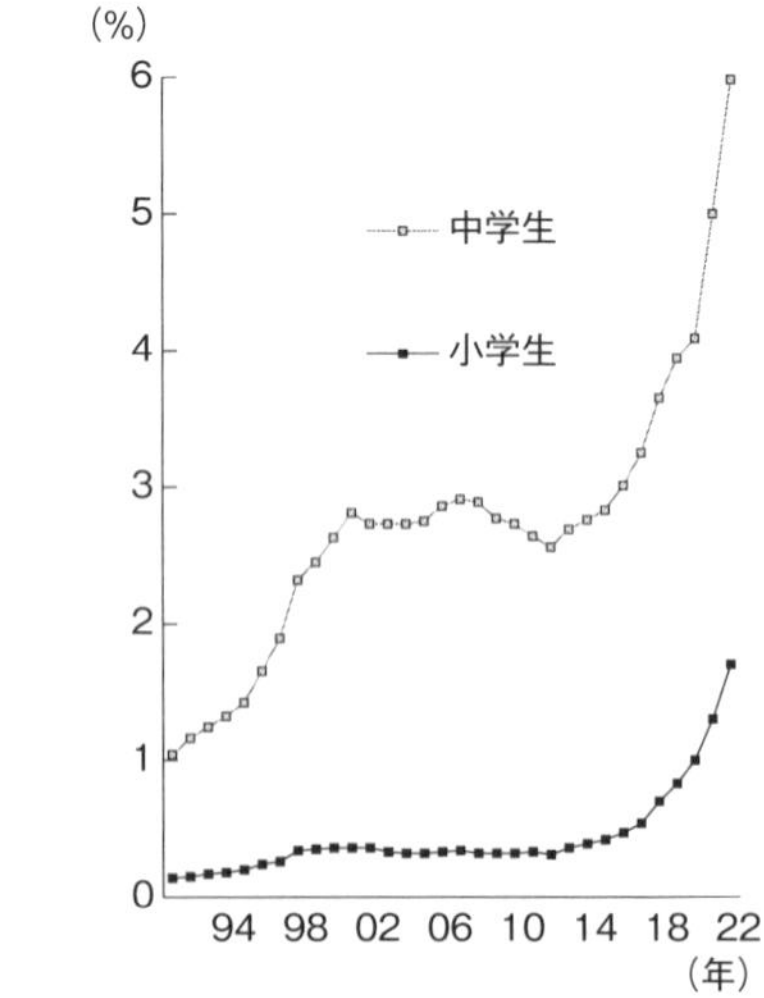

図0—4　「学校ぎらい」「不登校」(30日以上) の割合

童生徒数を母数とした不登校の割合は、一九九一年は小学生〇・一％、中学生一％であったが、二〇二二年度は小学生一・七％、中学生六％になった(8)。

②本研究における「学校に行かない子ども」

学校に行かない子どもに対しては、「不就学」「長期欠席」「学校恐怖症」「学校ぎらい」「登校拒否」「不登校」など、さまざまな呼称が付与されてきた。現在は「不登校」が一般的呼称であるが、一九六〇〜一九八〇年代の歴史を記述するにあたって「不登校」を用いることは適切でないと考えられる。各用語は、それぞれの歴史的文脈に位置づけられており、分析にあたって用いることは望ましくないことから、本研究では「学校に行かない子ども」という用語を用いる(9)。

「学校に行かない子ども」という呼称には、学校基本調査の調査項目である「病気」「経済的理由」「その他」との区別ができないというデメリットがあるが、山本（2008）が指摘しているように、欠席理由の各割合は都道府県によって相当に異なり、同一都道府県においても年度によって激しい変動があるため、指標としての妥当性を欠くことから、欠席理由によって峻別するのではなく、緩やかに「学校に行かない子ども」と捉えることが適切であると考えられる。「不登校」が「病気」として報告される例があることは知られており(10)、二〇一五〜二〇

（8）図0—4を参照。本文中の数値は小数点第二位を四捨五入した。

（9）なお酒井（2023）は、障害等により就学を免除または猶予された子ども、就学義務のない外国籍の子どもなど、文部科学省による長期欠席者調査の対象外となっている者も含め「学校に行かない子ども」と呼んでいる。これらの子どもの教育機会保障も重要な課題ではあるが、本研究では文部科学省による長期欠席者調査の対象者に焦点を当てる。

（10）例えば、現職教員を対象に行われた質問紙調査（石田 1999）には、「不登校」を「病気」と報告した記述が散見される。

一七年度には欠席理由が「『その他』のうち『不登校』の要因を含んでいる者」が調査されていたように、「不登校」と「その他」の差異も明確ではない。また、相対的貧困が不登校の一因と指摘されているように、「不登校」と「経済的理由」の差異も不明確である。(11)

(2) 学校外の学びの場

学校外の学びの場には、社会教育施設のほか進学塾など、さまざまなものがあるが、本研究のテーマに関連して着目するのは、フリースクールおよびその源流である補習塾である。かつては学校復帰以外の選択肢が乏しかったなかで、一部の補習塾は学校に行かない子どもを受け入れており、これは教育支援センター（適応指導教室）などの公的支援に先行する実践であった。また、一九八五年には日本のフリースクールの草分けである東京シューレが開設され、学校に行かない子どもに関する認識と対応の変容過程において大きな役割を果たした。本研究では、フリースクールやその源流である補習塾を指して「学校外の学びの場」と呼ぶことにする。

なお「フリースクール」という語は濫用されているが、その意味は曖昧である（田中 2016）。強いて定義するならば、狭義には Neill（1960）の影響を受けたアメリカのフリースクール運動であり、広義には文部科学省の言う「不登校の子供を受け入れることを主な目的とする団体・施設」である。(12) 両者の様相はまったく異なるが、両者が重なるものとして成立した点に、日本におけるフリースクールの特徴があるとも言える。つまり、学校に行かない子どもを受け入れた場が、「フリースクール」という用語を採用することになったのである。(13)

日本における「フリースクール」が曖昧であるのは、アメリカのフリースクール運動の理念を継承した上での「フリースクール」という用語の採用、あるいは用語のみの採用、およびその中庸がグラデーションのように広がっていることが一因である。

（11）「不登校」という用語そのものが混乱の一因でもある。「不登校」は、学校基本調査では長期欠席の理由の一つであるが、登校していないという状態を意味する言葉でもある。長期欠席と同等の意味合いを持ち得る「不登校」が、長期欠席の理由の一つであることはきわめて分かりにくい。また、心理的不安が身体化することによって病欠し不登校になる、あるいは家庭の経済的困窮による心理的負担によって不登校になる場合もあるだろうが、これらの場合「不登校」は結果であって、「病気」「経済的理由」と同様に並べられるべき理由ではない。「病気」「経済的理由」も心理面と密接に関わっているのであるから個別に捉えるのではなく、さまざまな要因による複合的なものとして捉えるべきである。

（12）アメリカのフリースクール運動については岩田（2015）などを参照。文部科学省は「フリースクール」を明確に定義していないが、二〇一五年に発表した「小・中学校に通っていない義務教育段階の子供が通う民間の団体・施設に関する調査」において、「ここで言う『フリースクール（フリースペースを含む）』とは、不登校の子供を受け入れることを主な目的とする団体・施設を指す」（p. 6）としている。

（13）フリースクールの草分けである東京シューレを開設した奥地圭子は、「フリースクール」という用語の採用について以下のように述べている。「種類としてはフリースクールになるのかなとは考えていたんですが、最初は『学校外の学びと交流の場』と言っていました。……私自身は、すでにフリースクールについて知っていて、シューレをつくる前に、クロンララスクール校長のパット・モンゴメリさんにも会っているんです。……たぶん、はっきり使うようになったのは、クロンララとの交流からだと思います。……シアトルから帰ってきた子どもたちが、何かシューレとフリースクールはすごく似ていて、成り立ちはすごくちがうのに、いっしょのようだと言うんです。……シューレもフリースクールなんだね、みたいなことを言っていたんです。……私も、子どもたちもそう思うんだったらいいかなという感じがして、九〇年代ぐらいからはフリースクールと言うようになったと思います」（全国不登校新聞社編 2018, pp. 1252-1254）。

3　先行研究の検討

本節では、学校に行かない子どもに関する先行研究、本研究が着目するフリースクールに関する先行研究を検討する。学校に行かない子どもに関する先行研究については、精神医学および臨床心理学領域、教育社会学領域に分けて検討する。前者は学校に行かない子どもへの具体的対応を目的として蓄積されてきた研究群であり、後者は学校に行かない子どもの社会学的分析を目的として蓄積されてきた研究群である。教育学における学校に行かない子どもに関する考察（佐伯ほか編 1998 など）も重要であるが、本研究では学校に行かない子どもに関する研究において重要な役割を果たした精神医学および臨床心理学、学校に行かない子どもについての社会学的分析が蓄積されている教育社会学に焦点を当てた。なお、精神医学領域と臨床心理学領域を分けずに検討している理由は、臨床心理学における学校に行かない子どもについての研究では、精神医学の概念が主に用いられてきたからである。(14)

（1）学校に行かない子どもに関する先行研究

①精神医学および臨床心理学

学校に行かない子どもの研究の嚆矢《こうし》は、学校恐怖症（school phobia）に着目したアメリカの Johnson et al.（1941）とされている。(15) 第一章で述べるように、学校に行かない子どもの研究が戦後日本で始まるにあたって、アメリカの先行研究が参照されることになった。学校に行かない子どもについての日本における初の研究論文とされる「神経症的登校拒否行動の研究」（佐藤 1959）は、児童相談所の心理判定員が児童相談所において受理した事例をアメリカ精神医学を参照して分析したものである。

子どもが学校に行かない要因および対応策に関する研究史を検討した花谷・高橋（2004）は、一九六〇～一九九〇年代を三つの時期に分けている。この区分に従って、各期を概観すると以下のようになる。

第一期は一九六〇年代である。学校に行かない子どもの研究が日本において本格的に始まった。一九六〇年に日本児童精神医学会が発足し、学校に行かない子どもは主要な研究テーマの一つとなった。代表的な研究には、母子関係を分離不安として問題化した鷲見《すみ》ほか（1960）、分離不安説を否定したTakagi（1963）、学校に行かない子どもの自己像を問題化した鑪《たたら》（1963）などがある。

第二期は一九七〇年から一九八〇年代半ばである。学校に行かない子ども本人や家族だけでなく、学校も新たに検討対象に加えられた。住田（1972）、藤本（1974）、渡辺（1976）などの精神科医が、学校に批判的な視点を提示した。

第三期は一九八〇年代後半から一九九〇年代である。学校に行かない子どもについて、特定の研究領域内だけ

（14）横田正雄は日本臨床心理学会の学会誌『臨床心理学研究』において「登校拒否論の批判的検討」を六回にわたって連載しているが（横田 1989, 1990ab, 1991, 1992, 1994）、そこで参照されている文献のほとんどはアメリカ矯正精神医学会の学会誌に掲載されたものである。また、第一章で述べるように、臨床心理学を含む日本における学校に行かない子どもの研究は、主にアメリカの精神医学を参照することによって開始された。

臨床心理学における学校に行かない子どもの研究については、佐藤ほか（2011）、佐藤ほか（2012）なども参照。なお臨床心理学領域においては多くの事例論文があるが、本研究では取り上げない。その理由は、学校に行かない子どもがどのように捉えられていたかという共通性を見出すことが困難だからである。学校に行かない子どもに関する一九八〇年代の事例論文はＣｉＮｉｉ（国立情報学研究所学術情報ナビゲータ）に五七編が掲載されている（佐藤ほか 2012）。事例論文において学校に行かない子どもがどのように認識されていたかを分類して検討することも不可能ではないが、限られた数の事例論文が当時の実態を十分に反映しているとは考えられない。また、学校に行かない子どもの個別事例に関するカウンセラーの多様な認識を同一の基準で分類することも困難であるため、学校に行かない子どもに関する認識に大きな影響を与えた精神医学を中心に検討することが適切である。

（15）高木（1984）によれば、これ以前にも怠学（truancy）を研究したBroadwin（1932）やPartridge（1939）が学校に行かない神経症的な子どもの事例を取り上げている。

でなく、広く社会的な見地から語られるようになった。東京シューレが一九八五年に開設されるなど、「当事者・関係者による問題提起を中心に、登校拒否・不登校問題は『特別な子どもの問題』ではなく『どの子にも起こり得る問題』としてその言説は大きく変化し、それに伴い対応策も拡大していく時期」（花谷・高橋 2004, p. 242）である。学校に行かない子どもは、精神医学および臨床心理学領域で研究が始まり、次第に学際的に研究されるようになった。

日本児童青年精神医学会（日本児童精神医学会が一九八二年に名称変更）では、二〇〇〇年以降は学校に行かない子どもを対象とする研究は減少し、発達障害が注目されるようになった。日本児童青年精神医学会の五十周年記念特集号で、学校に行かない子どもに関する研究を概観した齊藤（2009）は、二〇〇〇年以降の九年間に同学会誌に掲載された不登校に関する原著論文は二編のみであることを指摘し、「不登校という現象単位でとらえるよりも、背景にある精神障害単位でとらえるほうがより本質的であり、学問的ではないかという思いが強く関与しているのではないだろうか。近年における生物学的精神医学の目を見張る進歩に伴い、障害の形成を担う脳障害の解析のほうに関心が移り、心理社会的な問題の大半も同じ方法で解決できるとする期待が大きいこととも無縁ではないだろう」（p. 153）と述べている。

高木（2010）は、精神科医として日本の児童精神医学の黎明期から携わってきた学校に行かない子どもについての研究を振り返り、Conrad and Schneider（1992 = 2003）の「医療化（medicalization）」に言及した上で「脱医療化（demedicalization）」の必要性を指摘し、以下のように述べている。「不登校の事例に接して、精神科医はあまり逃げずにやれるだけのことはやったが、特別の例を除いてあまり役に立たなかった。そもそも社会現象である不登校の原因など精神科医に分かるはずもないのに……舶来理論にとらわれた。……demedicalization —それが正しい用語なのかもしれないが、もう一度社会学に戻すという意味で再社会（学）化 resocialization の方向がたどれぬものか。……不登校を社会現象としてはっきりと位置づけるとともに、医療を含めてあらゆる社会資源が協力してかかわることの必要性が求められている」（高木 2010, p. 218）。このように高木は、学校に行かない子どもを社会現象として研究することを重視している。学校に行かない子どもを閉じられた学問領域の研究対象とするのではなく、学際的に研究することに意義があると言えるであろう。

臨床心理学領域においては、一九九五年から文部省の「スクールカウンセラー活用調査研究委託事業」、二〇〇一年から文部科学省の「スクールカウンセラー活用事業補助」が開始され、スクールカウンセラーの配置が広がるとともに、スクールカウンセラーと教師、他の専門職との連携のあり方が議論されるようになった(16)。連携については今日においても議論されているが、連携により学校に行かない子どもをどのように支援するか、そもそも学校に行かない子どもをどのように認識するかについては十分に議論されていない。

②教育社会学

教育社会学における学校に行かない子どもについての代表的な研究は、『「不登校」現象の社会学』（森田 1991）である。ただし、長期欠席も視野に入れるならば、学校に行かない子どもの研究は、戦後日本における教育社会学の黎明期から始まっている。以下では、まず量的研究について述べ、次いで質的研究について述べる。

『教育社会学研究』第一集掲載の「漁村及び農村中学校の長期缺席《けっせき》生徒について」（冨田 1951）は、実態把握の

---

(16) 一九九六年の『教職研修総合特集』（教育開発研究所）一二八号、二〇〇一年の『臨床心理学』（金剛出版）一巻二号などが、スクールカウンセラーとの連携を特集している。また佐藤（1996）なども、学校と臨床心理士等の専門家、専門機関との連携について述べている。

ための統計分析を行った。そのほかにも初期の『教育社会学研究』には、漁村の社会構造分析を通して長期欠席を捉えようとした佐藤（1957）など、農漁村における就学状況に関する研究が掲載された[17]。特定地域ではなく全国を対象とした教育統計の詳細な分析を行った研究として『日本の教育地図』（新堀編 1980）が挙げられる。本書において押谷（1980）は「学校ぎらい」などの分析を行った。森田（1991）は、中学生等への質問紙調査を通して、学校と生徒のつながりの強弱をボンド理論（social bond theory）によって検討し、不登校の背景にある「私事化（privatization）」を指摘した[18]。以上のように量的研究では、特定地域の調査から全国調査、そして生徒等への質問紙調査が実施された[19]。

教育社会学領域に社会構築主義が広がると、学校に行かない子どもの質的研究が始まった。社会構築主義の観点からなされた最初期の研究は工藤（1994ab, 1995）であり、子どもが学校に行かない原因の探究ではなく、学校に行かない子どもが問題化される過程に着目した[20]。朝倉（1995）は、「登校拒否問題」の構築過程を批判的に検討し、フリースクールの内部をエスノグラフィーによって明らかにした。『教育社会学研究』第六八集は「不登校問題の社会学」を特集し、瀬戸（2001）のナラティブ研究、秋葉（2001）のエスノメソドロジー研究などが掲載された。

貴戸（2004）は、当事者研究の立場から当事者の語りの重要性を強調した。東京シューレなどが一九九〇年頃から主張した「明るい登校拒否」は、学校に行かない子どもの否定的側面についての語りを抑制する面があったと指摘した[21]。子どもの声が、どのように社会的文脈に位置づけられているかという点を慎重に考慮しなければならないことが示唆されている。

二〇一〇年代には、歴史研究もなされるようになった。代表的な研究である加藤（2012）は、文部省などによる統計の分析を通して、不登校がどのように問題化されてきたかを検討した[22]。量的調査の蓄積を社会構築主義の観点から歴史的に再検討したものと評価できる。主に教育行政によって不登校がどのように社会的に位置づけられてきたかという「社会統制」が系統的に示されているが、統制を受ける側の人びとの主体性は十分に捉えられていない。

（2）フリースクール研究

さまざまなフリースクール研究があるが、ここでは本研究に関わる先行研究を中心に確認しておく[23]。日本におけるフリースクール研究は、フリースクールの源流として知られるサマーヒル・スクール（Summerhill School）

（17）その後の『教育社会学研究』には、第一九集（特集：青少年非行）に「在学非行青少年の指導に関する教育社会学的研究」（青少年指導研究会 1964）など、第三十集（特集：教育における社会病理）に「現代教育の病理——教育病理学の構造」（新堀 1975）などが掲載された。

（18）ほかに森田の共同研究者たちによる成果として、森田・松浦編（1991）や竹川《たけかわ》（1993）がある。また、不登校生追跡調査として森田編（2003）がある。

（19）二〇〇〇年以降は相対的貧困率の上昇を背景に「脱落型不登校」（保坂 2000, 2019）という概念が提唱された。また、文部科学省の不登校調査の妥当性を検討した前述の山本（2008）も重要な研究である。

（20）さらに工藤（2002, 2006）などのほか、学校に行かない子どもに関わる「教育言説」を分析した樋田（1997, 2010）、「不登校運動」を分析したWong（2008）などがある。

（21）ほかに藤井（2017）、山岸（2018）も教育社会学ではないが、不登校経験者による当事者研究と言い得るものであり、両者ともに学校に行かない子どもを治療対象としてきた研究を批判的に再検討している。また、山田（2002）は「親の会」の立場から、大人による子どものリプリゼンテーション（representation）に注意を促している。

（22）ほかに文部省統計の変遷を検討したShimizu（2011）がある。

を創設したニイル（Neill, A.S.）の教育思想研究として始まった。戦前からニイルと交流のあった霜田静志は、翻訳や解説記事、著作（霜田 1929, 1959 など）を通して、ニイルやサマーヒル・スクールの紹介に努めた。後には堀（1984）、永田（1996）、山﨑（1998）などの研究が続いた。

日本においてフリースクールという語が広まった契機は、ジャーナリストである大沼安史の著作『教育に強制はいらない――欧米のフリースクール取材の旅』（大沼 1982）の出版である。一九七〇年代後半以降に学校に行かない子どもが増加し続けたことを背景に、既存の教育とは異なる新しい教育の形としてフリースクールが注目されるようになった[24]。

二〇〇〇年以降は、フリースクールの社会学的研究が蓄積されていった。まず、フリースクールの実態が質問紙調査によって検討され（菊池・永田 2001）、後に特異な教育の場であるフリースクールの内部をエスノグラフィーによって描き出す研究が続いた（佐川 2006, 森田 2007 など）。近年はフリースクールの実践家と研究者によるフリースクール運営についての共同研究も取り組まれている（武井・矢野・橋本編 2022）。

このように多様なフリースクール研究が展開されているが、日本のフリースクールについての歴史研究はごく僅かである。貴重な先行研究として、フリースクール運動のフレーム分析を行った佐川（2009）があるが、検討範囲は限られている。また、橋本（2020）は、フリースクール設立者のライフストーリー・インタビューを行っているが、社会全体の流れではなく、フリースクール設立者がそれぞれの実践をどのように意味づけているかを重視している。南出（2016）は、「戦後日本社会における教育実践運動」として「自主的な実践研究に基づく学校教育運動」と「父母・住民による地域教育運動」の二つを挙げ、両者の結節点として教育雑誌『ひと』と私立学校「自由の森学園」があり、フリースクールも同様に位置づけられるとしている。歴史研究の対象として取り上げられることの少なかったフリースクールを「教育実践運動」の歴史に位置づけることに意義があるかもしれないが、フリースクールと他の「教育実践運動」との差異が見落とされてしまう恐れがあるため、本書では東京シューレを開設した奥地について詳述することにより、その独自性を明らかにする。

4　本研究が歴史記述において重視する点

前節での先行研究の検討を踏まえ、本研究が歴史記述において重視する点について述べる。それらは「学校に行かない子どもの問題化過程」と「多様な人びとによる複雑な相互作用」である。

(1) 学校に行かない子どもの問題化過程

本研究は、朝倉（1995）によって簡潔に整理された「登校拒否問題」の構築過程をより詳細に検討する。朝倉は、Spector and Kitsuse（1977 = 1990）に依拠して、精神科医などによる「登校拒否問題」の構築過程や、本研究も着目する東京シューレを記述している。[25]

(23) 橋本（2018）は、社会福祉や建築など多領域にわたる六十ものフリースクール研究論文を概観することにより、フリースクール研究の全体像を提示している。また、フリースクール研究と重なる領域としてオルタナティブ教育研究（永田編 2019, 宋編 2021 など）がある。

(24) 新堀（1996）は、臨床教育学の観点からフリースクールの意義を指摘し、地方自治体による重要な実践として兵庫県立神《かん》出《で》学園を挙げている。

(25) Spector and Kitsuse（1977 = 1990）も精神医療やフリースクールを事例として詳しく取り上げている。第六章はアメリカ精神医学会を対象にした事例研究であり、フリースクールについては七章で言及されている。

社会問題の構築過程をSpector and Kitsuseは、四段階に分けている。段階一は問題の認知と定義づけ、段階二は公的な調査の実施や対応機関の設置、段階三は前段階までに確立された見解や対処法に対する異議申し立て、段階四はオルタナティブの提示、と整理できる。これは朝倉が提示した「登校拒否問題」の構築過程に対応している。すなわち、段階一は精神科医などの専門家による「登校拒否」の問題化、段階二は文部省などによるさまざまな対応、段階三はフリースクール関係者たちによる異議申し立て、段階四は子どもたちの主体的選択としての「明るい登校拒否」である。[26]

朝倉の歴史記述は優れた先駆的研究であり、Spector and Kitsuseの四段階にも合致している。しかし、この四段階は、社会問題の構築過程に関する仮説であり、実際はより複雑であると考えられることから、本研究では朝倉（1995）以降の諸研究の知見も援用し、より精緻に記述したい。特に、段階一において専門家が学校に行かない子どもをどのように認識し、対応していたかという点に着目する。

（2）多様な人びとによる複雑な相互作用

学校に行かない子どもに関する認識と対応の変容過程を検討するにあたって最も重要な先行研究は、社会構築主義の観点から戦後日本の不登校を検討した加藤（2012）である。本研究の問題意識から検討したい点は、加藤が教育行政による「社会統制」を論じる一方、「社会統制」を受ける側への言及は少ないことである。両者を同時に検討することが困難であるから検討対象を教育行政に限定するということであれば妥当であるかもしれないが、加藤（2012, p. 67）は「学校教育のおかれた社会的な位置の変化や、登校拒否の子どもたちとその親による社会運動など、現象自体にも多様な変化があった。まずそうした変化を社会的・文化的文脈のなかで再検討する必要があろう。そして支配的な規範にのっとった知識を書き換えようと運動してきた人々の能動性を否定するのではなく、社会を構造化する諸力の重層的な関係として『不登校』を読み直すことが求められている」と述べている。しかし、「登校拒否の子どもたちとその親による社会運動」に十分に着目して「諸力の重層的な関係」が検討されているとは言い難い。

Spector and Kitsuse（1977 = 1990, p. 112）は、「社会問題や逸脱を研究する社会学者が、クレイムを申し立てるグループと他のグループのあいだの、社会の状態の定義とその状態についてとられるべき対策についての相互作用を関心の中心に据えることを、われわれは提案する」と述べている。加藤も Spector and Kitsuse に言及した上で、「構築主義に依拠することで、多様なエージェント間の葛藤や齟齬を含みこんだ合意形成の政治的過程や、また同一の集団と思われてきた諸個人の間での経験の多層性から、社会編成のダイナミクスを描き出すことが可能になる」（加藤 2012, p. 64）としているが、この課題への取り組みは不十分である。よって、学校に行かない子どもに関する認識と対応の変容過程における相互作用に着目しながら、この課題に取り組むことに本研究の意義がある。

本研究では、学校に行かない子どもや保護者、彼らを支援した学校外の学びの場の運営者、医師や心理職、ジャーナリストなど、多様な人びとに着目する。これらの多様な人びとの活動は、学校に行かない子どもに関する教育行政の転換点となった学校不適応対策調査研究協力者会議に影響を与え、同会議は学校に行かない子どもに関する認識と対応を刷新した。しかし、学校不適応対策調査研究協力者会議が表明した「登校拒否はどの子ども

（26） 厳密には朝倉（1995）は第Ⅰ部で「登校拒否問題」の構築過程を三期に分けており、それぞれ Spector and Kitsuse（1977 = 1990）の段階一～三に該当すると考えられる。段階四に該当する部分は第Ⅱ部で述べられているが、ここでは Spector and Kitsuse の四段階に合わせて整理した。

にも起こりうる」という新たな見解は、文部省を含む関係者が対話によって互いの理念を深く理解し合った末に至った合意ではなく、根本的な理念の相違には触れぬまま、学校に行かない子どもの増加という喫緊の課題への対策として妥結されたものであった[27]。本研究はこの点に着目し、学校に行かない子どもに関する行政の認識と対応の変容を複雑な相互作用の結果として記述する。

なお本研究は、先行研究の知見を援用するが、社会構築主義アプローチでは十分に捉えられない点についても着目する。それは、社会的に認知された言説を生み出した人物の個人的経験である。社会的に認知された言説だけに着目していては、その言説がどのような個人的経験から生成されたかを明らかにすることはできないからである。本研究では、社会的に認知された言説と、それを生み出した人物の個人的経験、および諸個人の交流関係や言説の影響関係を別々にではなく、横断的に捉える。事実関係の記述が複雑になるが、横断的に捉えることによって、より精緻に把握できると考えている。

5　本書の構成

本書は、序章、第Ⅰ部（一章～三章）、第Ⅱ部（四章～七章）、終章、付論で構成されている。第Ⅰ部では、第Ⅱ部で着目する奥地圭子たちの活動に関連する社会背景として、学校に行かない子どもが問題化される過程と学校外における諸対応を考察する。第Ⅱ部では、奥地たちの活動に着目し、学校に行かない子どもに関する認識と対応の変容過程を考察する。

第一章では、一九六〇年前後における学校に行かない子どもの研究の開始と、医師や行政職員による学校に行かない子どもへの対応について述べる。学校に行かない子どもの入院治療は一九八〇年代後半に問題化されるが、その萌芽は学校に行かない子どもの治療が本格的に開始された一九六〇年代にすでにあったことを検討する。

第二章では、学校に行かない子どもに先行する教育問題として学業不振が一九七〇年代に問題化され、補習塾が学力保障を試みていたことについて述べる。補習塾の一部は後に学校に行かない子どもを受け入れており、フリースクールに先行する実践であったことを検討する。

第三章では、一九八〇年代に管理教育や子どもの人権侵害が問題化されるなかで、フリースクールなどの新しい教育が希求されたことについて述べる。このような社会背景が一九八〇年代に学校に行かない子どもに関する認識と対応の変容が生じた要因であったことを検討する。

第四章では、奥地の子どもが学校に行かなくなった経緯と、奥地親子が受診した国立国府台《こうのだい》病院の精神科医であった渡辺位《たかし》の実践について述べる。一九七三年に国府台病院内で発足した希望会（保護者の自助グループ）は、学校に行かない子どもに関する新たな認識が生成される基盤となったことを検討する。

第五章では、奥地の「母親教師」としての経験について述べる。学校に行かない子どもの母親であるとともに小学校教師でもあることを通して、学校教育に関する認識を変容させていったことを教育雑誌『ひと』における

(27) Best (2017 = 2020, p. 64) は「洗練されたクレイムは、通常は合意し得ない人びとのあいだの驚くべき協調を生み、潜在的な対立を抑えて一人勝ちの状況を作ることがある」としている。Best は一九九〇年代のアメリカにおける制服着用義務化を例に挙げて、以下のように述べている。「リベラル派は、制服が生徒間の階級差を見えなくし、親が子どもに高価な服を買ってあげないといけないという負担を減らし、生徒の自己肯定感を高めると主張する。他方、保守派は、制服が生徒に規律と秩序立った行動を促すと主張する。そして両者ともに制服着用は暴力を減らし、学習を促進すると主張する。この事例では普段反目しあう人びとが、問題の詳細な状態については同意しないにもかかわらず、同じ解決策を推奨している」(Best 2017 = 2020, p. 64)。

奥地の記述に着目して検討する。

第六章では、奥地による東京シューレの開設、学校に行かない子どもには治療が必要であると主張した稲村博（精神科医）への奥地たちによる異議申し立てについて述べる。稲村、奥地の主張それぞれに関係者から懸念が示されていたことを検討する。

第七章では、学校に行かない子どもに関する三つの実態調査、学校不適応対策調査研究協力者会議の発足と文部省の方針転換について述べる。学校不適応対策調査研究協力者会議が発足した一九八九年に公表された三つの実態調査（東京シューレの子どもたちによる「登校拒否アンケート」、法務省による「不登校児人権実態調査」、森田洋司たちによる「生徒調査」）が従来の文部省調査とは異なる認識を提示し、文部省はどのような方針転換を行ったのかについて検討する。

終章では、本研究の総括、インプリケーション、今後の課題について述べる。

付論では、一九九〇年代初頭に通学定期券制度が学校外の学びの場に準用された過程を検討し、フリースクールと行政の関係性を考察する。

第Ⅰ部　学校に行かない子どもの問題化と学校外における諸対応

――日本児童精神医学会と学校外の学びの場に着目して

第一章　学校に行かない子どもの研究と専門的対応の開始

——一九六〇年代を中心に

はじめに

学校に行かない子どもは、戦後復興のなかで可視化され、問題化された。本章では、医療や心理の専門家たちが、学校に行かない子どもと出会うなかで、どのように対応したのかを検討する。学校に行かない子どもの入院治療は一九八〇年代後半に問題化されるが、専門家による対応が始まった一九六〇年代にすでに一部の関係者のあいだでは問題視されていた。専門家のあいだでの見解の相違に着目し、検討する。

1　学校に行かない子どもの研究の開始

（1）研究開始以前の学校に行かない子ども

佐藤修策の「神経症的登校拒否行動の研究」（佐藤 1959）は、先行研究（清原 1992 など）において、学校に行かない子どもについての日本での研究の始まりと捉えられており、「わが国における神経症としての登校拒否の最初のまとまった論文」（高木 1984, p. 67）と評価されている[1]。ただし、これ以前に学校に行かない子どもがいなかったわけではない。厚生省が一九五〇年に発行した『児童のケースウォーク事例集[2]』には、学校に行かない子どもへの指導記録が掲載されている[3]。また、「登校拒否は、終戦後に現れた問題行動」（平井 1989b, p. 63）とする見解もあるが、山岸（2018）は戦前にも心理的な理由により学校に行かない子どもがいたことを当事者や同級生などの記述を例に指摘している。

文部省の「公立小学校・中学校長期欠席児童生徒調査[4]」によれば、一九五二年に約十八万人だった長期欠席（五十日以上）の中学生は、一九五八年には約九万人に半減した。以下の生村吾郎（精神科医）の記述は、一九五〇年代における学校と子どもの関係性の変容を示す一例として貴重な記録である。生村（1999, p. 69）によれば、兵庫県明石《あかし》市の中学校の退職教員は、一九五二年頃は「毎年百二十数名の不登校の生徒がいました。そのほとんどが漁師の子弟で、われわれ教師は昼休みになると自転車で一勢に港に向かい、親とこどもたちを奪い合ったものです」と話していた。そして生村は以下のように記述している。

当時の漁船には魚影探知機はないし、焼玉エンジンの出力は低い。漁師たちは対岸の淡路島の島影や海峡を渡る風の微妙な強弱で魚群の位置をさぐりあてねばならなかった。この技術を体で憶えないと漁師としての暮らしはたたなかったし、その習熟には少年期の感性と体が必要だった。こどもの将来の暮らしを想えば、親たちは彼らをオチオチ中学校なんぞにやっておれなかったのである。

この百二十数名のこどもたちの誰一人をも当時の世間は登校拒否とは呼ばなかった。学校よりも大切なものがあることが当時の世間では自明であったから。（生村 1999, p. 69）

しかし、生村（1999）によれば、島影や海峡を渡る風を捉える感性と体よりも学校が重視されるようになり、

（1）「神経症的登校拒否行動の研究」が刊行された翌年には、国立精神衛生研究所の紀要に「学校恐怖症の研究」（鷲見ほか 1960）が掲載された。また、京都大学の研究者たちが実施した「長欠児の精神医学的実態調査」は、「症例」報告のなかに「登校拒否は心気症の形をとつた母との〝分離の不安〟であり、従来から〝学校恐怖〟の語で便宜的に扱われてきたものの代表的なものといえよう」（高木ほか 1959, p. 33）などの記述がある。
（2）一九五〇年発行の事例集は『児童のケースウォーク事例集』となっているが、翌年以降『児童のケースワーク事例集』に改題された。
（3）高木（1984）は学校に行かない子どもの指導記録は一九五七年の『児童のケースワーク事例集』に初めて掲載されたとしているが、筆者が厚生省発行のケースワーク事例集を調査したところ、一九五〇年の『児童のケースウォーク事例集』に学校に行かない中学生への児童福祉司による指導記録「映画狂の精神薄弱児」が掲載されていたことが分かった。田中（2017a）は、この記録を今日的視点から再検討している。なお一九五七年の『児童のケースワーク事例集』掲載の「登校を嫌がる女児とその母親――女児に対する遊戯治療と母親に対する社会治療の経過について」（宇津木・板橋 1957）は、心理的な治療がなされた初報告事例と考えられる。
（4）一九五一年〜一九五八年度に実施された。調査対象は、一九五一年は四〜十月のみ、一九五二年度以降は通年である。

農繁期休暇や豊漁休日の慣行は一九五八年頃になくなった。[5] このように一九五〇年代前半における学校に行かない子どもは、その後の時代と比較すると、必ずしも大きな問題とは認識されていなかったが、学校の重要性は次第に増していった。

（2）学校に行かない子どもと専門家の出会い

山岸（2018）によれば、学校に行かない子どもについての研究で著名な医師たちは、一九五五年頃に初めて学校に行かない子どもと出会った。[6] これは戦後復興とともに生活困窮という分かりやすい欠席理由が減少すると、理由の分からない欠席が浮かび上がるようになり、学校に行かない子どもが専門家のもとに連れていかれるようになったからだと推測される。

一九五九年に論文「神経症的登校拒否行動の研究」を発表した佐藤修策は、全国不登校新聞社の「不登校五〇年証言プロジェクト」の一環として実施された筆者らによるインタビューに応え、学校に行かない子どもに関する研究の開始について述べている。[7] 佐藤は一九五三年に広島文理科大学を卒業し、一年間の教護院勤務を経て、岡山県中央児童相談所[8]の心理判定員になり、一九五七～一九五八年頃に学校に行かない子どもと出会った。

> 最初に面接したとき、いままで会ったことのないような子どもだったので、びっくりしました。……会社の社長さんの家庭で、奥さんもきれいな人でした。小学校三年生ぐらいの男の子で、服装といい、顔色といい、いわゆる坊ちゃんという感じでした。ふだん児童相談所には要保護性の強い子どもが来ますから……そういうなかでは、めずらしい家庭でした。（全国不登校新聞社編 2018, p. 10）

当時、学校に行かない子どもに関する論文は発表されておらず、対応に苦慮した佐藤は、学校に行かない子ども、その保護者とともに、精神科医である高《たか》木《ぎ》隆《りゅう》郎《ろう》（京都大学）や黒丸《くろまる》正《しょう》四《し》郎《ろう》（神戸医科大学）を訪ねた。高木から「佐藤さんはいいね。治ったらそれでおしまいで。僕らは研究者だから、どうしてこの症状が生まれるのか、どうしたら治るのか、理論的なものを追求しないといけない。そこが相談所と大学のちがいだ」と言われて発奮し、アメリカから文献を取り寄せて研究に取り組んだ（全国不登校新聞社編 2018, pp. 11-12）。当時の研究状況については以下のように述べている。

（5）生村は豊漁休日について以下のように記述している。「淡路島の西海岸のI中学校には豊漁休日の慣行があった。村の港に鯔《ぼら》の大群が押し寄せてくると、役場のサイレンがけたたましく鳴り、それを耳にした教師はすぐさまチョークをおいて『漁師の子は帰り』と彼らの帰宅をうながしていた。サイレンが村中に鳴り響いても教師がチョークを置かなくなったのはやはり昭和三三年前後と聞く」（生村 1999, p. 69）。農繁期休暇や豊漁休日がなくなった時期については他地域の状況等を含め別途検討が必要であるが、生村の記述は「公立小学校・中学校長期欠席児童生徒調査」が示す長期欠席の減少傾向と符合している。

学校に行かない子どもが労働の観点から検討されることは少ないが、『ハマータウンの野郎ども』（Willis 1977 = 1985）の翻訳者であり、「学校に行かない子と親の会（大阪）」の世話人代表であった山田潤が、教育と労働を生涯のテーマとしていたように（田中 2022）、学校に行かない子どもを考察するにあたっては労働も視野に入れなければならないだろう。

（6）平井信義が一九五四年、渡辺位が一九五四〜一九五五年、高木隆郎が一九五六年前後であると、それぞれが記述している（山岸 2018, pp. 50-51）。

（7）インタビューは二〇一六年六月二六日に実施され、筆者はインタビュアーとして参加した。以下の記述は、このインタビューに基づくものである。インタビューデータの使用については「不登校五〇年証言プロジェクト」の了承を得た。

（8）当時の所長は、児童精神医学を専門とする精神科医の竹内道眞《みちざね》であった。当時、精神科医が所長を務めていたのは、岡山県と宮城県、大阪市だけであり、佐藤は竹内から助言を得ていた（佐藤 1996, pp. 29-30）。

児童向けの精神治療もカウンセリングも、戦後にアメリカから入ってきたものですね。当時は日本の文献には登校拒否という項目もないし、ロールシャッハにしても、遊戯療法にしても、ほんの数ページ程度しか書いてない。それを読んだだけでは役に立たないわけです。ですから当時の専門家はアメリカの原書を読んで、それを応用していました。（全国不登校新聞社編 2018, p. 15）

佐藤の「神経症的登校拒否行動の研究」では、Johnson et al.（1941）などの学校恐怖症（school phobia）、Estes et al.（1956）などの分離不安（separation anxiety）に関する文献が参照されている。一九六〇年に創刊された『児童精神医学とその近接領域』第一巻[9]においても、アメリカを中心とする海外の研究を積極的に学ぼうとしていた当時の姿勢はよく表れている[10]。

（3）日本児童精神医学会の発足

①学際領域としての児童精神医学

一九六〇年十一月に日本児童精神医学会が発足した[11]。学校に行かない子どもは、自閉症や「精神薄弱」とともに主要な研究テーマとなった（石坂 2009）。学校基本調査における「学校ぎらい」の児童生徒数は調査が始まった一九六六年度から一九七四年度まで減少傾向にあったため、学校に行かない子どもは例外的な問題と考えられ、家族を含む当事者に原因を求める研究が蓄積されていくことになった[12]。一九六〇年代末には日本児童精神医学会においても研究や治療のあり方が問われたが、その後も当事者に原因を求める研究が主流であった。

日本児童精神医学会は精神科医を中心とした学会ではあったが、学会誌名が『児童精神医学とその近接領域』

であったように、精神科医以外も参加する多領域に開かれた学会であった。第一回総会（一九六〇年）のパネル・ディスカッション「児童精神医学とその近接領域」には、牧田清志（精神医学）、玉井収介（心理学）、平井信義（小児科学）、畠瀬稔（教育学）、板橋登美（ケースワーク）が登壇し、多職種連携が話題となったほか、精神科医と小児科医の専門性の違いが論じられた。[13] 司会の高木四郎（精神医学）は、パネル・ディスカッションを振り返って以下のように記している。

精神科医と小児科医との間にも討論が行われた。
平井氏は精神科医は正常な児童について知らないと述べたが、それに対して精神科医の側からは小児科医が

（9）『児童精神医学とその近接領域』の第一巻は、日本児童精神医学会の発足に先立って組織された「児童精神医学とその近接領域刊行会」によって発行され、第二巻より正式に日本児童精神医学会の機関誌となった。
（10）一頁目にはアメリカの精神科医であるLeo Kanner（ジョンズ・ホプキンス大学名誉教授）による創刊を祝うコメントが掲載されている。「新刊紹介」に加えて「外国文献展望」が掲載されており、英語のみならずドイツ語、フランス語、ロシア語文献も紹介されている。*American Journal of Psychiatry* に掲載された学校恐怖症の予後研究と親子研究に関する論文も紹介されている。
（11）その後、青年期への関心が高まったため、一九八二年に「日本児童青年精神医学会」に改称し、学会誌名も『児童青年精神医学とその近接領域』に変更された。
（12）山岸（2018）は、欧米ではLeventhal and Sills（1964）による「肥大した自己像」原因説がNichols and Berg（1970）などによる検証によって否定されていったが、これらは日本で参照されなかったとしている。
（13）『児童精神医学とその近接領域』第二巻第一号所収の「第一回日本児童精神医学会総会演題抄録ならびに追加討論」を参照。各パネリストの専門領域は、当時の表記の通りである。

> 成人の精神病や神経症を知らないで小児の精神病・神経症を論ずるのは困るという反論がでた。
> 　児童相談や児童精神医学の仕事をするのに、正常の児童について知っていたほうがよいことはいうまでもない。……しかし、小児科医がかならずしも児童の正常心理について知っているとはいえない。わたくしはこの点で平井氏に同調いたしかねるのである。
> 　むしろ、わたくしは平井氏の主張にたいする精神科側の反論に共感を覚える。……小児科医のくだす診断が見当違いであり、小児科医の間で誤った概念が横行していることがいかに多いことであろうか。このようなことでは混乱を招くだけであり、学問としての進歩は望めないとさえいいたいのである。（高木 1961, p. 115）

児童精神医学が、精神医学と小児科学など多領域と重なる領域であるため、共通理解が課題であったことが指摘されている。学校に行きたくない子どもが身体症状を訴えて病欠した場合、精神科よりも小児科を訪ねることが一般的であることから、初めに接触する医師は小児科医が多いであろう[14]。学校に行かない子どもは、精神科医以外によっても語られることになるが、専門性が異なるため見解の相違があり、共通理解を得ることは困難であった。

②学校に行かないという曖昧な「病気」

学校に行かない子どもが病院に連れて来られるようになったが、病気であるか否かは曖昧であった。日本児童青年精神医学会（日本児童精神医学会が一九八二年に名称変更）の会長（一九九五～一九九六年）であった清水将之《まさゆき》は、筆者らによるインタビューに応えて以下のように述べている[15]。清水は一九六五年に大阪大学大学院を修了し、同大学病院で思春期外来を開設した。思春期の統合失調症を主たる対象と想定していたが、統合失調症は他の精神科医たちが自ら対応できると考えたためか紹介されず、実際に多く紹介されたのは病気か否か曖昧で、対処法も不明の学校に行かない子どもであった[16]。

私が悩んでいたのは「これは病気なんだろうか?」ということでした。病気と断言できないものを健康保険で診療して診療報酬を請求することは許されるのか、という倫理的な悩みもありました。ただ、そういう問題は、不登校にかぎった話ではありませんね。思春期外来をやっていると、いろんな子どもが来て、結局、病気ではなかったけど、伴走して付き合っていたことが、その子が大人になっていくうえでの添え木になったということは、いろいろとありました。(全国不登校新聞社編 2018, p. 350)

学校に行かない子どもが病気であるかどうかは、清水の同期生であった藤本淳三も論文「登校拒否は疾病か」(藤本 1974)を書いているように、精神科医たちにとって不明確であった。

第九回日本児童精神医学会総会(一九六八年)では、思春期を対象とした初のシンポジウム「思春期心性とそ

(14) なお『母原病』(久徳 1979)、『エジソンも不登校児だった』(若林 1990)など、後に広く知られる一般書は、小児科医によって書かれている。

(15) インタビューは全国不登校新聞社の「不登校五〇年証言プロジェクト」の一環として二〇一七年一月三〇日に実施され、筆者はインタビュアーとして参加した。以下の記述は、このインタビューに基づくものである。インタビューデータの使用については、「不登校五〇年証言プロジェクト」の了承を得た。

(16) 清水が大阪大学病院精神科の外来カルテにおける「登校拒否事例」を調査したところ、最も古い一九五八年のカルテの病名欄には「学校に行かない子」と書かれていた(全国不登校新聞社編 2018, p. 350)。

の病理」が開催され、学校に行かない子どもをどのように捉えるかが議題となった。[17] シンポジストの村上靖彦は、以下のように述べている。

登校拒否を含めて、いわゆる思春期の問題は病気ではないと思います。しかし現実には多かれ少なかれかれらは困って病院にくるのですから、その限りではもちろん病気だといえると思います。そもそも病気というのは、その人の自己実現とか、その人のもっている可能性を阻害するような形で現われてくるものとして考えられていくべきもので、それが身体的なものに由来するか、それ以外のものに由来するかということは一応除いて良いと思います。そういう意味で病気ということばを使えば、かれらが学校へいく必要があると思っているにもかかわらず、高校へいけないとなれば、それは〈病気〉として、〈治療〉の対象となるのは当然であると思います。（辻ほか 1969, p. 154）

村上の言う「病気」とは清水と同様に、学校に行かない子どもが「病気」と言い得るかどうかは分からないが、当事者が困っており、医師として関わる必要性が感じられる、それ故に「病気」である、という意味での曖昧な「病気」であった。発症のメカニズムや治療方法が明確な「病気」ではなく、その実態は不明であった。[18]「病気」か否かにかかわらず診療を継続することは、医師にとって珍しいことではないかもしれない。しかし、学校に行かないという曖昧な「病気」は、病院で対処されることにより、専門的対応を要する「病気」として社会に認識されるようになっていった。

また、関西臨床心理学者協会の第一回シンポジウム「所謂《いわゆる》登校拒否について」（一九六二年）において船岡三郎（当時、京都市教育研究所）は、「school phobia として、client をとり上げることは、治療的意味をもつているというよりも、便宜的なとり上げ方といつた方がよいのではないか[19]」（船岡 1962, p. 7）と述べており、心理職にも確固とした見立てがあったわけではないことがうかがわれる。

（17）清水將之はシンポジストとして参加しており、「精神的な病気であると考えてはおりません。だけど病気でないとも言えない。非常に迷っている時期でありあます」（辻ほか 1969, p. 154）と述べている。同じくシンポジストの小澤勲《いさお》は「わたくし達の外来に、学校に行かないということを主訴にして親が困惑して子どもを連れてくる、患児も悩んでいるという状況があり、それを治しているというのは事実であると思います。それを病気といえば病気といっていいと思います」（辻ほか 1969, p. 154）と述べている。ただし小澤は、長欠児のなかには家業を手伝うことで親が喜び、神経症的な反応が生じない場合もあることに留意する必要があることを指摘し、「現代においては精神医学が存立する基盤は今後問題にされねばならないと思いますが、そのような問題を抜きにして病気とか、疾病とかいうものを厳密に定義して分けるという問題にはあまり興味がございません」（辻ほか 1969, p. 154）と述べている。

（18）診断の難しさについては、高木隆郎が一九五六年頃に「児童分裂病」と誤診した二人の学校に行かない少年について以下のように述べている。「第一例は、それから数カ月たって、私立の中学に入学、あとは万事うまく行ってしまい、何ら治療的対応もしないのにあっさり解決し、分裂病は誤診だったと、児童相談所のスタッフに大恥をかいた。第二例は、大学病院の閉鎖病棟に入院させたところ、ほんの数日で病状は消え、同室の患者や看護婦と自由に歓談し……開放病棟に移して病舎から通学させたところ、何とか適応できるようであったので退院させた。〈児童分裂病〉を入院させたはずのわたくしは、これまた教室の先輩、同僚、職員たちの前で誤診を認めないわけに行かず、汗顔のいたりであった」（高木 1984, p. 64）。

（19）『関西臨床心理学者協会会報』では、促音（「っ」）は大書き（「つ」）で表記されている。同会会報からの引用は原文通りの表記とする。

2　医師や行政職員による学校に行かない子どもへの対応

学校に行かない子どもが「病気」であるか否かは不明確であったが、専門家たちは求められるままに、学校に行かない子どもに対応していった。第六章で述べるように、稲村博《いなむらひろし》（精神科医）による学校に行かない子どもの入院治療が一九八〇年代後半に問題化されることになるが、学校に行かない子どもの診断や施設収容をめぐる問題は一九六〇年代にすでに生じていた。本節では一九六〇年代の診断書発行と施設収容について述べる。

（1）診断書発行

学校に行かない子どもの「治療」にあたっては診断書が発行されることがあった。例えば平井（1968）は、「詐《いつわ》りの診断書」を発行し、「治療」のために休学させた。「長期欠席となるので診断書が必要となるが、提出された診断書の多くが肝臓疾患や腎疾患に類する病名や、中には脳障害という病名が附されている。……O.D.[20]又は自律神経失調症の診断を受けている子どもがある。O.D.という診断は、登校拒否児が朝の起床が困難である状態をとらえて下されている」（平井 1968, p. 125）。心身症等になる場合もあるので、「速やかに、病気ではないという保償を与えて、両親に対するカウンセリングを開始する」（平井 1968, p. 125）。平井の言う「治療」とは「両親に対するカウンセリング」であり、ほとんどの子どもに面接を拒否されたため、保護者から聞いた話のみを診断の根拠にしている[21]。

このように「病気ではない」が診断書を発行するという曖昧な対応が取られることもあった。恣意的な診断が治療に有用な面もあったのであろうが、学校に行かない子どもに関する認識と対応の医療化を招いてしまったとも指摘できる。

（2）施設収容

児童福祉法の一部改正により一九六二年に情緒障害児短期治療施設が設置された（二〇一七年に児童心理治療施設に改称）。対象者は心理治療を要すると判断された子どもで、学校に行かない子どもも含まれていた。山本（1966）によれば、情緒障害児短期治療施設は当時、「静岡県（吉原林間学園）、岡山県（津島児童学院）、大阪市（児童院）、京都市（青葉寮）の四ヵ所」あり、各施設における全収容児に対する「学校恐怖症」の割合は約二〇～二七％であった。

また、児童相談所は学校に行かない子どもの「一時保護治療」[22]を実施していた。施設収容には葛藤があったようで、日本臨床心理学会第一回大会（一九六五年）のシンポジウム「学校恐怖症の治療をめぐって」の討論において大阪市の児童相談所職員は、「われわれの心理学的素養が邪魔して……いやがるのを収容することがむずか

（20）この「O.D.」とは orthostatic dysregulation（起立性調節障害）を指していると思われる。

（21）入院の場合にも診断が必要となる。一九八〇年代の記述ではあるが、藤田ほか（1988）は、便宜的な診断の活用について以下のように述べている。「通院治療を行っても登校拒否状態を乗り越えることが困難だと判断した場合は、適当な病名、すなわち起立性調節障害や思春期高体温症等の疾患名をつけて、精査を理由に入院させることにしている。これは本人が登校拒否児というレッテルをはられずに入院でき、入院時の心理的負担を少なくし、更には本人の訴える身体症状を治療者が受容することにより、治療関係が成立し易いと考えるからである」（藤田ほか 1988, p. 1182）。

（22）初期の論文として藤掛・吉田（1966）があり、これは奈良県中央児童相談所が実施した「学校恐怖症の一時保護治療」の一九六一年から三年間の報告である。

しい」（日本臨床心理学会編 1966, p. 309）、そのため「自己決定」による収容が重要であるとして以下のように述べている。

> 自己決定というのは、具体的には「学校へいかなければならない」といってやるわけです。「精神薄弱だと特殊教育をうける。病人だって病院で教育を受けている。ただ一つだけ学校へいかなくてよい手がある。日本に在留している三国人の養子になったら学校へいきたければいったらよいし、いかなくてもよい[23]」そういうとガックリするのです。そこで「とに角どうすれば学校へいけるかお手伝いしよう。……どうしてもいけなければ施設のなかに学校のあるところ、朝起きれば学校におったというような所へ入れてあげる」という。（日本臨床心理学会編 1966, p. 310）

シンポジウム「学校恐怖症の治療をめぐって」の討論では上記とは異なる発言もあった。山松質文《ただふみ》[24]は、「基本的には学校へ行かないという現象自体は、問題の一角にすぎない。吃《ども》りということで来所しても、吃りは現象的な一つの表われで、吃りを治すことを目的としてないのと同じように、school phobia も学校へ行ければよいという考えではいけない。そういうことにとらわれること自体が既に問題であると思う」（日本臨床心理学会編 1966, p. 305）と指摘している。

また、山松ほか（1962）は、関西臨床心理学者協会の第一回シンポジウム「所謂登校拒否について」における精神科医による症例報告（高木 1962）について、以下のように指摘している。

> 率直に云うと、われわれは精神科的とり扱いの乱暴さに驚かされた。……この児童が二度にわたつて自閉的

とさえ思われるほどの状況になつたことはわれわれの強い関心の的になつた。……麻酔により強制入院させられ、しかも硬軟両方の処置によって無理矢理に独立を強制された幼児的人格が、現実レベルでの適応に失敗した時の症状がこのような自閉的症状をもたらしたのではないか……入院そのものがパニックな経験ではなかつたろうか。……一時的治癒状況が見えても、入院がパーソナリテイの根本的改善を指向する最適の方法だつたとは思えない。更に憶測を進めれば、当初病院から学校へ通学させることに成功したのは、強制的な病院から抜け出したい欲求の方が強かつたのではないか。……氏は収容施設の設置こそこの種の問題児を治療する理想と考えて居られるようだが、……パニック経験が後の人格発達に何らしこりを残さないという楽観的な見通しもできまい。彼らの学校恐怖は、対人恐怖にも発展し、成人に対する不信の念を一層つのらせることも考えられる。（山松ほか 1962, p. 13）

一九六〇年代前半にすでにこのような指摘があったことは注目に値する。ほかにも学校に行かない子どもの強制入院について、「精神病院から退院した数例を扱ってみると、強制入院に対する自我の損傷が残っている例が多く、或いは再発する例がある……自我の形成を問題にする場合には、再考を要する方法と考える」（平井 1968, p. 118）との記述があるように、施設収容は一部の関係者のあいだでは問題視されていた。

---

(23) きわめて不適切な発言であるが、当時の対応を明らかにするため、原文通り引用した。なお就学義務は日本国民のみが対象である。

(24) 当時の所属は大阪市立大学、専門は臨床心理学。一九五九年に音楽療法を日本において始めたことでも知られている（後藤 2007）。

おわりに

本章では、医療や心理の専門家たちが学校に行かない子どもにどのように対応したのかを検討した。以前から学校に行かない子どもはいたが、戦後復興のなかで一九五〇年代半ばから可視化されるようになった。一九五〇年代後半以降、アメリカの精神医学を参照しながら、学校に行かない子どもの研究が開始され、一九六〇年に日本児童精神医学会が発足した。学校に行かない子どもは、学会の主要な研究テーマとなったが、発症のメカニズムや治療方法の分からない曖昧な「病気」であり、専門家のあいだでも見解の相違があった。しかし、対応を求められた専門家のなかには、便宜的な診断や、強制的な施設収容を行う者もいた。当事者からの異議申し立てはなされなかったが、一部の専門家には問題視されるものであった。学校に行かない子どもは、病院等で対処されることにより、専門的対応を要する「病気」として認識されるようになっていった。

第二章　教育問題の顕在化と学校外の学びの場の成立
――一九七〇年代を中心に

はじめに

日本児童精神医学会は一九六〇年に発足したが、一九六九年以降、学会のあり方をめぐって論争が続き、一九七〇年代の同学会誌における学校に行かない子どもに関する論文の掲載数は激減した。齊藤（2009）は、日本児童青年精神医学会における不登校研究の五十年を振り返り、一九七〇年代を「不登校論の雌伏期」と呼んでいる。一九七〇年代は学校に行かない子どもが最も少ない時代であった。

しかし一方で一九六〇年代末以降の大学と学問の問い直しを背景に、一九七〇年代は初等中等教育における教育問題が顕在化し始める時代でもあった。一九八〇年代に学校に行かない子どもやフリースクールが注目されることになるが、それに先行するものとして一九七〇年代には学業不振と補習塾が現われるようになった。

そこで本章では、一九八〇年代に至る流れを検討するために、一九七〇年代に教育問題が顕在化する過程、学校に行かない子どもに先行する教育問題としての「落ちこぼし」（落ちこぼれ）、学校外における子どもへの支援を中心に検討する。そして、一九七〇年代に「落ちこぼし」の子どもたちを受け入れていた補習塾が、一九八〇年代に学校に行かない子どもを支援するようになったことを事例を挙げて検討する。

1　大学と学問の問い直し

一九七〇年代を考察するにあたって、この時代に脱学校論が生じたことをまず確認しておく必要がある。その代表的著作はイヴァン・イリイチの『脱学校の社会』（Illich 1970 = 1977）である。一九七〇年代に脱学校論の邦訳書が刊行され[1]、次第に知られるようになっていった。

『脱学校の社会』が書かれた時代は、大学紛争の時代でもあった。大学紛争は、単に大学を舞台に社会運動が勃興したということではなく、学問のあり方を問う思潮であった。それはイリイチと交流のあった山本哲士が『学校・医療・交通の神話――イバン・イリイチの現代産業社会批判』（山本 1979）を書いているように、社会システム全般の批判的再検討であった。

医学領域では一九六九年に、日本小児科学会、日本精神神経学会、日本児童精神医学会の各大会において、医局講座制や治療のあり方をめぐって議論が交わされた（鈴木 2019）。日本臨床心理学会においても専門職のあり方が問われ（堀 2013）、同学会や日本児童精神医学会では、学会改革委員会が設置された。

第Ⅱ部で着目する奥地圭子が一九六三年から小学校教師として勤めており、大学紛争の渦中にいたわけではないように、一九六〇年代末の大学紛争が直接的に学校に行かない子どもに関する認識と対応の変容に影響を与えたわけではないが、大学紛争は社会システム全般を問う契機となり、治療や専門職のあり方について再考が求められた。そして、大学から高校に拡大していった学園紛争を背景に、学校批判の機運が高まり、初等中等教育においても教育問題が顕在化していくことになった。

2　初等中等教育における教育問題の顕在化

広田（2001）は、一九七〇年代における教育問題の顕在化について以下のように述べている。マスメディアに取り上げられる主要な教育問題は、一九七〇年代以前は文部省と教職員組合の対抗関係であったが、一九七〇年代以降は次第に学校内の問題へと変容していった。その契機には『「義務教育改善に関する意見調査」報告書』、麹町《こうじまち》中学校内申書裁判、『朝日新聞』の連載「いま学校で」があった。(2)

『「義務教育改善に関する意見調査」報告書』は、全国教育研究所連盟によって一九七一年に発表された。同調査によれば、半数以上の子どもが学習内容を理解できていないと答えた教員は、小学校で六五％、中学校で八〇％に達していた。(3)

麹町中学校内申書裁判は、保坂展人《ほさかのぶと》が学生運動への参加を内申書に否定的に記載されたために全日制高校を不

（1）　ほかにGoodman（1964＝1979）、Silberman（1970＝1973）なども一九七〇年代に邦訳書が刊行されている。下村哲夫はBereiter（1973＝1975）の翻訳、脱学校論やフリースクールを紹介した『先きどり学校論』（下村1978）などの先駆的研究を発表した。

（2）　これらの広田が指摘する要因のほかに、一九七〇年代以降に戦後生まれの親を持つ子どもが学齢期を迎えたこと、保護者の高学歴化が影響している可能性もある。滝川（1994）は、産業構造と地域共同体の変容による、学校の絶対性と聖性の衰退を指摘している。

合格になったとして一九七二年に提訴したものである。

『朝日新聞』の「いま学校で」は、一九七二～一九八二年にわたる長期連載で、学校内の実情が報道された[4]。教育問題には、学力偏重、非行、校内暴力、いじめ等、さまざまなものがあるが、本章の前半では下記の理由から「落ちこぼし」（落ちこぼれ）に着目する。

第一に、『学校ぎらい勉強ぎらい』（麻生編 1983）、『学力おくれ学校ぎらい』（八杉 1985a）という表現があるように、学業不振によって学校ぎらいになり、学校に行かなくなると考えられていたからである。

第二に、「落ちこぼし」の子どもたちが学んだ補習塾の一部は、後に学校に行かない子どもも受け入れるようになるため、フリースクールに先行する実践として「落ちこぼし」の子どもたちへの支援に着目する必要があるからである。

3 「落ちこぼし」――学校に行かない子どもに先行する教育問題

（1）「落ちこぼれ」のリフレーミング

スプートニク・ショックを契機に教育内容の現代化を図った学習指導要領が、小学校では一九七一年から、中学校では一九七二年から実施された[5]。過密なカリキュラム、特に算数は落ちこぼれを生む原因であると批判された[6]。

『朝日新聞』の連載「いま学校で」を担当した佐田智子《さたともこ》は、一九七五年頃に数学者の遠山啓《とおやまひらく》を初めて取材し、「いまの落ちこぼれ問題は、子どもたちにはまったく責任がなく、具体的な責任は文部省や、ほかならぬ個々の先生たちに帰せられなければならない『落ちこぼし』なのです」と言われたと述べている（佐田 1980b, p. 184）。

「落ちこぼし」という言葉は、佐田にとって重要な表現となった。なぜなら、「落ちこぼれ」は子どもに責任が帰せられるが、「落ちこぼし」は学校に責任が帰せられるからである。佐田は、「当時は、教育行政批判はまだしも行われても、教師そのものに対する真正面からの批判を行うことには、マスコミ側には、まだかなり『ためら

（3）『義務教育改善に関する意見調査』報告書』は、どの程度の割合の児童生徒が学習指導要領に規定されている学習内容を理解できているかを五つの選択肢（「約四分の三以上」「約半数」「約三分の一」「約四分の一以下」「わからない」）で質問しており、その割合は以下の通りである（小数点以下は切り捨て）。

小学校では「約四分の三以上」二八％、「約半数」四九％、「約三分の二」一四％、「約四分の一以下」二％である。中学校では「約四分の三以上」一六％、「約半数」五〇％、「約三分の一」二六％、「約四分の一以下」四％である。

（4）連載「いま学校で」の担当記者は、当時を以下のように語っている（文中の「……」は原文の通り）。「『いま学校で』がはじまり、すごい騒ぎになった。社会部のデスクの電話は鳴りっぱなし、手紙も多い日には一日に五十～六十通くる。その投書の内容も、読者のつもりつもった教育に対する不満、憤り、疑問……、そういうものを綿々と書きつづってくる。便せんに十枚も二十枚も。こんなことは、戦後三十年の社会面の歴史をみてもあまりなかったことでした。それは一九七二年の時点で教育現場が問題をいかにかかえこんでいたかの証左だと思います」（佐田 1980a, p. 10）。連載開始からの半年間に届いた投書は千数百通に及んだ（朝日新聞社編 1973, p. 273）。

（5）一九五七年にソビエト連邦が、世界初の人工衛星であるスプートニク一号の打ち上げに成功した。軍事技術の優位性を脅かされたアメリカは、国防教育法（National Defense Education Act）を一九五八年に制定し、理数科教育の強化を図った。現場教員よりも科学研究者の意見が重視され、ノーベル賞級の研究者を育成するプログラムが立案された（三宅 2008）。集合論などを取り入れた「新数学（New Math）」のカリキュラムは、一九七〇年代の日本の学習指導要領に影響を与え、算数で集合論の基礎などを扱うこととなったが、「詰め込み教育」と批判された（朝日新聞社編 1976）。

（6）朝日新聞社編（1976, p. 206）は、数学教師の以下の言葉を紹介している。「小学校一年で一割、二年で二割の子が落ちこぼれ、中学三年までの九年間に、九割の子が落ちる」。

い』があった。……教師が子どもに対する直接の加害者になっている事実にしばしばぶつかりながら、その事実をまだ真正面からは取り上げられずにいた」が、遠山が学校の問題性を淡々と指摘したことに大きな影響を受けた（佐田 1980b, pp. 184-185）。新聞連載「いま学校で」においても「落ちこぼし」という言葉は用いられ（朝日新聞社編 1976）、「落ちこぼれ」は「落ちこぼし」としてリフレーミング（reframing）された[7]。

『競争原理を超えて――ひとりひとりを生かす教育』（遠山 1976）などの著書があるように、遠山は「落ちこぼし」について熱心に発言した数学者であった。次項以降では、遠山たちによる算数教室に着目し、学校外における「落ちこぼし」の子どもへの支援を検討する。

（2）遠山啓と算数教室

「水道方式[8]」の主唱者として知られるように、以前から数学教育に取り組んでいた遠山は、一九七〇年に東京工業大学を定年退職すると翌年八月、八ヶ岳算数教室を開催した。五段階相対評価で算数の成績が三以下の小学校五年生、六年生を対象にした三泊四日の合宿であった。適切な教育であれば「落ちこぼし」の子どもたちにも算数の楽しさを伝えることができると考えての算数教室であった[9]。

一九七三年には遠山を編集代表として教育雑誌『ひと』が創刊された[10]。雑誌名について遠山は、創刊号の「とびらのことば」（巻頭言）で以下のように述べている。

> 英和辞典で「one」という字を引くと、「一」という意味のほかに、「ひと」という意味をもっていることがわかる。ところが、日本語でも「ひと」に「つ」をつけると、「ひとつ」、つまり「一」になる。……「一」は数の原子みたいなもので、……無限数列の始点となっている。だが、「一」が失われると、たちまち、〇《ゼロ》、す

なわち虚無のなかに転落するほかはない。「ひと」もやはり無限の世界の始点であり、絶対に失うことのできない、ぎりぎりの存在なのだ。（遠山 1973a, 頁番号なし）

（7）『月報（遠山啓著作集数学教育論シリーズ）』七号（一九八一年一月）掲載の追悼文「母親たちの後見人、遠山先生」で紹介された以下のエピソードは、遠山の姿勢をよく表している。「八年まえ、次女が明星《みょうじょう》学園初等部一年のときのことである。……娘の担任の教師が勉強のおくれがちな子どもにひどい仕打ちをしていることに対して、母親たちの闘いがはじまった。だが、傷つきを感じることのない親や担任の教師のなかから、『そんな事実はない』『教育熱心なあまりの善意の行為だ』『勉強ができない子どもがいることは、ほかの子どもにとってマイナスだ』などということばが渦まきはじめた。そして、組合の立場の教師からは、『一人の教師を親が追及することは、教師の生活権をおびやかし、統一を乱すものだ』とほこ先をむけられ、闘いは泥沼のようななかで一年以上もつづけられていった。こんななかで、それでもなお闘いをつづけることができた母親は、私をふくめてほんの少数だった。そのほんの少数の母親をささえぬいてくれたのが、遠山先生だった。……先生は、『きみたち母親が言っていることは、それはたとえ少数であっても、日本の教育全体の問題なのだ。教育をかえることができるのは母親たちだ』と、はげましつづけてくださった」（松井 1981, p. 4）。明星学園の教師たちとの話し合いの場に、遠山は母親たちの「後見人」として出席した（松井 1981, p. 5）。

（8）遠山は水道方式について以下のように説明している。「一般法則からしだいに特殊化して知識を体系化するやりかたを、私は半ば戯《たわむ》れに〝水道方式〟とよんでいる。なぜなら、このやりかたが、水をできるだけ高い水源地に押し上げておいて、それをしだいに低いところに流してやる水道によく似ているからである。初等数学の全体の領域のなかで、適当な地点に水源地を設定してやることが教科課程の現代化に当たって忘れてはならない論点だろう」（遠山 1980, p. 101）。

（9）主催は「ほるぷ」（児童書販売会社）、場所は明星学園の寮であった（友兼 2017, p. 293）。

（10）『ひと』は二〇〇〇年の休刊まで太郎次郎社から刊行された。『朝日新聞』（一九八九年七月二五日朝刊一七面）によれば、一九八九年には約三万部が販売されていた。有力な教育雑誌であり、奥地圭子や鳥山敏子など、新たな教育の担い手たちが寄稿していた。刊行発起人をはじめとする『ひと』の主要な書き手の経歴については萩野（2000）を参照。

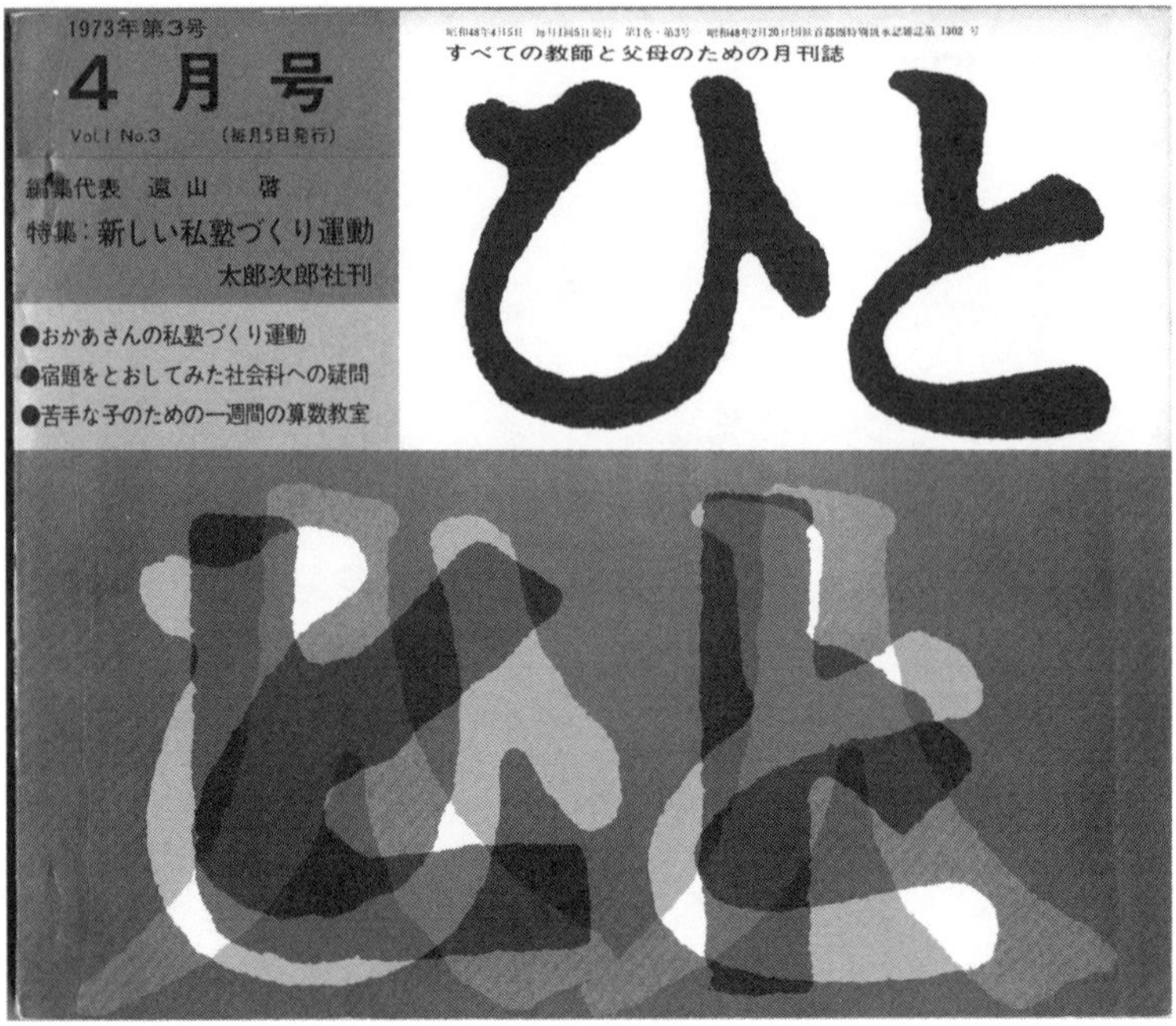

写真2―1 『ひと』3号（1973年4月号）の表紙

数学者らしい文章で「ひと」を重視する姿勢が宣言されている。「落ちこぼし」についての問題意識は、刊行発起人による「創刊のことば」で以下のように述べられている。「いま、多くの学校は、すべての子どもを賢くすこやかに育てるという本来の使命から大きくそれて、テストによって子どもたちをふるいわけ、成績順にならべるための選別機関と化し、その当然の結果として、多くの学校嫌いを生み出しつつあります」（遠山ほか 1973, p. 1）。

このような問題意識を基に、『ひと』三号（写真2―1）[11]は「新しい私塾づくり運動」を特集した。母親たちによる団地での算数教室づくりの報告が掲載されている[12]。算数教室や共同保育など、辻堂団地（神奈川県藤沢市）での活動の中心を担っていた原田智恵子は実践記録として『お母さんの手作り算数塾』（原田 1986）を出版している。同書によれば、原田は自身の子どもを含め算数が分からない子どもが多いことに悩んでいた際に遠山の存在を知ったことから遠山の講演会を開催し、算数教室を実施することになった。

(3) 母親たちによる算数教室

『ひと』には、これ以降も母親たちによる算数教室についての記事が掲載されている。(13) 母親たちによる算数教室は、「落ちこぼし」という学校に起因する問題に対応する場を、学校外において自主的につくったという点に、その独創性がある。また、母親たちによる算数教室には、以下のような歴史的重要性がある。

まず、それは母親たちの自律的な活動であったことである。読者参加型の雑誌を標榜した『ひと』では、母親は読者であるとともに雑誌の作り手でもあり、自らの地域活動報告を執筆していた。母親たちは『ひと』に関わるなかでリテラシーを高め、学校や社会に向けて意見表明する力を養っていった。

(11) 写真2―1～3は筆者所蔵の『ひと』をスキャニングしたものである。

(12) 丹羽(1973)、石川(1973)などを参照。ほるぷ主催の算数教室(主催団体や実施時期、参加人数などの詳細が一致するため、前述の八ヶ岳算数教室であると考えられる)に参加した子どもたちの文集を読んだ丹羽敬子は、自身が住む団地でも算数教室を開催したいと考え、他の母親たちと協力して団地の集会所で算数教室を実施した。講師は松井幹夫(明星学園教員)と和田常雄(公立小学校教員)で、遠山啓も特別授業を行っている。上記三名は数学教育協議会の中心人物である。「新しい私塾づくり運動」特集には「苦手な子のための一週間の算数教室」(松井 1973)も寄稿されている。八ヶ岳算数教室と同様に算数が苦手な小学五年生、六年生を対象とした合宿で、夏休み中に実施された。

(13) 『ひと』一〇〇号掲載の「お母さんの手で〝子どもひと塾〟を!」「つまずいた子と二人三脚で」「子どもの発想が授業をつくる」、一五七号掲載の「お母さん塾を地域につくろう」「自まえの学びの場を求めて」など。「ひと塾」(『ひと』読者会)での算数教室が北九州(七〇号、九一～九五頁)、西多摩(一〇四号、一八頁)で実施されたほか、『ひと』の発行元である太郎次郎社でも「子どもたちが自信をとりもどすための算数教室」が開催された(三一号、四三頁など)。

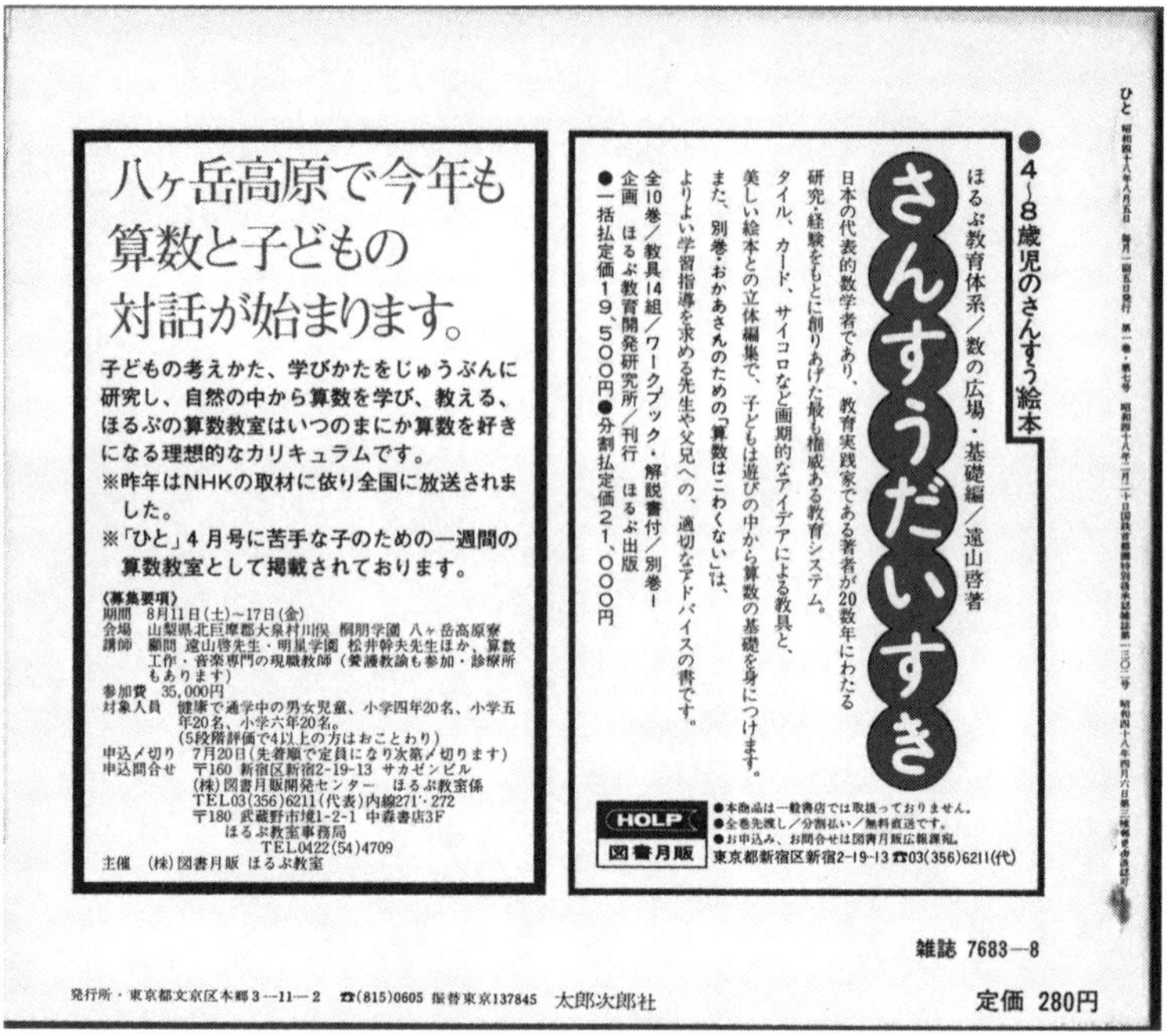

写真2—2 『ひと』7号（1973年8月号）の裏表紙

次に重要な点は、算数教室が団地で開かれたことである。戦後の産業構造の変容のなかで、若年労働者が都市に移動した。若年労働者の住宅需要に応えるために団地が造成され、「新中間層」と呼ばれる比較的裕福な階層の人びとが集住する新しいコミュニティが形成された。専業主婦の比率は高く、学歴取得の重要性が高まるなかで、母親は子どもの教育に対する責任を果たすことを求められていた。団地の母親の学歴は比較的高く、人工的コミュニティである団地は相対的に封建的価値観から自由であったため、母親たちは主体的に子どもの教育に関与することができた[14]。

「落ちこぼし」が問題化されるなかで、このような人びとが自ら算数教室を開いた点が重要である。算数教室は、単に子どもの学力向上のみを目的としたのではなく、壁に隔たれて孤立した子育てを地域に開き、専門家の協力を得ながら、母親たちが相互に学び合う場を団地内につくるという役割を果たした[15]。

一方で、母親の生涯学習としての機能とは無関係に、算数教室に「教育する家族」としてフリーライドする者もいたと考えられる。例えば『ひと』三号に掲載された活動報告である「おかあさんの私塾づくり運動」には以下の記述が見られる。「私たち四人の母親（世話人）は、申し込みを待つだけでなく、いろんなおかあさんと話しあった。なかには、『実験教室ならタダにすればいい』という人もあり、逆に『学生を家庭教師に頼んでも数千円かかるし、それは三か月では終わらないのだから、この教室の期限つきのところに期待している』という人もあった」（丹羽 1973, p. 31）。このような自身の子どもの学業達成を望む保護者を惹きつけたことが、商業雑誌として『ひと』が成功した一因であるだろう。

『ひと』はどのような読者を想定していたのだろうか。広告が掲載されている『ひと』の裏表紙は、この点を考察するにあたって興味深い検討対象である。一例として『ひと』七号（一九七三年八月号）の裏表紙に着目したい（写真2―2）。右側は遠山が作成した「さんすう絵本」である『さんすうだいすき』、左側は遠山たちが講

（14）団地に住む母親以外も含んでいるが、『お母さんの教育運動――私憤から公憤へ』（遠藤編 1982）は、母親たちによる活動報告を集めたものであり、当時の様子がよく分かる貴重な資料である。「教育する家族」の増加や団地の重要性については、広田（1996）や荻野（2001）などを参照。荻野（2001）は、『ひと』読者会の所在地と、団地造成地域が一致する傾向を指摘している。たしかに『ひと』を読むと、団地に住む学齢期の子どもを持つ母親が主要な『ひと』の読者像の一つであり、担い手であると思われる。

（15）『ひと』三号の「新しい私塾づくり運動」特集や『お母さんの手作り算数塾』（原田 1986）などを参照。また、男性の専門家の協力を得て母親たちの自助グループが成立したという点は、第四章で述べる「親の会」（学校に行かない子どもの保護者の自助グループ）と共通している。

写真 2―3 『ひと』63 号（1978 年 3 月号）の裏表紙

師を務めた八ヶ岳算数教室の広告である(16)。

『さんすうだいすき』については「日本の代表的数学者であり、教育実践家である著者が二十数年にわたる研究・経験をもとに創りあげた最も権威ある教育システム。タイル、カード、サイコロなど画期的なアイデアによる教具と、美しい絵本との立体編集で、子どもは遊びの中から算数の基礎を身につけます」とアピールされている。早期教育の宣伝のようにも読めるが、当時批判されていた「詰め込み教育」と異なると考えられたのであろう。同様に左側の広告でも、八ヶ岳算数教室は「いつのまにか算数を好きになる理想的なカリキュラム」であるとアピールされている。しかし、ここで注目したいのは、子どもが「遊びの中から算数の基礎を身につけ」、「いつのまにか算数を好きになる」ことが、学業達成を望む保護者の願望と合致していた点である。

当時の教育を批判する遠山たちの主張は、より良い（harmless な）教育によって自身の子どもの学業達成を望む保護者たちによって支えられていた面もあった。

『ひと』六三号（一九七八年三月号）は、「家庭崩壊・登校拒否・自殺」を特集しているが、裏表紙は『さんすうだいすき』の全面広告であり、「勉強ぎらい、落ちこぼれなどが問題とされるいま、全国のご家庭から、たくさんのさんすうぎらいを追放した絵本と教具のセット」とアピールされている（写真2―3）。

4 補習塾による子ども支援

母親たちによる算数教室だけでなく、学習塾のなかにも「落ちこぼし」の子どもの学力保障を試みる補習塾があった。『毎日新聞』は一九七五年からの二年間、連載「子供の森」で約一〇〇回にわたって塾ブームを報じ、その熱狂を「乱塾時代」と呼んだ（毎日新聞社会部 1977, p. 2）。当時、主に注目されたのは進学塾であったが、塾のなかには受験競争を相対化する視点を持つ補習塾も存在した。それらは個人経営の小さな塾であり、今日においてその実践の全容を知ることは困難である。しかし、「学校外で学ぶ子の支援塾全国ネット」を発足させた八杉晴実《やすぎはるみ》は、代表的な補習塾の論客として多くの著作を残しており、その実践を知ることができるため、以下では八杉の実践に着目する。[17] 八杉も遠山の影響を受けており、『ひと』に頻繁に寄稿し、算数教育に力を入れてい

（16）児童書販売会社の「ほるぷ」が『さんすうだいすき』を刊行し、八ヶ岳算数教室を主催していた。一九七三～一九七九年に刊行された『ひと』一～八四号のうち六六冊は裏表紙に「ほるぷ」の広告が掲載された。ほるぷ以外には、仮説社などの書籍広告が裏表紙に掲載された。

た[18]。算数教室をつくった母親たちと共通する面がある一方、男性である、塾の経営者であった、塾が下町にあった、といった相違点がある。

(1) 八杉晴実と東進会

①補習塾の開設と運営

一九三四年に鳥取県に生まれた八杉は、一九五三年に東京教育大学農学部に入学した[19]。教師志望であったが、八杉の理科の研究授業を教育実習校の教師たちから否定され、「教師失格」と言われたため、教師にはならなかった（八杉 1975b, pp. 16-20）。在学中にアルバイトをしていた「小さなおもちゃ会社」に就職するが、給料が契約よりも少なかったため一ヶ月で退職、その後いくつかの職を転々とし、一九五九年に東進会[20]を開設した（八杉 1983, pp. 118-121）。

教育内容の現代化を図った学習指導要領が実施された一九七〇年代初頭に、学校の勉強が分からないと言う子が増えたと八杉は回想している。この頃、塾が東進会の付近でも増えていき、「やがて塾の過当競争となって、子と親の考えは『塾へ行くか行かないか』ということから、次第に『どこの塾へ行かせるか』に移っていった」（八杉 1983, p. 79）。東進会は「塾のまわりの地域の子だけの、いわゆるできる子もできない子も入り混じった塾」であったが、一部の「できる子」や、さらには東進会に通って「できない子」から「できる子」に変わった子の保護者が子どもを進学塾に転塾させていった（八杉 1983, pp. 80-81）。これにショックを受けた八杉は、保護者宛のプリントを配布した。そこには、「東進会は進学を目的とした塾ではありません。……本当の学びの大切さを、できる子できない子とともに一緒になって追い求める塾を目ざします。……もし、わが子だけが他の子より抜き出てくれればよい、というお考えを持たれる方はぼくの塾ではおかど違いであることを覚悟してください」と書かれていた（八杉 1983, pp. 83-84）。八杉は「明日から生徒が減るかもわからんぞ。半分か、いや三分の一になるかも」と考えていたが、矢継ぎ早に電話があり、保護者たちは「今さら何をわかり切ったことをプリントするんです」「もっと自信を持って下さいよ」「うちの子は、誰がなんといったって八杉先生んところから離れやしませんよ」と話し、退塾する子は一人もいなかった。「塾をやり続ける中で、この時ほど子どもたちや親たちに勇気づけられたことはなかった」と八杉は述べている（八杉 1983, pp. 84-86）。

②遠山啓との出会い

八杉は「T私塾会」[21]に所属していたが、「同業者の集まりは〝いかにすれば一人でも多くの生徒が集まり、やめていく塾生を少なくすることができるか〟という狙いの研修だったり、『八杉先生、できの悪い子は手がかかるでしょ。あんなのとかかわってると塾はつぶれますよ』と教えてくれる先輩もいたりして、よけいにふさぎこ

（17）他の塾の実践記録として工藤（1982）、北村（1988）、佐藤（1998）などがある。なお、八杉と工藤は国立教育研究所が開催したシンポジウム「塾と学校」にシンポジストして招かれている（国立教育研究所内塾問題研究会編 1985）。
（18）『算数ぎらいが好きになる』（八杉 1975a）などの教育書を出版している。
（19）八杉の生い立ち（十歳のときに父を亡くしたことや大学進学の経緯など）については『人間が好き』（八杉 1983）で述べられている。以下、八杉に関する記述は主に同書を参照した。
（20）当初は「東京進学指導会」という名前であったが、一九六六年に四つの分教室を閉めた際に塾名を四文字削って「東進会」に変更した（八杉 1983, p. 54）。経営拡大によって八杉と子どもたちとのつながりが薄れたことを反省し、それ以後は分教室を構えずに自宅の一階を教室としていたようである。
（21）八杉は批判的に言及しているため「T私塾会」と表記しているが、これは東京私塾会を指していると考えられる。

んだこともあった」（八杉 1983, pp. 86-87）。

「もっと外へ出てみたい」と思っていたとき、教育雑誌『ひと』に書かれていた言葉に目を見張った。それは『ひと』の「編集会議報」（石田 1973）に掲載された遠山啓（『ひと』編集代表）の下記の発言である。

塾は子どものためばかりのものではない。おとなが子どもの教育をきっかけにして、もう一度ものの見方を考えなおすという意味がある。だから、学校がよくなったから、塾はいらないというようにはかならずしもいえない。話し合ってみるとたいていの日本人は、長い学校生活のあいだに心に傷をうけている。ある人は小学校で、ある人は中学校で、また、ある人は大学で、自分はダメなんだと思いこまされている。塾づくりはそれをなおして自信を回復する運動だ。（石田 1973, p. 77）

その後、八杉は『ひと』の公開編集会議に参加して遠山と出会った。二人が出会ったのは第六回『ひと』公開編集会議（一九七三年六月二四日）であると思われる。同会議の記録（高木 1973）によれば、東京私塾会の「研究部長」(22)は以下のように発言した。

一般には、学習塾イコール進学塾といっしょにされ、白い目で見られてしまうが、ほんとうの教育を実現するには学習塾でなければダメなのではないか。どんな子どもでもひとりひとりをたいせつにし、教師も親も子どももどろんこになり、裸になって、失敗をくりかえしながらやっていくのが教育というものなのに、それが今の学校に求められるかどうか。塾こそがそういう場にふさわしいと思う。学校ですくえない子どもをあずかり、時間と根気をかければ、だれでもできるようになることを私たちの塾では実践している（高木 1973, p. 37）

この発言を受けて、遠山は以下のように発言した。

公教育の系統からみると、塾は〝もぐり〟みたいにとられているが、それはまちがいだ。日本は明治になってから、兵役・納税とともに教育も義務として上から与えられてきた。だから、学校以外のところは〝もぐり〟だという意識が国民にある。だが、上からの義務としての教育という考えは転換されなければならない。『ひと』のめざす一つのものもこのことだ。現実には、塾のようなものが一方においてさかんになる必要がある。塾こそむしろ教育の本道ではないか……公教育だけが理想だとは思わない。たとえ公教育がよくなったとしても塾はあっていい。公教育はなにも絶対のものではなく、学校へ行きたくなかったら行かなくていい〝学校へ行かない権利〟を確保することが大事（高木 1973, pp. 37–38）

当時、学習塾は批判されることが多かったため、遠山の発言に八杉は強く力づけられた[(23)]。八杉は「T私塾会」の研修部長として、遠山のほか、菅《すが》龍一、金沢嘉市《かいち》などの教育実践者を同会の研修に招いたが、会員からは「もっとわれわれにメリットのある研修会にしてほしい」というクレームが出た。また、「塾

(22) 八杉（1983）は、「T私塾会」の研修部長になったこと、『ひと』編集会議に参加して遠山と出会ったことを述べていることから、編集会議報における「研究部長」という記述は「研修部長」の誤記であり、この「研究部長」と八杉は同一人物と考えられる。八杉が『ひと』公開編集会議で聞いた遠山の発言についての記述（八杉 1983, p. 87）と、第六回公開編集会議の記録（高木 1973）は、内容が一致している。

を文部省公認にしてもらおう」という声も上がった。八杉は方向性の違いに落胆し、新たな団体の結成を模索した。

（2）「わかる子をふやす会」の発足

一九七四年、八杉は「わかる子をふやす会」を結成した（八杉 1990a）。管見《かんけん》の限り、八杉は「わかる子をふやす会」についてのまとまった記録を書いていないため、以下では八杉同様に補習塾を自営し、「わかる子をふやす会」の世話人であった天野秀徳による記録（天野 1985）を参照する。「わかる子をふやす会」は、八杉が「人間に落ちこぼれなんてない。……むしろ落ちこぼされているんだ。……落ちこぼされて困っている子ども達の側に立って勉強を本当にわかるようにしてやろう」（p. 235）と呼びかけ、九人の塾教師たちによって結成された。遠山啓の助言もあり、同会には塾教師だけでなく学校教員も対等の立場で参加し、年五回ほど研究会が開催された。

同会の前期（主に一九七〇年代）の研究テーマは「わかる授業をどう作るか」「遅れた子の指導」「受験学力と本当の学力」など、「落ちこぼし」に関わる事柄が中心であった。後期（主に一九八〇年代）の研究会は非行、校内暴力、無気力、学校に行かない子どもが中心テーマとなり、報告者として内田良子（心理カウンセラー）、佐々木賢（定時制高校教員）、松崎運之助《まつざきみちのすけ》（夜間中学教員）のほか、後に東京シューレを開設する奥地圭子（当時、小学校教員）も参加していた。[24]

一九八五年時点で会員数は一八〇名、構成比は塾教師三割、学校教員二割、保護者四割、その他一割であった。

（3）「学校外で学ぶ子の支援塾全国ネット」の発足

八杉の塾では一九七〇年代は「落ちこぼし」の子どもたちの学力保障に力を入れていたが、一九七〇年代末以降は学校に行かない子どもも通うようになった（八杉 1979）。八杉が著書を刊行していたこともあり、全国から相談の電話や手紙があったが[25]、各地からの相談に一人で対応することはできないため、八杉は「わかる子をふやす会」の有志とともに各地の塾に呼びかけ、一九八五年に「学校外で学ぶ子の支援塾全国ネット[26]」を発足させた（八杉 1990a, 資料2―1）。学校外で学ぶ子の支援塾全国ネットには、一九八九年十月時点で二八四の塾が加盟していた（八杉 1990a, p. 46）。下記の入会案内（冒頭部分のみ抜粋）は団体の性格をよく表している。

〝子どもの味方〟をし、〝子どもの幸せ〟を中心に考える全国の良心的な私塾の経営者が参加して、研修・交流し、「学校外で学ぶ子の会[27]」の支援をします。（「学校外で学ぶ子の会」は不登校・学力不振を皆で考える父母の会です）

（23）遠山は東京工業大学退職後に、本格的に子どもたちへの算数教育を実践しており、晩年には「遠山真学塾」を開設した（佐田 1980b）。『ひと』においても塾について論及している（遠山 1973b）。また八杉は、遠藤豊吉《とよきち》が『学習塾』（遠藤 1975）で東進会に言及していることにも励まされた（八杉 1983, pp. 90-91）。遠藤（1975, p. 364）は以下のように述べている。「学校のなかで権力からきれ、権力からきれることによって〈教師〉として自立する少数孤立者と、学校を包むぶあつい『国家』のなかで、権力からきれ、権力からきれることによって自立する、本来の意味における〈塾教師〉とが、今日をいろどる乱世の地平に〈幻〉の〈共和国〉を作らねばならぬ時代――それが『現代』なのだ」。

（24）内田良子、佐々木賢、松崎運之助、奥地圭子は『さよなら学校信仰』（八杉編 1985a）に寄稿している。

（25）『学力おくれ学校ぎらい』（八杉 1985a）には、八杉に寄せられた相談が多数掲載されている。

子供たちの"駆け込み寺"
支援の全国ネットを結成

「登校拒否や、授業についていけない子の味方となろう」という塾も各地にある。そんな私塾が二十一日、東京・中野の大学生協会館に集まり、「学校外で学ぶ子の支援塾全国ネット」を結成した。不安や悩みを持つ子や親が申し込めば、休学中にも相談ができて、自由な気持ちで学習できる近くの塾を紹介する、という。

この塾ネットワークには、全国から百五十二の団体・個人が賛同し、登録した。いずれも、登校拒否の子を指導したり、学校教育に疑問を持ったりした塾講師、学校教師、カウンセラーら。発会式には約百人が参加、いろいろな体験談、学校教育への不満や心配を話し合った。

「長男が登校拒否になった。殴ってでも学校へ行かせようとしたが、二年間は絶望だった。児童精神科医の前で、子どもが学校でのいじめなどを初めて話し、立ち直った。私も目が覚め、勤めをやめて塾を開いた」（千葉県松戸市）

「先生や級友から給食を強制されて登校拒否になった子がいた。塾に来て、ようやく復学はしたが、学校ではその子を『無理に食べなくていい。いつ登下校してもいい』と特別扱い。今、その子は学校の内外でいじめられている」（浦和市）

「成績の良い子が人間的にも大人から評価される、と子どもは思い込んでいる。だから、不登校児や学力不振児は『僕はダメになる』と自虐的になりがちだ」（東京都練馬区）

二十一日の集まりでは、こうした発言が相次ぎ、全国の子どもたちのために「駆け込み寺」となる塾やカウンセラーのネットワークをさらに整備しようと話し合った。会員の七割は首都圏。まだまだ網の目は粗く、これからも組織づくりを急ぐことになった。

塾の先生たちが組織

きっかけは、代表窓口となった八杉晴実さん(50)らの活動。十年前から塾の講師、学校の教師らと「わかる子をふやす会」を続けてきた。学校のカリキュラムについていけない子が一般の塾に通って補習しようとしても、世は進学塾全盛。「ほかの子の邪魔になる」と友だちやその親、塾の講師に拒まれた。こうした子を、学校とは別の教え方や根気強い指導で理解させ、再び学校で勉強についていけるように、と努力してきた。

登校を拒否する子も、八杉さんらのもとに駆け込んでくるようになった。

「学ぶことがいやだからではない。その証拠に、塾で自由にやっていると、上級の教科さえ自分でどんどん勉強している。しかし、学校に戻ると、また不登校。そんな子が月に十人も相談を求めてくると、これは学校がおかしいのではないか、と思うようになった。学力を補い、学校に復帰させるだけの塾でいいものか」

「子どものための教育の場を」という私塾ネットワークの発会式 ＝東京・中野の大学生協会館で

相談や勉強のお手伝い

八杉さんらはそう考えるようになり、今年一月、「ふやす会」や、仲間の「登校拒否を考える会」を通じて、ネットワークづくりを呼びかけていた。

しかし、運動は決して平たんではない。

発会式で、国立国府台病院の渡辺位（たかし）児童精神科医長(54)は「登校拒否児を個人の病気として治療しようという動きが目立っているが、根本的に病んでいるのは学校の方だ。親も子も、学校に行かなければと思い込むのはやめよう」と講演した。

参加した塾には、学校を積極的に拒否して塾だけで学ぶ中学生もいる。しかし、これは例外。一般の父母には受け入れられないだろう。

こうした狙いの塾にも、復学できるだけの学力を早くつけてもらおう、と親は求めがちだ。「塾側と父母の意識、考え方のギャップを埋めるのは大変だ」という意見も出ていた。

実際に活動している塾からは「進学塾に比べ、指導に苦労するわりには報われることが少なく、経営上も苦しい」という声も出た。また、弱みにつけ込み、不当に高い月謝を取るインチキ支援塾が出ないよう監視し合おう、とも話し合っていた。

◇

「支援塾ネット」の連絡先は、〒176東京都練馬区[redacted]ノ[redacted]ノ[redacted]東進会内、八杉さん方（電話は月—金曜の午後二時—四時、〇三—[redacted]—[redacted]）。

資料 2—1　『朝日新聞』1985 年 4 月 24 日朝刊 12 面

〔会員の姿勢〕
一、競争原理で子どもを追込まない。
二、営利追及を第一目的としない。
三、原則的には小規模塾で、子どもの味方をする。
〔会員の活動〕
一、「不登校児」に家庭的な雰囲気で学べる場を地域の塾で提供する。
二、「学力不振児」（学校で落ちこぼされた子）を塾でわかるところから教える。（八杉 1990a, p. 31）

このように学校外で学ぶ子の支援塾全国ネットには、受験競争を主目的としない小規模な補習塾が参加し、「不登校児」や「学力不振児」を受け入れていた。発足（一九八五年四月）から四年半のあいだに「不登校児」や「学力不振児」の保護者から約三千五百件の問い合わせがあり、延べ二千八百件の塾紹介を行っている（八杉 1990a, p. 44）。

一九七〇年代に「落ちこぼし」の学力保障に取り組んでいた補習塾の一部は、一九八〇年代には学校に行かな

---

(26) 「支援塾全国ネット」と略されることも多かったが、発会式を伝えた『読売新聞』（一九八五年四月二二日朝刊二二面）や『朝日新聞』（一九八五年四月二四日朝刊一二面）では「学校外で学ぶ子の支援塾全国ネット」と記述されているため、これが発足時の正式名称と考えられる（一九九〇年に「子ども支援塾ネット」に改称）。なお、八杉は「補習塾」や「支援塾」の明確な定義は示していない。後述の「学校外で学ぶ子の支援塾全国ネット」入会案内や八杉の著作を参照すると、受験対策を主目的とする大規模な塾（＝「進学塾」）とは対照的な存在として、「補習塾」や「支援塾」を捉えていたと考えられる。「補習塾」と「支援塾」の違いも明確には示されていないが、「支援塾」は「不登校児」「学力不振児」への支援を強調して用いているように見受けられる。

「学校外で学ぶ子の支援塾全国ネット」に加盟した団体の自己定義は不明であるが、関連資料（八杉編 1985b, 八杉 1990ab など）を見る限りでは「補習塾」（＝受験対策を主目的としない小規模な塾）と呼び得る団体が多いように思われる。八杉は「呼びかけに応じてネットに参集した人たちの塾は、一般的には〝補習塾〟という色彩が強く、……前からすでに私塾で子どもとかかわっていた人たちがほとんどで、いわば補習塾のヴェテランたち」（八杉 1990b, p. 123）と述べ、補習塾での学習の特徴として「少人数制、対話式、家庭的、少量をじっくり、基礎・基本中心」（八杉 1990b, p. 125）を挙げている。

『読売新聞』（一九八五年四月二二日朝刊二二面）は発会式について以下のように報じている。「発会式には各地の塾関係者ら約百人が出席。八杉さんの経過報告のあと、国立国府台病院の渡辺位児童精神科医長が『子供の学校嫌いは、学校のゆがんだ管理体制が原因になっているケースが多い。敏感な子が自分を守ろうとしているのだ』と分析、臨床医の立場から、活動に期待する発言をした。さらに、出席した塾の教師らから実践報告などが行われた。本部では……広く学習塾の参加を呼びかけている」。

(27) 八杉の呼びかけによって一九八五年に発足（八杉 1990a）。『読売新聞』（一九八六年六月四日九面）によれば、発足から約一年で会員は千人を超えていた。

い子どもが通う場としても機能するようになったと指摘できる[28]。

（4）学校に行かない子どもへの支援事例

八杉は何人もの学校に行かない子どもに関わったが、ここでは八杉（1985b）が詳細に報告しているXの事例の概要を述べ、考察する[29]。

①事例の概要

八杉の塾では、月に一回「土曜会」として、塾生や保護者、地域の人びとが集まる食事会を開催していた[30]。Xは当時（当時、小学五年生、女子）は塾生ではなかったが、両親といっしょに千葉県から土曜会に参加した。Xは当時（一九八四年五月の連休明け）、いじめられていたために行きしぶりがあり、週に数回、小学校を休んでいた。

この日の土曜会ではXの行きしぶりが話題となり、Xの父親が「学校ぐらいはどんなイヤなことがあっても、行かないと」と話すと、土曜会の参加者は「登校拒否は怠けでも、甘えでもないのよねえ。その子にはその子にとっても辛い事情だってあるんですもの」と話した。Xは「両手をスカートの下に敷き、オカッパ頭を前に垂れ、足だけはブランブランと漕ぎながら」「教室の隅っこに一人離れて座っていた」（八杉 1985b, pp. 10–14）。

土曜会から数日後、Xの母親から八杉に電話があり、Xが小学校に行かなくなったという報告と、Xが希望するので東進会に入れていただきたいという申し出があった。八杉は「〝登校拒否〟といってもここ三、四日のことだ、そのうち何とかなるかもしれない……千葉県から五年生の女の子が通い続けられるわけもない……一、二回通塾しているうちに考え直すかも知れ《ママ》ない」と考え、了承した。

通塾には片道二時間余りを要したが、Xは通い続けた[31]。Xの両親も欠かさず土曜会に参加し、他の保護者たちと交流した。Xが受けたいじめや、小学校の教師たちの無理解について話すこともあった[32]。

Xが六年生になるのを機にXの一家は千葉県から東進会の近隣に転居し、Xは新しい小学校に登校した[33]。八杉はXの母親から以下のような電話があったと書いている。

---

(28) 各塾からの実践報告は八杉編（1985b）を参照。なお、前節で述べたように一九七〇年代に母親たちによる算数教室を開催していた原田智恵子は、一九九一年に中卒や高校中退の子どもたちの学びの場として「学びや」（神奈川県藤沢市）を設立している（原田 1993）。「落ちこぼし」から「学校に行かない子ども」へと中心的なテーマが変容した一例として挙げられる。

(29) 原文では名前が記載されているが、個人情報保護のため引用にあたっては「X」に変更した。また副題にも名前が記載されているため、副題を省略した。

(30) 土曜会の様子は以下のように『読売新聞』（一九八七年六月二日夕刊七面）で紹介されている。「毎月第二土曜日の午後七時になると東京都練馬区（筆者注：練馬区以下の住所省略）、東進塾（筆者注：「東進会」の誤記）の教室が、大人のための部屋に早変わりする。毎回二十五人から三十人。口の字形に並べられた机に座り、菓子をつまみながら話が進む。司会役は、近所に住む会社員、（筆者注：氏名省略）さんがつとめ、そのわきには、この塾の主宰者である八杉晴美（筆者注：「晴実」の誤記）さんが、助言者役で座る。会話の中身はその都度変わるが、やや乱暴にくくってしまうと、『自前の教育を語る会』とでも言えようか。例えば登校拒否をしている子の母親が参加する。つっぱりの子に悩む父の例もある。夫婦同伴というのもある。悪戦苦闘の様子が生々しく語られる。常連の中には、かつて登校拒否をした子もいるから、アドバイスもできる。話し込んでいるうちに、ただ単に子供や学校のことではなく、自分たち自身の生き方の問題だということに気づかされる。九時。茶菓子は、ビールと、おつまみに切り替わる。『じゃ、そろそろ』となるのは十一時すぎになる。地域密着ミニ塾でのこの集まりは、始まってから八年。このグループは、八杉さんが代表世話人をしている『わかる子をふやす会』や『支援塾全国ネット』の、応援団席の中央に座っている感がある」。

(31) 当初は週二日であったが、その後、Xの希望により週五日通うようになった。

Xの方から「X、学校へ行ってみようかしら」と言ったのだという。自信がないのでお母さんについて来てくれと。

わが子の言うままに学校について行ってみると、Xはたちまち下駄箱の並んでいる前に立っただけで全身がガタガタ震え出した。――やっぱり無理だ――と見てとったお母さんは、「無理だったら帰ってもいいのよ」と連れて帰ろうとした。

ところが、Xは蒼い顔をして、キッと何かを見つめる目つきになり、お母さんに「一人で帰って」と言ったという。

その日、ぐったり疲れたような様子で学校から帰って来たが、お母さんは「おかえり、ごくろうさま」と言っただけで、何も尋ねなかった……「行かれなくなったらそれでもいいですから、そーっとして、あの子にまかせてみようと思ってます」

お母さんはそう言うと、「これからもどうかよろしく」と電話を切った。（八杉 1985b, p. 42）

新しい小学校に初めて行った日もXは東進会に来た。漢字の読み方の授業が始まり、子どもたちは答えを当てようと口々に発言した。しかし、Xはいつもより元気がなく、授業が始まってしばらくすると机に伏してしまい、授業が終わるまで眠り続けた。翌日も同様であった。

それをみて、子どもたちはいろんなことを言った。

「先生、あの子寝てるよ。寝てていいの」

「いいんだよ、オマエも寝たかったら寝ていいよ」

「先生、先生、漢字の書き取りにしようよ。読みだと、うるさくてアイツ可愛想だよ」

Xが半開きの口でゴロンと机に顔を当てて眠っているのを見て、事情を知っている連中は「静かにして眠らせてやれよ」と言っていた。(八杉 1985b, p. 44)

四月の土曜会は、X一家の歓迎会となった。八杉が新しい小学校について尋ねると、Xの母親は「何となく家庭的でいい雰囲気」だと答えた。土曜会の参加者が「よかった、よかった」と言い合っていたなか、Xの父親が口を開いた。

Xは、この一年、学校を捨てた。私等も捨てた。そして、自分の子は塾で育った。精神的にも甦った。そのことは忘れない。しかし、それですべてよかったかどうかは、わからない。Xや、わが家は救われたかも知れないが、いまでも、辛い思いで学校に行き続けている子、逆に、登校拒否をして、一歩も外へ出られない子も大勢いることも考える。塾へ行かれたり、転校することが可能な子や家庭はいい。が、逃げられない人、塾に

(32) 当時、土曜会にはXの両親のほかにも学校に行かない子どもの保護者が参加していた。八杉は、学校に行かない子どもの保護者たちが「それぞれに苦しい親子の体験を持つ者同士だったから、お互いに力づけ、励まし合ってはいるのだが、子どもが学校へ行っている親御さんたちとも、何のへだたりも感じないでお互いに近づき、お互い理解しようとしている姿には、ぼく自身嬉しくなった」(八杉 1985b, p. 32) と述べている。

(33) Xの父親は転校のみを検討していたが、Xが千葉県内の転校先に登校することによって、引き続き練馬区の東進会に通うことができなくなることを嫌がったため、東進会の近隣に転居した。

さえも外出できない子のことを考えなければいけないと思う……そういう親や子たちに対して、済まないような、応援したいような気持ちがある……学校にべったり頼ったり、まかせ切るのはよくないと思う。学校や世間がおかしければ自前で親がわが子を護るのはあたりまえ。しかし、いや、だからこそ、学校へ行くか行かないかで敵味方になるようなことだけはしたくない（八杉 1985b, p. 51）

このようにXの父親は訥々《とつとつ》と話し、「これからそういう辛いおもいをしている人達に何か役立つ自分でありたい」と結んだ（八杉 1985b, p. 51）。握手し合う参加者たちを眺めながら、八杉は二人の保護者に視線を移した。二人の子どもたちは二年以上、学校に行っていなかったが、楽しそうに語り合っていた。

②教育を問い直す場としての補習塾

このXの事例の重要な点として以下の四つを挙げることができる。

第一に、東進会が学校に行かない子どもを受け入れ、他の塾生たちも学校に行かない子どもの状況を理解していたことである。「学校外で学ぶ子の支援塾全国ネット」加盟塾である東進会には、「不登校児」や「学力不振児」が通っていた。受験に向けて競い合うのではなく、日常の授業をはじめ、食事会やキャンプ、学期末の行事などの時間を共に過ごす仲間であった。

第二に、保護者が語り合う場として土曜会が開かれていたことである。Xと両親が初めて参加した土曜会で、他の参加者が「登校拒否は怠けでも、甘えでもない」と言ったことをXは教室の隅っこで聞き、初めて自らの理解者を得た気持ちになったであろう。他の保護者との交流はXの両親にも影響を与えた。学校復帰を強いるのではなく、「あの子にまかせてみようと思ってます」という子どもの意志を尊重する保護者の姿勢が、転校後のX

の小学校通学を支える要因の一つとなったであろう。

第三に、東進会が教育を問い直す場になっていたことである。学校に行かない子どもを受け入れていたが、再登校に向けての指導の場ではなかった。自身の子どもが再登校・進学できれば、それで良いということでもなかった。学校に行っている／行っていないという状況に関係なく、土曜会では保護者たちが教育について共に考え、語り合っていた。

そして第四に、このような場づくりによって学校に行かない子どもへの支援がなされていたことである。Xは他の生徒と同様に塾に通っていただけであり、学校復帰に向けての特別な指導を受けていたわけではなかった。また、Xの保護者もカウンセリングなどの特別な対応を受けていたわけではなかった。しかし、東進会が子どもの個性が尊重される場であったことから、Xとその保護者は他の塾生や保護者との交流のなかで受けとめられ、自ら事態を打開することができた。これは八杉のリーダーシップによるものではなく、Xが継続的に東進会に通い、近隣に転居し、新しい小学校に通うようになることは八杉にとっても想定外であった。

近年の不登校生支援が仮に、該当児童生徒のアセスメント、カウンセリング、コーチング、目標設定、叱咤激励、ＰＤＣＡサイクルといったもので構成されているとするならば、八杉の実践は対極に位置するものである。再登校のためのＰＤＣＡサイクルは、結局は当事者の主体性を軽視した手練手管に過ぎないとも言える。Xの事例は、八杉の指導による学校復帰成功事例ではなく、東進会という場が期せずしてXたちの主体性を引き出す力を持っていた点にその特質があると筆者には思われる。Xの学校復帰は副次的産物であり、教育を問い直す主体性が共同的に生成されたことが最も重要なのである。

5　学校に行かない子どもへのその他の対応

学校に行かない子どもへのその他の対応についても簡潔に確認しておきたい。学校に行かない子どもを対象にアメリカで実施されていた「キャンプ療法」[34]が、一九七〇年前後から日本でも行われるようになった（朝倉 1995, p. 59）。高橋良臣《よしおみ》（獣医・牧師）は、一九七〇年代前半から静岡県袋井市の牧場で、精神科医から紹介された子どもを受け入れ、学校復帰に向けての指導を行っていた（高橋 1980, 1981）。また、児童相談所も「合宿治療」を実施していた（資料2—2）。

一九七六年には戸塚ヨットスクールが開校した。当初は学校に行かない子どもを対象にしていたわけではなかったが、ヨットスクールに参加した学校に行かない子どもが再登校したため、学校に行かない子どもの参加が増えた[35]。学校に行かない子どもを受け入れる場が少なかったこと、都市化による自然体験の減少が学校に行かない一因とされたことによって、自然体験活動が本来の趣旨とは異なる学校復帰に向けての指導の場としての役割を期待されるようになった（資料2—3）。同様に、学校に行かない子どもを主たる対象としていなかったが、山村留学や夜間中学に学校に行かない子どもが参加することがあった。ほかに『不登校児の新しい生活空間』（河井編 1991）は、工藤定次《さだつぐ》が一九七七年に東京都福生《ふっさ》市で開設した「タメ塾」などを紹介している[36]。

おわりに

本章では、一九八〇年代の学校に行かない子どもとフリースクールに先行するものとして、一九七〇年代の

「落ちこぼし」と補習塾を検討した。一九六〇年代末の大学と学問の問い直しを背景に、一九七〇年代に初等中等教育における教育問題が顕在化していったが、そのなかでも早くから注目されたのは「落ちこぼし」であった。「落ちこぼれ」は「落ちこぼし」とリフレーミングされ、学校に対する批判が公然と語られるようになるなかで、遠山啓や『ひと』読者の母親たちは「落ちこぼし」の子どものための算数教室を開いた。これは、学校に起因す

---

(34) 管見の限り、「キャンプ療法」についての最も古い日本語論文は、真仁田《まにた》・堀内（1973）である。同論文は、キャンプ療法とは「キャンプの生活場面を治療的に構成し、情緒障害児などの治療をはかること」としており、「『友だちができない』『情緒不安定』『学校へ行きたがらない』『人と話したがらない』などの問題をもつ児童」を対象に一九七〇年および一九七一年に実施したキャンプについて報告している。

(35) 東海テレビ取材班（2011, pp. 20–21）を参照。『朝日新聞』（一九八〇年四月一六日朝刊一五面）は、戸塚ヨットスクールを取り上げ、以下のように述べている。「そのほか、体操や水泳教室なども広く試みられている。いずれも精神医学的には『行動療法』といえるもので、一定の効果があることは専門家の間でも認められている。登校拒否治療の〝特効薬〟が見つかっていない以上、さまざまな試行錯誤を続けるほかはない。それでも、『素人でも、いろいろ試行錯誤しながらなんでもやってみるのも意味がある』、というのは、関東中央病院（東京・世田谷）の小倉清精神科医長。……その小倉さんも、〝なぐり療法〟で効果をあげた体験も持っている」。

(36) 河井編（1991）によれば、工藤はサリドマイド児の入塾を契機にさまざまな課題を持つ子どもを受け入れるようになり、一九九一年に千葉県松戸市で「フレンドスペース」を開設したことで知られる富田富士也は出版社勤務時に高橋（1980）の出版に関わったことを契機に当事者との接点を持った。

また、高橋良臣の活動を手伝い、後に北陸青少年自立援助センターを設立する川又直《なおし》を中心に「青少年 創・生 連絡協議会」が一九八四年に発足した。発足時の世話人は、川又のほか、河合洋《ひろし》（精神科医）、工藤定次（タメ塾）、本吉修二《もとよししゅうじ》（白根開善《しらねかいぜん》学校）、森下一《はじめ》（生野《いくの》学園）などである。関西青少年自立支援センターＮＯＬＡのウェブサイトを参照。http://www.nponola.com/r27seisokyo.htm

登校拒否児の合宿治療
千葉県市川市児童相談所で
4週間、自立心養い親近感
子供への接し方、親の反省にも
昨年は16人中9人が復帰
今は中学生の男女8人
初め一週間は帰りたがるが
バイタリティーに欠ける
うちではダダっ子なのに
できれば小学生のうちに

資料2—2　『読売新聞』1973年6月13日朝刊16面

る問題に対応する場を学校の外で自主的につくった先駆的な事例であった。

さらには八杉晴実のように、補習塾で「落ちこぼし」の子どもを受け入れる事例があった。補習塾の一部は、後に学校に行かない子どもを受け入れており、フリースクールに先行する実践であったと評価できる。また、戸塚ヨットスクールのように、自然体験活動が学校復帰指導の場となることもあった。このように一九七〇年代には、一九八〇年代に注目される活動の萌芽が見られるのである。

登校拒否 治療は試行錯誤

家庭

新学期を迎え、気持ちも新たに学校へ通う子供たちがいる中で、学校をいやがる「登校拒否児」がいる。「なんとか学校に行ってくれれば……」という親や身内の期待をよそに、彼らはがんとして学校を"拒否"する。文部省の統計（昭和五十三年度）だと、全国で小学生約三千人、中学生約一万人。昭和三十年代後半からの高度経済成長とともに急増してきた、という背景がある。大人たちが「稼げ、稼げ」と夢中になっている間に、学校や家庭、社会生活の中でなにか大事なものを忘れてきてしまったのではないか——。それはともかく、学校へ行けない、行きたがらない、という現実は、親も兄弟も、まして本人にとってもつらいことだ。治療のため、さまざまな方法が試みられている。まさに試行錯誤が繰り返されている。それらのいくつかをたどりながら「登校拒否」の現況を追ってみる。

「ヨット」や「キャンプ」も効果

登校拒否児をかかえた場合、まず児童相談所、教育相談センター、大学病院などに相談するのがふつう。ほかに催眠術、占星術、整体術、ヨガなどを経験したり、姓名判断をして名前を変えたりという例もある。

行動療法で自立心

しごきの"ヨット療法"で知られる「戸塚宏ヨットスクール」も、その延長線上のひとつだろう。厳しい「しごき」の余り「事故を起こした」として係争中の例もあるが、効果があるとのうわさを聞いて子供をあずける親は多い。丸三年の間に約百人の登校拒否児（小、中、高校生）が入り、うち八〇％が、とにかく学校へ行くようになったという。

荒天の日も一日中沖に出てヨット操縦をしながら風や波と戦う毎日。救命衣をつけているとはいえ、水の中は常に「死」と隣り合わせだ。海の上で頼れるのは自分だけ。厳しい風も味方につけなくてはヨットは進まない、生きてはいけない——こうして自立心を養い、強い子にしようという試みだ。

ここへやってくる子供たちもほとんどが催眠術や整体術を経験してきている。「開業医、教師、銀行員、公務員、一代で財をなした事業家の子が多い。どの親も教育熱心です」と、戸塚さん(39)。

キャンプによって「仲間づくり」をし、その延長で登校拒否をなくしてゆこう、という試みは、比較的古くから各地で行われている。

「キャンプだけで登校拒否を治すには、長期間のキャンプが必要で、三泊や四泊くらいのキャンプで完治するとは考えにくい。キャンプは治療の中の一ステップ」という、キャンプ指導者の分析もある。

そのほか、体操や水泳教室なども広く試みられている。いずれも精神医学的には「行動療法」といえるもので、一定の効果があることは専門家の間でも認められている。

登校拒否治療の"特効薬"が見つかっていない以上、さまざまな試行錯誤を続けるほかはない。それでも、「素人でも、いろいろ試行錯誤しながらなんでもやってみるのも意味がある」、というのは、関東中央病院（東京・世田谷）の小倉清精神科医長。

▲転覆したヨットを懸命に起こす、だれも助けてくれない——＝愛知県美浜町で

▼キャンプでの仲間づくりも効果はある（昨年のアサヒキャンプ＝岐阜県恵那郡で）

戸塚 宏さん

小倉 清医長

渡辺 位医長

「本人に合った処置を」

求めたい心の交流

「家族療法といってもケースによっては有効な場合もある。理論の裏づけは、しっかりしていないといけないと思うが、実際の治療にあたっては、さまざまな試行錯誤が必要でしょう。うちの病院にも三十人ほどの中、高校の登校拒否児が入っていて、診ているわけだが、それぞれいろいろなところを転々としてきているんですよ。その中から自分に合ったところをさがせばいい。そしてたまたま会った人と、心の交流ができればしめたものです。病院だからといって、それが医師でなくてもいいです。看護婦だったり、掃除のおばさんだったりすることもあるわけです」という。その小倉さんも、"なぐら療法"で効果をあげた体験も持っている。

受験体制にも問題

しかし、登校拒否とは何か、を考えた場合、「学校へ行くことがすべてか」という疑問を提する人もいる。

病院内に登校拒否児のための学級を開くなど画期的な治療方法に取り組んでいる国立国府台病院（千葉県市川市）の渡辺位（たかし）児童精神科医長。

「登校拒否児の問題を考える場合、学校へ行かせることを"解決"と考えてはいけないのではないだろうか。受験体制一本やりとも思える、いまの学校の状況に合わなくなったり、反発したりする子供が出てくるのはむしろ当然といえる。

そうした子供たちは芽をもって抵抗し、告発しているのではないだろうか。「言い方を変えれば、無気力なんかじゃなくて、和解人間であり、均質化されない豊かな個性を持った子供ではないだろうか。こうした子供に親や教師がしてやれることは、勉強の強制でなく、自立心を持たせ、育ててゆくことだと思う。家庭や学校の育児能力の低下が登校拒否児を作り出しているのではないだろうか」と、警告する。

折しも、今年度から「ゆとりの教育」が開始された。その中で、学校ぎらい、登校拒否児はどう救われてゆくだろうか。

資料2―3　『朝日新聞』1980年4月16日朝刊15面

第三章　子どもの人権侵害と新しい教育の希求
——一九八〇年代を中心に

はじめに

前章で考察したように、一九七〇年代から「落ちこぼし」などの教育問題が指摘されるようになり、一九八〇年代になると校内暴力、いじめ等、教育問題はさらに注目されていった。とりわけ、いじめ自殺や体罰死など、子どもの死亡事案は学校の重大な機能不全を示すものとして大きく報道され、既存の教育への批判は新たな学びの場づくりの誘因となった。

教育問題への注目が高まるなかで、学校教育の補完ではない「新しい教育」（堀編 1985）が求められ、フリースクール等が注目された。一九八〇年代の日本の教育を問題視した人びとが、諸外国のフリースクール等を先進事例として模索した「新しい教育」は茫漠としていたが、実際に新たな学びの場が開設された。

本章では、フリースクール等の開設の背景として、当時の教育がどのように語られたか、フリースクール等の諸外国の実践がどのように注目され、新たな学びの場が開設されたかを検討し、最後に臨時教育審議会について若干の言及を行う。

1　子どもの人権侵害

本節では、子どもの人権侵害のなかでも最も重大なものとして注目された子どもの死亡事案について一九八〇年代を中心に述べる。前章で述べたように、戸塚ヨットスクールは一九七六年に開校し、学校に行かない子どもなどが入所していたが、死亡事件が相次ぎ、戸塚宏とコーチらが一九八三年に逮捕された（東海テレビ取材班2011）。

一九八七年には「不動塾事件」が発生した。『朝日新聞』（一九八七年六月十一日朝刊二七面）によれば、不動塾（埼玉県）は「登校拒否児らが集団生活する私塾」であり、塾長の香川倫三と塾生は、入塾を嫌がる男子中学生を不動塾に車で連行した。同紙は、その後の経過を以下のように報じている。「車内で殴るけるの暴行を加えたうえ、同塾内では手足を縛って押さえつけ、『一人十回ずつ殴れ』という香川の指示で、塾生十五人全員が金属バットで……全身を殴り、香川も最後に暴行に加わった。乱暴は約一時間にも及び、その後も香川は、監視役の塾生に鉄パイプ（直径二センチ長さ一メートル）で殴らせた」。そして、男子中学生は死亡した。「解剖の結果、死因は全身打撲による外傷性ショック死、と分かった。香川は『バットで殴られることはみんな覚悟している』と供述しており、暴行に加わった塾生らも殴らないと自分たちもやられる、と思っていた」。「調べに対し香川は『私の信念からすれば（暴行は）正しいと思ってやった』と供述、これまでも、日常的に制裁として暴行を繰り返していたことを認めた[1]」。

保坂展人《ほさかのぶと》たちが一九八三年に創刊した『学校解放新聞』は、戸塚ヨットスクール事件を批判している（学校解放新聞編集委員会編 1984）。『オイこら！　学校——高校生が書いた〝愛知〟の管理教育批判』（藤井編 1984）も出版されるなど、当事者から学校教育への異議が表明されるようになった[2]。

一九八五年前後には子どもの自殺が相次いで報道された。個々の「いじめ自殺」について詳述した図書（門野 1986, 村山ほか 1986）、自殺した小中学生が残した詩や文章をまとめた書籍（山本編 1986, 保坂編 1986）が出版された[3]。

第Ⅱ部で考察するように、学校に行かないことは一九八〇年代に一部の保護者によって擁護されるようになるが、学校に起因するとされた子どもの死亡は、このような変化に大きな影響を与えたであろう。保護者にとって学校に行くことは当然であったが、子どもの死亡事案などを契機とした学校批判の高まりとともに、保護者の認識も変化していったと考えられる。

一九八五年には修学旅行にヘアードライヤーを持参した男子高校生が担任の体罰によって死亡し、一九九〇年には遅刻指導のため教員が校門閉鎖を強行したことにより女子高校生が圧死している。後者については、『先生、

（1）不動塾はその後、廃止された。なお鈴木（1987）によれば、男子中学生が学校に行かなくなった一因は、教師による体罰である。体罰により鼓膜が破れたため手術したが、難聴の後遺症が残った。奥地圭子は不動塾事件についての論考を『朝日ジャーナル』に寄せている（奥地 1987a）。

（2）藤井編（1984）のカバーには「この本を『管理教育』の犠牲となって死んでいった多くの仲間たちに捧げます」と記されている。

（3）女子中学生は以下の言葉を残している。「学校なんて大きらい／みんなで命を削るから／先生はもっときらい／弱った心を踏みつけるから」（山本編 1986, p. 43）。

その門を閉めないで』（保坂ほか編 1990）が刊行されており、圧死事件を受けての中高生の声を多数掲載している[4]。

保坂は上記のほかにも、一九八〇年代に多くの教育問題に関する図書（保坂 1983, 1984abc, 1985, 1986, 村上・中川・保坂編 1986 など）を刊行している。管理教育を批判した「元気印レポート」シリーズ（保坂 1983, 1984a, 1985）の初出の大半は『週刊セブンティーン』や『明星』といった十代向けの雑誌で、シリーズ第一作のアンケートカードは約三千枚、手紙は約三百通が届けられた（保坂 1984a, p. 270）。保坂によれば、「アンケートハガキにはびっしりと細かい字が刻まれ、手紙も十二〜十三枚書いてくる子たちが多い。反響の八割は、いま学校に通う生徒たちからのもの」（保坂 1984a, p. 270）であった[5]。当時の教育に対する不満と批判が、子どもたちのあいだに広がっていたことがうかがわれる。

このような状況を受けて日本弁護士連合会（以下「日弁連」）は、第二八回人権擁護大会（一九八五年）で「学校生活と子どもの人権に関する宣言」を採択し、同宣言において以下のように述べている。「子どもは、学歴偏重の風潮を背景にした受験競争にさらされ、詳細極まる校則、体罰、内申書などによって管理され、『おちこぼれ』、『いじめ』、登校拒否、非行など深刻な事態に追い込まれている。……子どもも、憲法で保障される自由や人格権の主体であり、教育を受け、よりよき環境を享受し、人間としての成長発達を全うする権利を有する存在である。何人《なんぴと》といえども子どもの人権を侵害することは許されない[6]」。

日弁連は一九八六年に「子どもの人権救済問題小委員会」を発足させ、同委員会は一九八七年に『子どもの人権救済の手引』を作成し、各地域の弁護士会に相談窓口の設置を呼びかけた[7]。窓口に寄せられた相談内容とそれへの回答は『子どもの人権一一〇番——子どもたちをどのように救済できるか』（子どもの人権弁護団編 1987）として出版された[8]。一九八九年に国連総会で「子どもの権利条約」が採択されたことも、日本国内において子ども

の人権が重視される契機となった。(9)

（4）一例として以下のものがある。「校則なんて、『君たちのため』とか言いながら実は生徒のためよりも自分たちがやりやすいようにやっているだけ。楽しくなければ、学校じゃないのに、規則だらけのロボット工場や強制収容所みたいにしか私には思えない」（保坂ほか編 1990, p. 47）。圧死事件については、外山ほか（1990）も刊行されている。奥地（2005a, p. 101）によれば、東京シューレのなかには「学校の息苦しさや、なんとなく納得できない校則、先生の横暴に出会ったゆえの登校拒否の子もいたし、そういうわけではなくても、そんな学校にうんざりしたり、おかしいと批判」する子どももいた。一周忌の一九九一年初夏には「校門圧死事件を許すな」と書かれた大きな垂れ幕を東京シューレが入居するビルの外壁に掲げた。

（5）ある読者（中三女子）は、「『積木くずし』も、読書嫌いだけど、しっかり読んだ。すごく気に入ってたんだ、あの本……。でも、この本もすごーく気に入ったヨ。なんて言うか、本音っぽいんだ、私たちの！」（保坂 1984a, p. 271）と述べており、保坂は「『窓ぎわのトットちゃん』『積木くずし』と読んできた生徒たちが、ぼくの本を手にしたという流れがある」（保坂 1984a, p. 272）と述べている。また、一九七九年に放送開始されたＴＢＳのテレビドラマ「三年Ｂ組金八先生」が与えた影響も大きかったと推測される。

（6）日弁連の人権擁護大会は一九五八年の第一回大会から教育問題や精神医療に関しての問題提起を行っており、「子どもの人権に関する宣言」（一九七八年）、「精神病院における人権保障に関する決議」（一九八四年）などを採択している。このような日弁連の活動も、学校に行かない子どもの入院治療が一九八〇年代後半に問題化される背景として重要であった。人権擁護大会の記録は日弁連のウェブサイトを参照。https://www.nichibenren.or.jp/document/symposium/jinken_taikai.html

（7）『子どもの人権救済の手引』には十六の相談窓口が掲載されている（日本弁護士連合会 1987, p. 199）。

（8）『子どもの人権一一〇番』は、学校外の学びの場として東京シューレを紹介している（子どもの人権弁護団編 1987, p. 47）。また、子どもの人権弁護団が一九八八年に開催したシンポジウムには、東京シューレの子どもたちが登壇した（奥地 1991, pp. 224-231）。

2 新しい教育の希求

（1）『ミュンヘンの小学生』と『窓ぎわのトットちゃん』

既存の教育に対する不満が高まり、対応が求められるなかで、新しい教育が一九八〇年代に注目を集めるようになるが、その萌芽は一九七〇年代にもあった。

一九七五年に刊行された子安《こやす》美知子（ドイツ文学者）の『ミュンヘンの小学生』（子安 1975）は、自身の子どもをドイツのシュタイナー学校に通わせた経験を綴ったもので、毎日出版文化賞を受賞した。[10] 後述するフリースクール研究会に子安はゲストとして招かれており、新しい教育を求める人びとが、日本の教育とは大きく異なるシュタイナー学校に強い関心を持っていたことがうかがえる。[11]

黒柳徹子の『窓ぎわのトットちゃん』（黒柳 1981）は、八百万部を超える日本最大のベストセラーであり、海外での発行部数を合わせると二千五百万部を超える。世界で最も多く発行された単一著者による自叙伝としてギネス世界記録に認定されている。[12] 奔放な行動によって尋常小学校を「退学」するに至った黒柳が、転学先であるトモエ学園[13]の自由な気風を謳歌した思い出が語られており、同書刊行時の学校教育が批判されているわけではない。[14] しかし、同書がこれほどの反響を得た理由は、黒柳の知名度だけでなく、刊行時の学校教育に対するオルタナティブとして読者を惹きつけるものがトモエ学園にあったからだと推測される。

一九八〇年代に『窓ぎわのトットちゃん』が中学生にどう読まれたかを知ることができる記録として「中学生の〝トットちゃん〟の読み方[15]」という雑誌記事があり、中学生たちは以下のように話している。「自由でのびのびとした学校にあこがれます」「今の学校は、上から生徒全体が押さえつけられているような気がする」「こんな学校があったら、絶対に入れて下さいと頼みに行きます」「今の時代に『トモエ学園』みたいな学校があったら、入るのに競争率がスゴクなるだろうし、塾に行ってよく勉強しなくちゃダメかなア?」「今の学校は、あまりにも自由がなさすぎると思うのは、僕だけではない」。

(9) 日本は一九九四年に批准した。子どもの人権の重視は、第七章で述べる法務省による「不登校児人権実態調査」の背景としても重要である。

(10) 同書を読んだ八杉晴実は、子安を訪ねて話を聞き、洋書を取り寄せ、そして実際にドイツのシュタイナー学校を訪問した(八杉 1982)。

(11) 子安美知子は、フリースクール研究会の第八回月例研究会(一九八四年一月二八日、法政大学)に、クリストリープ・ヨープスト(当時、早稲田大学教授)、上松恵津子(オイリュトミスト)らとともにゲストとして招かれた。月例研究会には百名近くが参加し、立ち見も出るほどの盛況であった(フリースクール研究会発行の『フリースクール通信』九号、三十頁参照)。月例研究会での討論の概要は、『フリースクール通信』十号に掲載されている。

(12) 同書の「あとがき」によれば、初出は講談社の雑誌『若い女性』における連載(一九七九年二月~一九八〇年十二月)であり、黒柳が『婦人公論』に書いたトモエ学園についての短い随筆を読んだ編集者が声を掛けたとのことである。

(13) トモエ学園は一九三七年に小林宗作《そうさく》によって創設された幼稚園および小学校である。

(14) ただし「あとがき」では二ヶ所のみではあるが、刊行時の教育に言及している。「もし、今でもトモエがあったら、『登校拒否する子なんて、一人もいないだろうな』、と考えます」(黒柳 1981, p. 271)。「あとがき」の最後には日付として「一九八一年。——中学の卒業式に、先生に暴力をふるう子がいるといけない、ということで、警察官が学校に入る、というニュースのあった日」(黒柳 1981, p. 284)と記している。

(15) 『潮』一九八二年五月号、二五八~二六一頁。八人の中学生から聞いた『窓ぎわのトットちゃん』の感想をまとめた記事である。インタビュアーの名前は記載されていないことから、編集部による記事と思われる。中学生のフルネームが記載されているが、個人情報保護のため省略する。

『窓ぎわのトットちゃん』で示された自由が中学生たちにとって魅力的である一方、そのような自由が一九八〇年代の学校にはなく、志望校に入学するための厳しい受験競争があるという認識が語られている。インタビュアーがまとめた記事ではあるが、少なくとも当時の大人には中学生のこのような言葉を掲載しようとする問題意識があったことがうかがえる。[16] また、『窓ぎわのトットちゃん』刊行時に小学校教師であった奥地圭子は、「クラスのこどもたちとも読んでいたのですが、『こういう学校だったらいいね』とこどもたちもいっていた」（奥地・村田 1995, p. 16）と述べている。[17]

（2）フリースクールへの注目

日本においてフリースクールに対する関心が高まった契機は、大沼安史の『教育に強制はいらない――欧米のフリースクール取材の旅』（大沼 1982）である。[18]『北海道新聞』社会部記者であった大沼が書いた連載記事「教育の新しい風」（『北海道新聞』一九八一年六月一六日～同年七月三日、全一七回）に注目した一光社社長の鈴木大吉が出版を持ちかけた。[19]

大沼による欧米のフリースクール取材には、当時の日本の教育を批判的に捉えるための手がかりを探るという目論見があった。[20]『教育に強制はいらない』の「はじめに」には、以下の記述がある。

日本の教育はテスト、テストで子どもたちを苦しめ、「点数」と「能力」とかで選別し、挙げ句の果てに校内暴力、登校拒否まで引き起こしているのだ。だれが言っているのか知らないが、「日本の教育は世界一」だなんて、とても言えたものじゃない。

もしかしたらフリースクールは、日本の「教育荒廃」に一つの解決策を提起するものじゃないかな……そん

な期待感もあったのだ。（大沼 1982, pp. 3-4）

（16） ほかに『『トットちゃん』ベストセラー物語』（塩澤・植田編 1982）にも読書感想文（小学生三名、中学生二名、高校生二名）が収録されており、「高校まであるトモエみたいな学校へいきたい」などトモエ学園について好意的に書かれている。ただし、子どもと所属校の実名が記載されていることもあるだろうが、学校への批判的な記述は見られなかった。また、大人が書いた『窓ぎわのトットちゃん』の感想には、森村（1981）、畑山（1982）、小中（1983）がある。著者はいずれも作家で、『窓ぎわのトットちゃん』を肯定的に取り上げている。森村には、自身が開いた自主的な学びの場についての著書『もうひとつの学校』（森村 1984）もある。

（17） 先の引用に続けて奥地は以下のように述べている。「私としても、文部省が決めたことを点数競争で教えるということは、命そのものが育つ場としては違うということをすごく感じていて、職員会議で、管理をもっと減らそう、点数でということを考え直してみようと提案するのですが、『決まりをなくしたら、学校のなかがめちゃくちゃになる』とかいわれる。『そんなことはない』と反論しても、それはしょせん観念論争です。私は、管理とか競争がない方が、もっと伸び伸びと楽しく、個性的なこども時代ができるし、その方がこどもが育つんじゃないかとすごく思っていたので、登校拒否のためというより、教師としてもそういうフリーな教育の場がほしいなと思っていた。『窓ぎわのトットちゃん』といっても、あの内容そっくりということではなく、今の日本の公立学校の姿ではないあり方を実際に示したい。そうでないと、観念論争に終わってしまって説得力をもたないなと、教師としての願いもあった」（奥地・村田 1995, p. 16）。

（18） なお『教育に強制はいらない』の表紙には「トットちゃんの『トモエ学園』再興を願って」と書かれており、本文中でもしばしばトモエ学園が言及されている。

（19） 一光社は国語教育などの教育関係図書を中心とした出版社であったが、一九八〇年発行の金賛汀『ぼく、もう我慢できないよ――ある「いじめられっ子」の自殺』、伊藤悟『開成・東大十四年――「人間」をとりもどす闘いのなかで』など、教育問題に関する図書も出版していた。また、フリースクール関係図書についても大沼（1982）が紹介しているクロンララ・スクールのパット・モンゴメリー来日記録（大沼編 1982）や共著（Montgomery and Korn 1984 = 1984）、大沼翻訳の Holt（1981 = 1984）などを出版した。

同書には、欧米の実践を称揚することにより日本の教育を批判する記述が多数みられる。書名『教育に強制はいらない』にも、大沼の意図が強く打ち出されている[21]。

（3）フリースクール研究会

『教育に強制はいらない』の版元である一光社（東京都）を拠点に、フリースクール研究会が一九八三年に結成された[22]。石井和彦[23]たちが研究会結成を呼びかける葉書を『続・教育に強制はいらない』（大沼編 1982）に挟み込んだのを契機に、結成総会が一九八三年三月二六日に開催された。この結成総会は、出席者六十名の自己紹介と現状報告に終始して議題討議ができなかったため、二回目の結成総会が同年四月二九日に参加者九十名で開催された。この時点で会員数は二百名であり、注目を集めていたことが分かる。二回目の結成総会の様子を『毎日新聞』は以下のように伝えている（資料3―1）。

この日は経過報告のあとまず参加者の自己紹介をかねた意見交換が行われた。

「学校はいま子供が生活する場でなくなっている」（東京の私立高教師）「教育とは創造性を培うべきものだが、いまそれがない」（美術家）「私の学校ではヘアスタイルを規制し、ソックスは三つ折り、カバンにアクセサリーをつけてはいけないなどの細かい校則がある。毎朝、教師が校門で登校する生徒たちに『おはよう』とあいさつしているが、つい髪や足元に目が行ってしまい、学校に生徒を迎え入れようという気持ちが薄れるのが怖い」（東京の私立高教師）

「通学路が指定されていたり、食事は二十分以内でと決められたり、子供が枠からはずれないようにする先生が増えている」（三重の母親）「子供たちが自らすすんで校則違反を見つけるようになっている」（千葉の小学校教師）「上ばきの色を自由にしたら親の方から『学校で決めてくれないと迷う』と言ってくる」（東京の小学校教師）――など学校をめぐるさまざまな状況が報告された。（『毎日新聞』一九八三年五月五日朝刊一二面）

大沼（1982）が示していたような当時の日本の教育に対する危惧が「フリースクール」に対する関心の前提になっていたことがうかがえる。[24]「フリースクール研究会結成の呼びかけ」でも管理教育に対する批判が述べられている。フリースクール研究会発行の『フリースクール通信』三三号（一九八六年三月一三日発行）には会員数は

(20) 大沼の新聞連載「教育の新しい風」の第一回は、以下のように始まる。「『欧米に教育の新しい風が吹き出した』。そんな話を耳にして、地球の反対側に出かけてみた。そこで出合ったものは、フリースクール運動をはじめ、既存の『学校教育』のワクを打ち破る数々の試みだった。学びの原点を追求するその姿は、校内暴力など日本の病根を映し出す鏡でもあるような気がした」（『北海道新聞』一九八一年六月一六日一八面）。

(21) この点は Holt（1981 = 1984）の原題 *Teach Your Own: A Hopeful Path for Education* が、大沼による邦訳書では『なんで学校へやるの――アメリカのホームスクーリング運動』になっていることからもうかがえる。『教育に強制はいらない』では、アメリカのフリースクール運動は一九七〇年代に停滞したと日本で指摘されているが、それは間違いであり、一九八〇年代にもフリースクール運動は広がっていく、というパット・モンゴメリーの認識が紹介されている（大沼 1982, pp. 96-97）。しかし、一九八三年に発表された連邦教育省の報告書『危機に立つ国家』を契機に、学力向上を重視する傾向がアメリカでは主流となっていった。

(22) フリースクール研究会については、同会発行の『フリースクール通信』各号を参照した。

(23) 当時、東横学園大倉山高校教員。一光社から石井の編著『「反省が処分」の教育――子どもが驚くほど変わる非行克服のキメ手』を一九八一年に刊行している。

「フリースクール研究会」が発足

強制やめて教育をよみがえらせよう

教師、母親らが熱い話し合い

型にはめられた教育を乗り越えて、子供の自由な発想を大切にした新しい教育を求める「フリースクール研究会」の結成総会が四月二十九日、東京・水道橋の労音会館会議室で開かれた。欧米に広がる、さまざまな形の「フリースクール」――「シュタイナー学校」や「フレネ学校」「サマーヒル校」のようなものを日本でも実現させたい、それが日本の教育を蘇生させる道――との熱い願いを胸に、この日、全国から小中高校の教師、大学生、母親、芸術家など九十人近い人たちが集まった。

この研究会は欧米のフリースクールをルポした「教育に強制はいらない」（大沼安史著、一光社）を読んで共鳴した人たちが中心になって呼びかけたもので、三月二十六日にも一度、顔合わせをしている。

この日は経過報告のあと、まず参加者の自己紹介をかねた意見交換が行われた。

「学校はいま子供が生活する場でなくなっている」（東京の私立高教師）「教育とは創造性を培うべきものだが、いまそれがない」（芸術家）「私の学校ではヘアスタイルを規制し、ソックスは三つ折り、カバンにアクセサリーをつけてはいけないなどの細かい校則がある。毎朝、教師が校門で登校する生徒たちに『おはよう』とあいさつしているが、つい髪や足元に目が行ってしまい、学校に生徒を迎え入れようという気持ちが薄れるのが怖い」（東京の私立高教師）

「通学路が指定されていたり、食事は二十分以内でと決められたり、子供が枠からはずれないようにする先生が増えている」（三鷹の母親）「子供たちが自らすすんで校則違反を見つけるようになっている」（千葉の小学校教師）「上ばきの色を自由にしたら親の方から『学校で決めてくれないと困る』と言ってくる」（東京の小学校教師）

――など学校をめぐるさまざまな状況が報告された。

一方、児童に「先生の通信簿」をつけさせた教師の話を紹介しながら「親や子供の声に耳を傾けて教師が変われば学校も変わる」（母親）「フリースクールが出来るまで待つ前に、ふだんの授業を変えることで子供も変わる」と、生物と地学をミックスした授業実験を報告した私立高校の女教師もいた。

新しい教育を求めて、熱い思いを語り合う「フリースクール研究会」の結成総会（東京・労音会館で）

総会はこのあと今後の活動方針を話し合い、研究サークルとして①ニール研究②シュタイナー研究③フレネ研究④フリースクール実践のための研究⑤日本の自由教育の発掘――を設け、地域研究会や全国研究会を定期的に開くことにした。

また地域で幼児教育や学童保育、身障者活動、野外活動に取り組む方針も出された。

会費については、会員の自由意思を尊重して強制割り当てをすべきでない、との意見がかなり出されたが、会を維持運営する上で一口千円とすることで落着した。今後は有志による運営会議で具体的なことを煮詰める。

◇研究会の連絡先＝〒113東京都文京区本郷[redacted]の[redacted]の[redacted]、一光社内（電話03・[redacted]・[redacted]）。

資料3—1　『毎日新聞』1983年5月5日朝刊12面

約七百名であると記されており、各地に支部がつくられたことから、フリースクール研究会の広がりが認められる。

『フリースクール通信』掲載のフリースクール研究会の入会記録や月例会のゲストには、その後に実際に新たな学びの場をつくる人びとの参加が見られ、フリースクール研究会が日本の教育の刷新を求める先鋭的な人びとに一定の影響を与えたと指摘できる。奥地圭子は、東京シューレの開設以前に数回参加しており（東京シューレ編 2000, p. 21）、第二一回月例研究会（一九八五年五月二五日、法政大学）にゲストとして招かれた。[25]

フリースクール研究会が一九八四年八月八日に主催した「教育に自由を！『学校信仰』を超える東京集会」のパネル・ディスカッションには、新しい教育を希求する当時の活動の主要人物たちが登壇したことが確認できる。[26]『教育に強制はいらない』によって日本に紹介された「フリースクール」という概念は、フリースクール研究会

---

(24) なお、大沼は『北海道新聞』を一九八三年九月から休職してアメリカのミシガン大学に留学したため、総会や月例会などフリースクール研究会の運営に中心的に関わることはなかったと考えられる。アメリカでの様子を伝える一光社の鈴木大吉宛の手紙が『フリースクール通信』八号に掲載されている。

(25) 奥地の報告「野にくだって、私を生きる」の概要は『フリースクール通信』二四号に掲載されている。

(26) 司会は八杉晴実、パネリストは以下の通りである（『フリースクール通信』一四号に掲載された集会案内の掲載順、括弧内は当時の所属）。伊藤隆二（家庭教育を見直す会）、藤岡完治（人間中心の教育を現実化する会）、奥地圭子（登校拒否を考える会）、佐々木賢（わかる子をふやす会）、松崎運之助（市川教育を考える会）、原田智恵子（私塾の会）、保坂展人（学校解放新聞）、藤井誠二（愛知オイこら新聞）、パット・モンゴメリー（クロンララ・スクール）、石井和彦（フリースクール研究会）。

集会案内には、午後一～三時にパット・モンゴメリーの講演「いま、なぜ『教育に自由を』なのか――アメリカのフリースクール運動の経験から」、午後三～九時にパネル・ディスカッション「いま、学校改革か脱学校か」と記載されている。

を通じて、より広く知られるようになっていった。

（4）諸外国におけるオルタナティブ教育の紹介

『教育に強制はいらない』の後にも、トモエ学園の卒業生がロサンゼルスのPlay Mountain Placeを紹介した『学校がおもしろい――落ちこぼれ・登校拒否のないアメリカのフリースクール』（福田 1983）が出版された。以前からイギリスのサマーヒル・スクールに関する書籍（堀 1984, 堀編 1978, 1984）を刊行し、A・S・ニイルの紹介に努めてきた堀真一郎は『世界の自由学校――子どもを生かす新しい教育』（堀編 1985）を出版した[27]。

また、晶文社セレクションは、『学校は死んでいる』（Reimer 1971＝1985）、『自分の学校をつくろう』（Kozol 1982＝1987）など、フリースクール関係文献の翻訳に力を入れていた。

（5）新たな学びの場の開設

新しい教育の希求を背景に、日本の代表的なフリースクールである東京シューレが一九八五年に開設されるなど、一九八〇年代半ば以降、さまざまな学びの場が開設されていった（資料3―2）。アメリカのフリースクールとの交流から開設されたフリースクールには、「地球学校」[28]（兵庫県高砂《たかさご》市）、「野並子どもの村」（愛知県名古屋市）、「地球の子どもの家」（東京都府中市）がある（奥地 1992, p. 46）。

京都府亀岡市で「学びの森フリースクール」等を運営する北村真也は、前身の「フリーディー学園」（学習塾）を一九八四年に開設している（北村 1988）。一九八八年には大阪府四条畷市で西山知洋が「フリープレイスなわて遊学場」を開設した（河井編 1991）。

以後、神戸フリースクールの前身である「明石フリースクール冬夏舎」（一九九〇年）、京都市の「フリースクールわく星学校」（一九九〇年）、埼玉県越谷《こしがや》市の「フリースペースりんごの木」（一九九〇年）、神奈川県川崎市の「フリースペースたまりば」（一九九一年）などが開設されていった(29)。

さらには学校法人として自由の森学園が一九八五年に開学した。明星《みょうじょう》学園小中学校の校長であった遠藤豊、数学科教員であった松井幹夫らが同学園を一九八三年に退職し、新たに設立した中学校と高校である。松井(1987)によれば、明星学園内で高校内部進学テストや点数評価実施をめぐる教員間の対立があり、学力重視の方針に反発した一部の生徒たちは自主的な学びの場として学校外で「寺小屋学園」を一九八一〜一九八五年の週末に開講した。一九八二年八月一二日には、自由の森学園を構想し、試行する場であった寺小屋学園に、クロンララ・スクールのパット・モンゴメリーが訪問し、若者たちと対話している(30)。自由の森学園はフリースクールではないが、学園が構想されていた時期にフリースクールとの交流があったことから、相互に一定の影響を与えて

---

(27) 同書ではサマーヒル・スクール（イギリス）、フレネ学校（フランス）、シュタイナー学校（ドイツ）、トラウィカ学園（メキシコ）、クロンララ・スクール（アメリカ）をはじめ十二ヶ国の新しい教育が紹介されている。これらの学校に通った子どもによる著書も刊行された。トラウィカ学園に通った山崎（1986）、シュタイナー学校に通った子安（1986）、サマーヒル・スクールに通った大塚（1987）である。保護者による書籍も、山崎（1981）、坂元（1984）などがある。

(28) 地球学校は児島一裕《こじまかずひろ》によって一九八五年に開設された（一九九九年閉鎖）。児島へのインタビュー（全国不登校新聞社編2018）を参照。児島と北村（後述）はともに『教育に強制はいらない』を通してフリースクールを知ったと述べていることから、大沼の影響力が大きかったことが分かる。児島の上記インタビューと北村（1988）を参照。

(29) 下記の各フリースクール等のウェブサイトを参照。なお「明石フリースクール冬夏舎」と「フリースペースりんごの木」は、一九八八年から学習塾として先行して活動している。神戸フリースクール（http://kfa.freeschool.jp/page/about_school/）、フリースクールわく星学校（http://www2.gol.com/users/kosa/syoukai.html）、フリースペースりんごの木（http://k-largo.org/?page_id=424）、フリースペースたまりば（https://www.tamariba.org/aboutus/）。

"私塾"で立ち上がる親ら

「東京ワイド」

「苦悩する子供救え!」

対応

親は「学校」へのこだわり捨てよ

「登校拒否は、決して病気ではありません」。芝浦工大の西条隆繁教授（電気工学）は、我が子が小学校で心理的に落ち込んだ経験をきっかけに「登校拒否児とともに歩む父母の会」（通称あゆみの会）を結成、さらに大学院に通って心理学を勉強した人。これまでの活動を元に著した本「登校拒否——誤解と偏見からの脱出」（高文研）の中で、「子供が体を張って社会や学校教育の問題点を指摘するのが、登校拒否だ」と強調している。

登校拒否を始めたときの子どもの学年

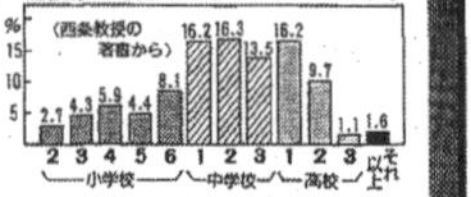

「腐ったものを食べれば下痢をする。この場合の下痢は病気ではなく、身を守るための健康な反応。人間は危険を避ける能力が自然に備わっており、子供が学校に行けなくなるのも、これ以上、登校することに危機感を持ったからで、病気ではない」。西条さんは、著書の中で指摘する。

では、親はどうしたら良いのか。西条さんは①両親がまず心を落ち着ける②学校に対するこだわりを捨てる③親があれこれ言わず、本人の自主性に任せる④自分の子供を信じて待つ——などを基本原則と指摘。そして、「どの子も登校拒否にしない学校」の建設を目指して活動を続けたいとしている。

同会の連絡先は、国立市[redacted]方。電話[redacted]。出版元の高文研は、[redacted]の[redacted]の[redacted]、西条さん電話[redacted]。

東伸会で子供たちに授業をする八杉さん

支援塾

手作りの教材で息長く

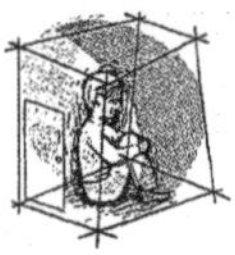

「学校に対するこだわりを捨てることですよ」。練馬区中村で登校拒否児も受け入れる学習塾「東伸会」を開くとともに、同じような塾約四百か所の連絡組織「支援塾全国ネット」の代表でもある八杉晴実さん(五〇)は、事もなげに言う。

東伸会の生徒は、小・中学生約百六十人。進学塾ではないが、学校の授業を補う補習塾でもない。"生徒のための塾"だから、専ら手作りの教材を用いて勉強する。学校に行かない子供たちを、これまでに二、三十人預かって教えた。

「私は、じいさんのようにヒゲがあるから"ジー"」。塾を開いて二十九年になる八杉さんの軽妙な授業、温かな触れ合いを経て、これまでに受け入れた登校拒否児の全員が、やがて学校に戻っている。しかし、意図して得た"実績"ではない。「学校復帰には反対です。教科書に代表されるモノサシを学校が用意し、それに子供を合わせる。合わない子には冷たい。そんな学校に戻れとは言えない。塾で学んでいるうち、結果的に戻っただけですよ」と苦笑いする。

多くの登校拒否児と接していて気付くことがある。「登校拒否の原因は千差万別だが、共通して言えるのは、感性の優れた子だということ。普通の子供は何も感じないことでも、鋭い感性ゆえに痛みを感じる。しかも、刃を自分に向けてしまうのです」

そんな子供たちを救おうと、塾や学校の教師の研究会「わかる子をふやす会」（約百二十人）を十七年前から主宰。三年前には、親と子の集まり「学校外で学ぶ子の会」（約八百家族）と、各地の塾が仲間会のメンバーを支援する「全国ネット」を作り、"励ましの輪"を広げている。東伸会は、練馬区[redacted]の[redacted]の[redacted]。電話[redacted]。

東京シューレ

学校も無視できぬ実績

北区のJR東十条駅に近いビルの一室に、その"学校"はある。「東京シューレ」（奥地圭子さん主宰）。シューレはラテン語でスクール（学校）の意味だが、認可された学校法人ではない。"登校拒否児が学び、遊べる場を"という親たちの願いが結実した私塾だ。

奥地さんは、元小学校教諭。「今の学校はおかしい。子供本位ではなく、国の政策や学校の体面、親の都合などで動いている。しかも、一定のワクを作って、子供がそのワクに収まらないと悪い子にしてしまう」。そう思っていたところへ、我が子が登校拒否に。さる五十九年、同じ悩みを持つ父母や教師、カウンセラーらに呼び掛けて「登校拒否を考える会」（約八百人）を結成。翌年には教師を辞めるとともに、「東京シューレ」を開いた。運営はあくまでも子供中心。

授業は、国語や算数・数学など普通の教科もあるが、何でも好きなことをやる「自主タイム」、社会見学やスポーツ、パン焼き、雑誌作りといった「いろいろタイム」、生命や原発問題、外国事情など大きなテーマの「総合」、各界で活躍中の人を招いて話を聞く「人図」と様々。しかも、企画から報告書の作成まで、子供たち自身が行っている。

こうした活動を学校側も無視できなくなったのか、子供が在籍している学校からシューレでの出席、学習の報告書を求められるケースが増えている。進級決定などの参考にしているらしく、六十二年度はシューレの会員四十七人中、在籍の学校で進級できなかったのは二人、卒業できなかったのは一人だけだった。シューレの所在地は、北区東十条[redacted]の[redacted]の[redacted]。電話[redacted]。

▼「子どもの家」で楽しい食事作りの時間

小さな学校

教師は「アシスタント」

"意欲と興味"から再出発

西武多摩川線の多磨墓地前駅に近い住宅街にある「小さな学校・地球の子どもの家」。学校に行けない子供と父母、ボランティアが今月七日、力を合わせてオープンさせたばかりだ。認可を受けた学校法人ではない。木造平屋建て百二十二平方メートルの民家を借り切った"校舎"には、八人の子供たちが通っている。

「学歴がなければ生きていけないと決め付け、学歴を得るのに必要な学力は、学校で教師が教科書に従って教えると思い込んでいた。その結果、子供たちがどれだけ苦しんだことか」。学校経営委員会の森山献子代表らの反省は深刻。六年前から、武蔵野、多摩地区の母親たちが集まって勉強会を続け、このほど待望の正式開校に至った。

教師は、「アシスタント」と呼ぶ。子供の成長と学習を助ける人の意味だ。公立学校の先生から転身した女性、絵画教室を開いている男性、語学の得意な母親、探検部の学生と、多士済々の十人。

「特定の教科書や時間割に頼らず、自らの意欲と興味から出発、心豊かに育てる」のが、基本理念。カリキュラムとしては、国語や算数・数学、歴史、科学といった普通の学校と同じ科目も用意されているが、食べ物作りや料理、園芸、探検などユニークな教科もある。しかも話し合いでそれぞれの子供に応じた編成をするという。この学校の所在地は、府中市[redacted]町の[redacted]の[redacted]。電話[redacted]。

資料3—2　『読売新聞』1988年4月17日朝刊22面

いたことがうかがわれる。[31]

3　臨時教育審議会と「自由」

教育問題が議論された一九八〇年代に、フリースクールは先鋭的な人びとの関心を集めた。しかし、より広く社会的な注目を集めたのは、中曽根康弘《なかそねやすひろ》政権が一九八四年に発足させた臨時教育審議会（以下「臨教審」）であった。本書が臨教審について詳述することはできないが、見田宗介《みたむねすけ》（社会学者）が臨教審について『朝日新聞』論壇時評において重要な指摘をしていたことを本章の最後に紹介したい。なぜなら東京シューレの開設（一九八五年）は臨教審の活動中（一九八四〜一九八七年）であり、両者は共鳴するものとして認識されることもあるからである。[32] 長くなるが、見田の論壇時評（一九八五年三月）を冒頭から引用する。

（30）大沼編（1982）を参照。同書では寺小屋学園もフリースクールと位置づけられている。モンゴメリーは来日中に堀真一郎、俵萌子などとも対談している（大沼編 1982）。

（31）一九八〇年代には、ほかに「きのくに子どもの村小学校」（一九九二年開校）の前身の「きのくに子どもの村・山の家」が一九八五年、「シュタイナー学園」（二〇〇二年に学校法人格取得）の前身の「東京シュタイナーシューレ」が一九八七年に開設された。一九九〇年代以降も、『ひと』の編集代表を務めた鳥山敏子が「東京賢治シュタイナー学校」の前身の「賢治の学校」を一九九四年に開設するなど、オルタナティブ教育の諸学校が開設された。

（32）例えば加藤（2012, p. 173）は、「母親や当事者の異議申し立ては、『第三の教育改革』を掲げる臨時教育審議会以降の教育改革の具体化のなか、従来の学校のあり方を批判し改革の正当性を唱える言説と徐々にその主張を節合していった」としている。

去る二月十六日午後、横浜市の団地の十三階から小学五年生O君が飛び降り自殺した。「紙がくばられた。みんな、シーンとなった　テスト戦争のはじまりだ　ミサイルのかわりにえん筆を持ち機関じゅうのかわりにケシゴムを持つ……テスト戦争は人生を変える、苦しい戦争」O君四年生の時の詩だ。死の日にO君は、「学校が破滅すれば先生も子供も楽になる」といって担任に叱られ、その反省文にも、「学校に行ってしあわせになれるかだ……昔は学校がなかった。その時、人は自由にくらせたんだ」「これくらいで進歩をとめていいと思う」と書いた。担任はまた、もっと「子供らしい心」になりなさいと叱り、自殺後の記者会見でも、O君の発想は「健全な」子供の考えではないなどと述べている。

香山健一《こうやまけんいち》はその「文部省解体論」（『文芸春秋』四月号）でこの事件をとりあげ、立論の出発点としている。O君を「死に追いやったのは、画一的、硬直的で陳腐な『児童像』の枠のなかに子供を押し込めようとしか考えない画一主義の教育である」るという判断は、引用部分に関するかぎり正しいと思う。

同時にO君の書きのこしたものの中には、現代の競争社会への鋭い抗議があるが、香山はこの面にはふれていない。この事件への着眼の正当性とその解釈の方向性とは、香山をけん引車とする臨教審「自由化」グループが、現代の教育状況のどのような矛盾に的確に足がかりを求めているか、そしてその志向する「自由化」の内実がどのような問題をはらんでいるかということの、両面を象徴している。（『朝日新聞』一九八五年三月二八日夕刊七面）

つまり見田は、香山と同様に学校の画一性を批判するとともに、競争の促進によって学校の改善を図る「自由化」もまた批判しているのである。見田は上記の文章に続けて、学校に行かない子どもを特集した『ひと』一四八号（一九八五年四月号）掲載の奥地（1985a）、内田（1985）などの論考に言及し、「自由を求めて窒息しそうな子どもたちがいて、教師たちがいる。いま教育の『自由化』を言いだした人たちがだれであろうと、その企図をのりこえてこれを現実のものとすることの他に、現実の自由への道はない」と述べている。[33] この指摘は依然として傾聴に値する。「自由化」と「自由」を峻別し、新しい教育の可能性を模索することが重要である（Tanaka 2022）。

なお、臨教審に対抗して「女性による民間教育審議会」が一九八五年に発足し、一九八七年に最終提言を発表した。[34] 同会は俵萠子《たわらもえこ》が世話人代表を務め、審議メンバーとして小沢牧子、奥地圭子などが参加していた。[35] 鳥山敏子は、最終提言が掲載された『ひと臨時増刊』一九八七年九月号に寄稿し、「これを機に、各分野における自分たちの教育改革提言を出しあいましょう。……さらに、自分たちの地域の教育改革の提言を、より多くの人たちとつくりあげていきましょう」（鳥山 1987, p. 72）と呼びかけた。一七二項目にわたる「女性による民間教育審議会」の提言は、後に実現するもの、今日においても実現が求められているものを列挙する先駆的な内容であった。

（33） 論壇時評は以下のように結論づけられている（最終段落を引用、傍点は原文）。「現在の『自由化』論議は、中曽根政権の『戦後の総決算』への意思の一環として出てきた。けれどもその問題自体は、明治以来の、就学率の異常な高さを下敷きに産業化を走りつづけた日本近代百年の総体を問う射程をもつと同時に、さらにおそらく、近代世界総体の〈自由〉の観念の実質を、具体的に問い返すことなくしては、解かれることのない構造をもっている」。

（34） 女性による民間教育審議会を特集した『ひと臨時増刊』一九八七年九月号に、同会の審議経過と最終提言が掲載されている。

（35） 『ひと臨時増刊』一九八七年九月号、八八頁。また、同号掲載のフォト・レポート「女性民教審の最終提言発表会」によれば、最終提言発表会に八杉晴実、佐々木賢などがゲストとして登壇した。

その詳細を本書で示すことはできないが、当時の教育を憂慮していた人びとが、政府による教育改革を批判するだけでなく、オルタナティブな教育改革を構想し、提言していたことは注目すべき点である。

おわりに

一九八〇年代になると教育問題はさらに注目されていった。とりわけ、いじめ自殺や体罰死など、子どもの死亡事案は学校の重大な機能不全を示すものとして大きく報道され、既存の教育への不満が高まっていった。学校に行かないことは、子どもに責任があるのではなく、やむを得ないことであると認識され始め、逸脱視されていた学校に行かない子どもは、学校そのものの問題性を象徴する存在とも捉えられるようになった。保坂などのジャーナリストは管理教育を批判し、日弁連は子どもの人権擁護を主張した。

大沼が一九八二年に『教育に強制はいらない——欧米のフリースクール取材の旅』を刊行すると、新しい教育を求めていた人たちの注目を集め、一九八三年にフリースクール研究会が発足した。新たな学びの場をつくる人びとが多く参加したフリースクール研究会は、新しい教育の孵卵器であった。一九八四年には臨教審が発足し、香山をはじめとする一部の委員は「自由化」を唱えたが、見田は「自由化」と「自由」を問い返した。

一九七〇年代の補習塾や母親たちによる算数教室に続いて、一九八〇年代後半以降はフリースクールが学校外の学びの場として開設された。日本においてフリースクールは、一九七〇年代からの「落ちこぼし」の子どものための学校外における自主的な学びの場づくりを源流として、一九八〇年代の学校に行かない子どものための学校外の学びの場づくり、管理教育ではない「新しい教育」の希求という二つの潮流が合わさることによって成立した。

第Ⅱ部　学校に行かない子どもに関する認識と対応の変容過程

――奥地圭子たちの活動に着目して

第四章　学校に行かない子どもに関する新たな認識の生成
――渡辺位と奥地圭子を中心に

はじめに

第Ⅱ部では、日本の代表的なフリースクールである東京シューレを開設した奥地圭子《おくちけいこ》を中心に、学校に行かない子どもに関する認識と対応の変容過程を検討する。奥地が開設した東京シューレは、多くの先行研究（朝倉1995, 佐川2009など）においても代表的なフリースクールとして位置づけられているが、本研究では以下の理由から、東京シューレに着目する。第一に、現存するフリースクールのなかで運営期間がきわめて長い（一九八五年開設）。第二に、フリースクールは小規模なものが多いが、東京シューレは最大規模である。第三に、フリースクールの場の運営だけでなく、活発に対外的アピールを行い、多くのマスメディアに取り上げられることによって、学校に行かない子どもに関する認識と対応の変容過程に影響を与えてきた。

奥地が、学校に行かない子どもの母親であるとともに小学校教師であったことも以下の点から重要である。日本においてフリースクールは二つの潮流が合流することによって成立した。一つは学校復帰以外に選択肢がないなかで学校に行かない子どもが育つ学校外の学びの場が必要とされたこと、もう一つは一九八〇年代に教育問題が噴出するなかで既存の教育とは異なる新しい教育が希求されたことである。両者が交わるところに母親であり、教師であった奥地が位置していた。加えて奥地が、当時はまだ少なかった女性の大卒者であり、教育経験があったこと、東京の豊富な社会的ネットワークを活用できたことによって、奥地は学校に行かない子どもに関する認識と対応の変容過程において大きな役割を果たすことになった。

本章では奥地圭子および彼女に影響を与えた渡辺位《たかし》に着目する。渡辺は、国立国府台《こうのだい》病院（現在の国立国際医療研究センター国府台病院）の精神科医であった。渡辺も当初は他の医師たちと同様に、子どもが学校に行かない原因は本人や保護者にあると考えていた。しかし、国府台病院での臨床経験を通して、学校に行かない子どもに関する新たな認識を生成していった。奥地は、学校に行かなくなった自身の子どもを受診させるため、国府台病院を訪れて渡辺と出会い、強く影響を受けることになった。国府台病院における渡辺と奥地の経験は、その後の学校に行かない子どもに関する認識と対応の変容の起点と位置づけられるものである。

1　学校に行かない子どもに関する渡辺の認識の変容過程

（1）一九六〇年代までの認識

一九五一年に日本医科大学を卒業した渡辺が、学校に行かない子どもを初めて診察したのは一九五四～一九五五年頃である。[1] 後に子どもが学校に行かない原因は学校や社会にあると主張するようになる渡辺も、はじめは本人に原因があるのではないかと考え、性格テスト、脳波の測定を行い、つぎには家族に問題があるのではないかと考えた（渡辺 1980）。かつては「家から離して、とっつかまえて、学校にぶちこんで、なんてやってましたよ」（渡辺 1980, p. 3）と述べている。[2]

渡辺は学位請求論文「精神障害児の皮膚毛細血管像について」を日本医科大学に提出し、一九六〇年に医学博士号を取得した。この頃は、子どもを取り巻く学校や社会の状況ではなく、子どもの身体に焦点を当てて研究に取り組んでいた。[3] 第二三回国立病院療養所総合医学会（一九六九年）では、国府台病院の中川四郎とともに「登校拒否の生物学的要因について」という演題で研究発表を行った。[4]

一九六五年に初めて児童精神科内の院内学級が国府台病院に設置され、渡辺は『朝日新聞』の「人」欄（資料

（1）渡辺（1980, p. 3）は一九五四～一九五五年頃に初めて「登校拒否」の子どもと出会ったとインタビューに答えている。論文（渡辺 1967, p. 72）では、一九五五年に国府台病院における初の「登校拒否」の「症例」があったとしていることから、一九五五年に初めて学校に行かない子どもと接したと推測されるが、それ以前に他の場所で出会った可能性もある。

（2）小児科医の平井信義も昭和三十年代に「平井式強奪療法」と称して、学校に行かない子どもを保護者から引き離していたと述べている（小川ほか 1982, pp. 166–167）。このような強引な介入が当時は珍しくなかったようである。

（3）渡辺は当時について以下のように述べている。「私の医師としての初めの頃というものは、猫を飼うのに、猫となじみあうことではなく、解剖して猫を殺してしまうようなかかわり方をしようとしていたのです。このようにして、しなくてもよい検査などもしてきたし、そのために、その人が社会的な存在としてどう在るか、ということを置き忘れてきたことも事実です。発達にハンディがあるという状態は、必ずしも医療によるだけで解決するというものではありません」（渡辺 1992a, p. 99）。

（4）『医療』二三巻増刊号の「精神科分科会一般演題」を参照。同号二二〇頁掲載の発表要旨には「国立国府台病院外来ならびに入院において登校拒否と診断された年令範囲八～一六才におよぶ男二二、女一一計三三について、脳波所見を中心として、精神障害の遺伝負因、分娩障害、こんかん様症状の既往歴などについて検討した」と書かれている。

4—1）で取り上げられた。この時点で渡辺には「登校拒否症」の「症例」が八十以上あり、三通りに分けられるとしている。それらは「人が見るから家にひきこもるという精神病的傾向」「本人の性格が自己中心的で、外に出ると自我が押えつけられ、それにたえられないという非行化的傾向」「父親が家庭をかえりみず、母親は優柔不断で本人が方向を見失う神経症的傾向」である。記事は渡辺の様子を「『このベッドスクールができて、登校拒否症を目のあたりに見ることができるようになった』とうれしそうだ」と紹介している。渡辺本人ではなく記者が書いたものとはいえ、この時点ではまだ学校に行かない子どもに関する認識の変容は見られない。『読売新聞』の記事「国立国府台病院の院内学級にみる登校拒否児治療と予防」（一九六六年五月一一日朝刊八面）においても同様である。

登校拒否症児専門のベッドスクールを作った

渡《わた》辺《なべ》位《たかし》

この四月、千葉県市川市の国立国府台病院に、この数年全国的にふえている登校拒否症児専門のベッドスクールができたが、それを後藤彦夫院長らの後押しで、市教委や、県を動かし、ようやく作り上げた。

「この人は、目立つことが嫌いだから、よほどまわりでバックアップしないと……」と後藤院長が口をそえる。

戦前、父親が判事をしていた朝鮮で生まれた。三人兄弟の末っ子で、市川市に住んでいた次兄の家に寄宿、昭和十九年、日本医科大にはいった。終戦後、宝くじ売り、ラジオ屋などいろんなことをしながら大学に通った。二十六年、インターンとして国府台病院にはいったが、当時、同病院精神科に専門の児童部があり、子ども好きだったことから小児科の精神医学を志し、そのころからふえはじめた登校拒否症ととりくんだ。これまでに手がけた症例は八十例をこえる。

この症例を大きくわけると、人が見るから家にひきこもるという精神病的傾向のもの、本人の性格が自己中心的で、外に出ると自我が押えつけられ、それにたえられないという非行化的傾向のもの、また、父親が家庭をかえりみず、母親は優柔不断で本人が方向を見失う神経症的傾向のものなど、三通りにわけられるという。「このベッドスクールができて、登校拒否症を目のあたりに見ることができるようになった」とうれしそうだ。こんどの成果が期待される。

老母のみきさん(八〇)と伯父さんとの三人暮し。三十九歳。

（国立国府台病院医師）

資料 4—1　『朝日新聞』1965 年 6 月 15 日朝刊 5 面

一九六六年の論文で渡辺は以下のように述べている。「登校拒否はある種の動機、あるいは性格形成の障害と、それをとりまく生活環境、すなわち家族との相互関係の中で発症してくる」（渡辺 1966, p. 132）。治療困難な場合、「子どもと家族を分離する以外に方法がないように思われる。子どもは勿論《もちろん》それを拒むが、強制的にでも治療のできる場所に家族から離して収容してしまうのである。……治療者の手もとにその対象がおかれるので治療しやすくもなる」（渡辺 1966, p. 133）。このように子どもが学校に行かない原因は家族を含む当事者にあり、強制的入院治療もあり得るとしている。

（2）保護者に対する認識の変容

渡辺は国府台病院を退職した一九九一年の講演で、「今でこそ、登校拒否のよき理解者みたいな顔をしていますが、以前は必ずしもそうではなかった自分を振り返ってみなくてはいけない」（渡辺 1992a, p. 100）と述べ、入院治療について以下のように述べている。「医療を行なう者が、子どもだけを家族からはずして〝治療〟の対象にしたり、入院させてしまったりすると、その家族が登校拒否を十分理解し、その子どもにとって十分役割の果たせる家族となれる機会さえも妨げてしまうことになる……両親がその子どもの親であってよかった、という喜びを持つことさえも失わせていくことにもなり、極端な言い方をすれば、家庭崩壊に近い状態まで追いつめてしまうようなこともあった」（渡辺 1992a, pp. 101–102）。管見の限り、渡辺は具体例を示していないが、深刻な事態に陥ることもあったのだろう[(5)]。

渡辺は国府台病院で、学校に行かない子どもの保護者、五、六人を対象とする集団面接を一九七一年から始めた（渡辺 1983, p. 4）。この背景には、子どもだけでなく、保護者とも関わりを持たなければならないという認識

(5) 一方で渡辺は入院治療について以下のようにも述べている。「これは少し言い訳になるのですが、入院という、これまでにその子どもが経験したことのない場で生活をすることによって、今までの家族との関係では得られなかった体験が得られ、新しく出会った第三者との出会いで、自分自身や相手に対してまた違った見方ができるチャンスになるということはあるので、ときには入院という手段によって、別の視点で見守ってくれる大人に出会えれば、その子どもにとって、自分を見直す機会にならないこともなかった」（渡辺 1992a, p. 103）。

が渡辺にあった。当時を渡辺は以下のように振り返っている。

自分としてはいろいろと、紆余曲折を経てたどりついた岸辺が、結局、子どもをめぐる家族の方々、とくに両親と共にあらねばならないのだ、ということでした。……子どもの立場が危機に瀕《ひん》しているからといって、医療を行なうものが抱え込むのではなく、ほんらい子どもが位置づけられていて当然の場のなかに位置づける、つまり、親のもと、家族のなか、社会のなかで安定が得られるように援助すること、それが児童精神科医療でも最も望ましいことなのだというわけです。……個別の面接ばかりでなく、複数の家族を同時にする面接も始めました。それは、子どものことについて理解が深められた家族の発言や影響力は、他の家族に対して、医療を行なう側の者の発言や影響力よりも大きく効果があることが少なくない、と知ったからでした。（渡辺 1992a, p. 110）

集団面接では当初は渡辺が中心的役割を果たしていたが、参加者から「登校拒否の問題解決は家族自身が考えなくてはいけないのだから、この会も自分たちでやろう」（渡辺 1983, p. 5）という意見が出され、親自身が運営する親の会（自助グループ）として「希望会」が一九七三年に発足した。

一九七五年には学校に行かない子どもたち自身が集まる「子供会」も国府台病院で始まった。一九八三年には希望会の十周年記念として『登校拒否・学校に行かないで生きる』（渡辺編 1983）が出版された。同書には渡辺の文章や母親たちの手記、子どもたちによる座談会などが収められている。(6)

（3）一九七〇年代における認識の変容

渡辺が「子どもから教えられながらわかってきている」（渡辺 1980, p. 3）、「大人たちは逆に登校拒否の子たちから自分たちの立場を学ばなければならない」（渡辺 1980, p. 6）と述べていたように、国府台病院での臨床経験を通して、渡辺の学校に行かない子どもに関する認識は変容していった。(7)

学校に行かない子どもに関する渡辺の認識の変容が見られる最初の公刊物は「青春期の登校拒否」（渡辺 1976）である。(8) この論文で渡辺は自殺企図二例を含む六つの「症例」を報告し、以下のように述べている。

学校的状況では子どもの個別性は尊重されることなく全体集団の中に画一化され埋め込まれていき、真に子

（6）子どもを自死によって失った希望会の会員から、子どもの供養になるので自宅を本づくりの会議の会場として提供したいという申し出があり、この会員の自宅で本づくりの会議が三年間にわたって開かれた（二〇二四年六月二日に開催された「登校拒否を考える会四十周年記念講演」における奥地圭子の発言）。

（7）『朝日新聞』の連載記事「ＳＯＳが届かない――登校拒否の内側」でも、「子供たちに教えられ、自分の考え方を変えざるをえなくなりました」（『朝日新聞』一九八四年四月一四日朝刊一三面）と述べているほか、著書でも以下のように述べている。「入院している子どもたちと密に日々接しているなかで、学校のこと、先生のこと、家族のことについての、ナマの声、心の叫びを直接に、十分聞くことができました。それまで学理・学説あるいは社会『常識』、社会通念などといった既成概念でとらえていた登校拒否観が、次第に変えられていったのです」（渡辺 1992a, pp. 104-105）。同様の趣旨は『自然に学ぶ子育て――登校拒否の子と親から教えられたこと』（渡辺 1992b）でも述べられている。

（8）一九七〇年代には住田（1972）、藤本（1974）のように、学校に行かない子どもだけでなく学校を検討の対象とする研究が現われるようになった。住田（1972）は、医師が学校に行かない子どもを教育問題として論じた初の論文とされている（藤井 2017）。

どもの発達を保障、援助することは不可能か困難であるといえる。したがって、子どもがこの危機的状況を体験的に感知するとき、子ども自らその状況に対し不安を感じても当然であろう。……「登校拒否」の状態にある子どもの処遇は、表面に現れた症状や状態にとらわれ現象除去的処置を行うべきではない。……不登校状態惹起の責任を安易な心理主義に基づいた家族内の心理力動や子どもの自我構造にのみ帰することは、学校、その他子どもに関する社会的状況における問題性を隠蔽するにすぎないばかりか、子どもの葛藤を増強させ、ついには子ども自身が〝学校にも行けない問題児〟〝学校についていけなかった劣等児〟の烙印を自らに押し、自ら偏見し、孤立化し、主体性を喪失し、無気力化し、時には自殺へと追いやることもある。

これは家族にとっても同様であり、……〝学校にも行かれないかわいそうな子ども〟に育てた責任を感じ、母子心中をはかった母親の例などその端的な現われといえよう。また、育児上の責任と、周囲の評価、非難の重圧から子ども自身を精神疾患とみなし、それを不登校の原因に責任転嫁し、医療機関を訪れる母親の例もみられ、そのため一層母子間の精神的断絶は顕在化するのである。……「登校拒否」は、結果的には神経症症状を示しても、それ自体病的状態ないし異常な行動ではない。むしろ子どものおかれた現状からは、当然な表現とも見なされるものである。（渡辺 1976, p. 1259）

医師が学校に行かないことを「異常な行動」ではなく「当然な表現」と書いたのは、これが初めてだと考えられる。子どもに適応を求めるのではなく、「子どもの個別性」という表現が用いられていることが注目される。また、学校に行かないことが子どもにとってだけでなく、保護者とりわけ母親にとって重大な葛藤になっていることが指摘されており、学校に行かないことへの保護者の理解を深める重要性が示唆されている。

前述の通り、渡辺がこの論文を発表する以前から国府台病院内において希望会と子供会が活動していた。子どもたちの「神経症症状」と向き合い、保護者たちと語り合うなかで、このような認識が生成されたのである。

2　奥地親子の医療経験

一九八〇年、奥地圭子（当時、小学校教師）は、拒食症になった自身の子どもを受診させるために国府台病院を訪ね、渡辺位と出会った（奥地 2019a, p. 178）。以下、奥地が『登校拒否・学校に行かないで生きる』に寄稿した「学校とはなにか、子育てとはなにかを問われて」（奥地 1983a）を参照しながら、奥地親子の医療経験について述べる。

（1）国府台病院を受診するまでの経緯

奥地の子どもは、小学校二年生時（一九七七年）の転校を契機に学校に行きたがらなくなった。チック症や腹痛があり受診すると、医者は「どこも悪くないからきっと神経性でしょう」（p. 79）と言った。奥地は「どこも悪くないのなら、休ませる理由はない」（p. 79）と考え、「あるときははげまし、あるときは叱りとばして、なるべく通学」（p. 79）させた。「子どもは学校へ行くのがあたりまえで、どの子も行っている。それなのにうちの子は行けない。それは恥ずかしいことだ」（pp. 83-84）と考えていた。三年生の二学期の始まりとともに「ふたたびはじまった腹痛に、一般の町医者ではダメだと思い」（p. 84）、国府台病院に子どもを連れて行った。神経科または児童精神科を希望したが、小児科での受診を指示された。小児科医の所見は「一つは脳波に異常がありますから、長期にわたってクスリを飲んでください。もう一つは、お母さんの家庭教育がなっていないのです」（p. 84）というものであった。

その後、セカンドオピニオンの必要性を感じた奥地は、東京都立墨東病院へ五年生になった子どもを連れて行った[9]。ここでは、「脳波はまったく異常なし。かわって、心電図に異常があり、一万人に一人くらいのめずらしい異常体質」「だから、他人よりもある刺激が異常に強く感じられる」(p. 88)という所見で、自律神経失調症と診断され、東京都立墨東病院でも投薬がなされた。担当医が代わると、「この病気はやっかいです。うちよりも国府台病院の児童精神科のほうが向いている……紹介状をだしますから、今後はそちらに行ってください」(p. 89)と言われた。教育雑誌『ひと』を通して渡辺位の存在を知っていた奥地は、渡辺宛に紹介状を書くよう担当医に依頼し、即座に電話予約したが受診は三ヶ月後であった。奥地は「申し込み者がたくさんいて、つぎつぎと待っているということで、私は、登校拒否児がそんなにもたくさんいることに驚いてしまった」(p. 89)と述べている。

受診を待っているあいだに、奥地の子どもは小学校で無理が重なり、運動会の後、拒食症になった。運動会から「帰宅すると、パタッと立てなくなり……はって歩くことしかできず、二階の自分の部屋に行くことはおろか、便所も四つんばいでやっと行く状態で……どんな好物も流動食も食べられず、ジュースも受けつけず、透明な水だけしかのどを通らなくなり……青い顔をして一日中じっと寝たまま」(p. 90)であった。

(2) 渡辺との面談

このような状態であったが、奥地親子と渡辺の面談で「驚くようなこと」(p. 93)が起きたと奥地は回想している。「渡辺先生はていねいに二時間くらい時間をとってくださったのですが、私はそっちのけで、本人と先生がどんどん話をすすめていきます。その話は、教師にとっては耳の痛いことばかりで[10]、いまさらながら、学校というものがどんなに子どもを傷つけ、殺しているかということをまざまざと感じさせられ、教師をやっていることがおそろしいような気がしてきました。二人で教師批判、学校批判をやりはじめたような感じでした」(p. 93)。

子どもは診察室から出ると、「気持ちがこんなに軽くなったのははじめてだ。そういえば、いままでの病院で、学校の話をきいてくれたのは、ここの先生がはじめてじゃないか。そうだよ。ぼくはまちがっていなかったんだよ。学校のほうがおかしいんだよ」(p. 95)と話し、「お母さん、おなかすいたよ。きょうのお昼は思いっきり食べたい」(p. 96)と言った。奥地は「ほんとうにそのときはびっくりするほどよく食べ、おにぎりを二皿、それも山盛りにつくったのをたいらげてしまい、『こんなに腹いっぱい食べたというのは何か月、何年ぶりだろう。いい気持ちだなあ』といったのです。私は涙がこみあげてきてしまいました。この日から拒食症はすっきりなっていきました」(p. 96)と述べている。このような医療経験が「登校拒否は病気じゃない」と奥地が後に主張するモチーフになった(11)。

(9) 奥地(1983a)は時期を明記していないが、奥地の他の著作等と照らし合わせると、子どもが五年生であったのは一九八〇年で、渡辺と出会ったのは同年の十二月である。

(10) 奥地は、子どもと渡辺が話した教員批判のうち、国語教科書の朗読の失敗一回につき運動場を一周走るというきまりがあり、班ごとに集計した失敗回数分を全員が走らされること、班ごとに児童を奥地宅に訪問させ登校を促したことを例として挙げている。

(11) なお、奥地の子どもが渡辺と病院で面談したのは一度だけであった。渡辺は「きたくないのがあたりまえ。むりにつれてくることはありません」(p. 97)という反応であった。奥地は「登校拒否は病気ではない、病人あつかいするな! と本人は無意識に叫んでいるのに、わからないのは親のほうでした。どうしても、どこか病気ではないか(神経もふくめて)と考えてしまって、子どもを真においこんでいる正体を見ることより、表面の症状をなおそうとばかりするのでした」(p. 97)と振り返っている。

それから奥地は希望会に参加した。奥地は、「そこには、ほんとうの学びあい、ほんとうの交流がありました……私もここでたくさんのことを学び、自分の子どもの問題は、個人的なことではなく普遍的な根をもっており、親のありようが、いかに子育てに決定的に重大であるかをしっかりと考えることができました」(pp. 101-102)と述べている。

3　希望会に参加した母親たちの変容

(1) 母親たちの手記

国府台病院を受診した学校に行かない子どもの保護者、特に母親たちにとって、渡辺位や希望会との出会いは重要な転機となった。希望会に参加した母親たちの経験を『登校拒否・学校に行かないで生きる』(渡辺編 1983)に掲載された手記を参照しながら以下に述べる[12]。

希望会の元会長である母親Aは、同会は「登校拒否児の親の悩みや不安、かかえている問題などを率直にだしあい、経験交流や意見交換をしておたがいに学びあい、ささえあっている会」(p. 264)であり、当初は子どもへの対処法を渡辺に聞くことが多かったが、次第に子どもの状態や気持ちを受け入れ、学校の画一的な状況を親自身が考える会に変わっていったとして、以下のように述べている。「希望会に参加することで、私たち親自身が変わっていきました。いままで『どうして学校へ行かないんだ』『なんとかして行ってほしい』、そればかり考えていた親から、子どもが学校を拒否したという事実を率直に受けとめ、『学校には行かなくていい』と冷静に考えられる親に変わっていったのです。親が変わることによって、子どもも自分らしさをとりもどし、平静な生活ができるようになっていくのでした」(p. 266)。

手記では、医療に対する不満も述べられている。母親Bは「病院で、『来週、脳波をとりますから』といわれた私は、子どもの脳がおかしいとはとても考えられないし、どうしても納得いきませんでした」(p. 161)、母親Cは長期にわたる大量服薬によってホルモン異常が生じ「男である息子の胸が、女の子のようにふくらんで、変声期で低くなるはずの声が、逆に女の子のようなやさしい声に変わってきた」(p. 149) と述べている。

子どもの引きこもり、自殺念慮などに向き合う壮絶な日々のなかで母親たちは変容していくが、それは葛藤を伴うものであった。母親Bは「私は、終戦時、挺身隊《ていしんたい》でなにがほんとうかを疑うことなく教育され、盲従してきた世代です。ただまじめに努力することばかりが尊いと思いこまされ、ちがった角度からものを見ることにまったく不慣れでした」(p. 166)、母親Dは「希望会は、心のささえではありましたけれども、ほんとうにみんなの話や渡辺先生のことばを、どうやら理解できるようになるまでには一年以上もかかったと思います」(p. 141) と述べている。

母親の変容が子どもに影響を与えた例として、元会長のAは自分自身の経験である「二つの電話事件」について述べている。それは、登校を迫る教育委員会からの電話に「学校はたった三年間、この子どもを学校へ通わせれば、それで学校の責任はのがれられるでしょうが、親はそうはいかないのです。この子が生きていかれるようにしなくてはならないのです」と答えたこと、民生委員からの電話に対しては「学校へ行かないだけで、そこまでみなさんから中傷される必要はありませんから、ご心配にはおよびません」と言って電話を切ったことである (pp. 262–263)。その場で母親の応答を聞いていた子どもは、次第に心を開くようになっていった (p. 263)。

(12) 同書には母親たちの実名が掲載されているが、個人情報保護の観点から引用順に「母親A」等の形で表記した。なお同書掲載の手記は、すべて母親によるものである。

奥地も「親が心から子どもを信頼でき、わが子の登校拒否を他人に堂々と語りはじめたときと、子どもの自己解放は時期を一つにしていた」（奥地 1983a, p. 114）と述べている。前述のように渡辺は、子どもが学校に行かないことへの保護者の理解を重視していたが、登校を迫る働きかけに対して保護者が防波堤になることは、子どもの心理的安定のために必要不可欠であった[13]。

（2）奥地の葛藤

登校が絶対視され、子育ての責任が母親に求められる傾向が強かった時代に、学校に行かない子どもを受容することは、母親にとって大変な葛藤であった。とりわけ、この葛藤は奥地にとって大きなものであった。なぜなら奥地は、学校に行かない子どもの母親であるとともに小学校教師でもあったからだ。奥地は国府台病院に通っていた日々を以下のように振り返っている。

いまの学校が子ども不在になっているところに、登校拒否の主たる原因が求められるにしても、登校拒否がなおるということは、健康になって、元気よく学校へ行けるようになることだ、という思いこみから、頭で渡辺先生のいわれたことが理解できても、また、家へ帰ってくると、または学校で子どもたちをまえにしていると、「学校に行かせなくてよい」という考えには、つぎつぎと疑問がわいてきました。それをずっと考えつづけて、月一回のカウンセリングの日にそれをぶつけて、先生の見解をおききし、また自分で考える、という日々がつづきました。（奥地 1983a, p. 99）

一例を挙げると、渡辺との面談で奥地が、子どもには学校で嫌なことがあれば学級会等で発言して主体的に変えていってほしいと話すと、渡辺は「お母さんは、学校のなかにいらっしゃるからおわかりでしょう。いまの学校は、子どもが発言して変えていける余地をもっていますか?」と応じた（奥地 1983a, pp. 99–100）。奥地は「たしかに、おとなの私、それも二十年ちかく教師をやり、民間教育運動に早くからかかわって、子どもの立場からの教育をめざしてきた私でも、学校を変えるということは至難であった」（奥地 1983a, p. 100）と振り返っている。(14)奥地の葛藤は非常に大きかったが、以下のエピソードは最も象徴的であり、奥地の原動力とも言える重要なものである。

たいていの学校に日曜参観というのがあります。私がまだ教師だった数年前、私の勤務校でも、ある指導主事がその日曜参観に講師として来られ、授業のあと、参観の全父母と教師が体育館でその人の話を聞くということがありました。私の子どもは、すでに登校拒否中でした。指導主事の話のなかで、自立心を育てないとど

(13) 一方、学校が不用意に登校を強いていないケースでは、母親Eのように「希望会では学校の無理解を訴えるかたが多いのですが、むしろ私は学校に感謝しております」（渡辺編 1983, p. 130）と、学校の親身な対応に感謝を述べている手記もある。

(14) 当時の奥地について夫の奥地重雄は以下のように述べている。「勤めていた小学校では、子どもたちへの管理強化と競争原理による落ちこぼしが進行していくなかで、必死に子どもの側に立って闘っていたが、何しろ自分の子どもが登校拒否で、周りから陰口をたたかれ、白眼視され、孤立無援の状況だった。……亭主は夜中にしか帰ってこず、口を開けば、育て方が悪い、教師などして子どもの面倒を見てやれないからだと責められ、自分を理解してくれたり協力してくれる人は一人もいない。地獄の毎日だったろうと思う」（奥地 1997, pp. 17–18）。奥地自身は当時について以下のように述べている。「私も追い込まれていきました。近所の人が私たち家族のことをヒソヒソと噂話しているような気までしてきて、顔を合わせたくないので、クルマを走らせて遠くのスーパーで買い物をするようになりました」（奥地 2019b, p. 7）。

んな子になるかという例として、こんな話が紹介されました。

ある男の子は小学校五年までごく普通に登校していたが、六年生で登校拒否に入ってしまった。先生が何度迎えにいっても会いもしない。電話にも出られない。親しか受話器をとらない。それだけではありません。寝るときお母さんのパジャマのすそをにぎって離さないのです。お母さんもいいなりになっているのです。一、二時間ベッドのそばに母親がついてやって、パジャマをにぎっていないと一人で眠れないのです。みなさん、六年生で、もうぼつぼつ毛もはえてこようというのにですよ。

そんな話を、さもおかしそうに動作をまじえて紹介すると、会場の親や教師たちはどっと笑いました。……私は、そのとき、体中がカアーッと熱くなるのが自分でもわかりました。なんてことを！　みんなが登校拒否について知らないのをいいことに、なんてことをいうの！　と怒りがたぎりました。私には、そのお母さんのつらさがありありとわかりました。だれがすきこのんで、六年生の子どもにパジャマのはしっこをにぎらせるのでしょう。……私は、このつらさ、悔しさを終生忘れまい、つらくて困っている弱い立場の人をもの笑いにして、いい気になっているそんな人間には決してなるまい、と固く思うことでその場の屈辱感に耐えました。

（奥地 1989a, pp. 208–209）

小学校教師として指導主事の話を聞く奥地は、学校に行かない子どもの母親でもあった。小学校に勤務しながら、家庭では学校に行かない子どもや夫と暮らし、国府台病院で渡辺や母親たちと語り合う。そのような葛藤を抱える日々のなかで、奥地は学校に行かない子どもに関する認識を変容させていったのである。

おわりに

渡辺は当初は、子どもが学校に行かない原因は本人や保護者にあると考えていたが、次第に国府台病院での臨床経験を通して、「子どもの個別性」（渡辺 1976）を重視する新たな認識を生成していった。子どもを家庭から切り離して治療するのではなく、子どもが家庭や社会で生きるにあたっての困難を軽減するために、学校に行かないことへの保護者の理解を深めることを重視するようになった。渡辺の主導により一九七一年から始められた保護者の集団面接は、一九七三年からは希望会として活動するようになった。

奥地は小学生の子どもを連れていくつもの病院を回り、各医師からさまざまな疾患名を告げられ、子育てが不適切であったと指摘された。子どもには服薬の指示が出された。五年生になった子どもは拒食症となってしまったが、渡辺と学校について語り合ったことにより快方に向かった。このような医療経験が「登校拒否は病気じゃない」と奥地が後に主張する重要なモチーフとなった。

学校に行かない子どもを受容することには大きな葛藤を伴ったが、母親たちは互いに語り合うなかで、学校に行かない子どもに関する認識を変容させていった。国府台病院において、学校に行かない子どもに関する新たな認識が生成されていったのである。

第五章　「母親教師」としての奥地圭子
――教育雑誌『ひと』における記述に着目して

はじめに

先行研究において奥地は、東京シューレの創設者として少なからず参照されてきた。しかし、東京シューレ開設以前に奥地が熱心な小学校教師であったことは、あまり注目されてこなかった。(1) 東京シューレに関連して奥地への言及がなされることが多いという経緯からして東京シューレ開設以後に焦点が当たるのは当然ではあるが、

(1)　奥地圭子と鳥山敏子を事例として、一九七〇年代以降における「教育の現代化」の展開を検討した香川（2020）、一九七〇～一九八〇年代の「女教師問題」を検討した香川（2021）のように、東京シューレ開設以前の奥地に着目した研究が近年は取り組まれている。香川が奥地らを事例として「教育の現代化」や「女教師問題」の歴史を考察しているのに対し、本章では学校に行かない子どもに関する認識と対応の変容過程における奥地自身の変容を主題とする。

奥地の活動をより深く捉えるためには東京シューレ開設以前についての考察も必要である。奥地は、学校に行かない子どもの母親であるとともに小学校教師であることを通して、多くの葛藤を経験した。本章では、この奥地の「母親教師」（奥地 1976）としての経験について詳述する。

主に参照するのは、教育雑誌『ひと』における奥地の記述である（表5―1）。奥地は『ひと』創刊の一九七三年から東京シューレ開設の一九八五年までのあいだに頻繁に寄稿するほか座談会に参加していた。(2) ＣｉＮｉｉ（国立情報学研究所学術情報ナビゲータ）で検索すると、東京シューレが開設された一九八五年以後には『世界』（岩波書店）などに奥地の記事が掲載されているが、それ以前は教育科学研究会の分科会報告（奥地 1969）が一件あるのみである（二〇二四年六月時点で『ひと』はＣｉＮｉｉに収録されていない）。東京シューレ開設以前の奥地の論考が主に『ひと』において発表されたこと、初の単著である『女先生のシンフォニー――「いのち」を生み、育てる』（奥地 1982a）に所収されている論考の初出がすべて『ひと』であることから、『ひと』は東京シューレ開設以前の奥地にとって最も重要な媒体であったと考えられる。次節以降、原則として時系列に沿って『ひと』掲載の奥地の記事や関連著作を見ていくことにより、「母親教師」としての奥地の経験を考察する。(3)

1 仕事と家庭の両立

一九四一年生まれの奥地は、横浜国立大学を卒業し、一九六三年から東京都の葛飾区立松南《しょうなん》小学校で教師としてのキャリアを始めた。(4) 一九七二年に広島市立江波《えば》小学校に勤務するが翌年、関東に戻り、一九八五年三月の退職まで江戸川区立下鎌田西《しもかまたにし》小学校に勤務した。奥地は家族で定住するつもりで出身地の広島に移ったが、夫が仕事の都合で転居できなくなったため関東に戻ることになった（奥地 1974）。家族はキャリア形成や日常生活において制約になり得るが、その影響はとりわけ女性にとって大きなものである。
『ひと』一九七三年一二月号の特集は「母親として、教師として」であるが、同名の座談会に奥地が参加している。奥地は一人目の発言者として、「いま私は、一歳と四歳とふたり子どもがいるんですが、朝は出かけるまでが戦争」(p. 16)と多忙な日々を語っており、他の参加者も「母親教師」として仕事と家庭を両立させることの難しさを語っている。座談会の前年には『毎日新聞』が「ますます増える女の先生」(一九七二年九月二三日朝刊二面)と報じているように、女性教員の増加が注目されていた。[5]
母親教師としての経験については一九七六年六月号(特集:教師が忙しさを超えるとき)の記事「母親教師って、

(2)『ひと』において奥地が著者または座談会参加者として関わっている記事を調査したところ四四件が確認された。それらは、奥地の教育実践に関するもの一三件、担任クラスの様子について書かれた「教室寸描」と題されたシリーズ一一件、奥地の教職経験に関するもの七件、座談会(鼎談)五件、その他八件である。本章で言及するすべての『ひと』掲載記事の書誌情報を掲載すると膨大な量になるため、引用文献一覧には原則として文章を引用した記事のみ掲載する。

(3)奥地の記述に着目するため、奥地の視点から見た事実の記述となり、客観性の担保が乏しい面があるかもしれないが、本章では奥地が学校に行かない子どもや学校教育に関する認識を変容させていった過程を重視して考察する。仮に奥地の記述に客観性が乏しい面があったとしても、奥地がそのような認識を記述したことは事実であるから、その記述を検討することにより、奥地の認識の変容過程を考察することは可能である。

(4)新任時代には、日本作文の会、数学教育協議会、教育科学研究会社会科部会、全国生活指導研究協議会などに参加した(奥地 1989b, p. 149)。

(5)小学校教員は、戦前は男性が圧倒的多数であったが、一九三八年以降に徴兵のため男性が減少すると女性が増加し、一九四四年には女性が半数を超えた(板倉 1993, 河上 2014)。戦後になると男性が増加し一九五〇年に半数を超えるが、一九六〇年から再び減少し始めた。一方、女性は一九六二年の約一六万人から一九八一年の約二七万人まで一貫して増加し、一九六九年以降は女性が過半数となった(戦後の男女教員数は文部科学省「学校基本調査」の本務教員数を参照)。

表5―1 『ひと』における奥地圭子執筆記事（単著）および参加座談会

巻号	頁	表題
八号（一九七三年九月号）	五五―六七	おり紙の実践（上）――小学三年生のおりがみ先生
九号（一九七三年一〇月号）	七四―八五	おり紙の実践（下）――小学三年生のおりがみまつり
一一号（一九七三年一二月号）	一六―二九	座談会　母親として、教師として
一四号（一九七四年三月号）	八三―九五	一年間でなにをしたか
三六号（一九七六年一月号）	二二―二七	給食の時間――班対抗リレーとくだものの皮むき
四二号（一九七六年六月号）	一二―二三	母親教師って、いいわよ
七六号（一九七九年四月号）	六四―七五	訪中感想記（前編）――中日の教育交流をめざして
七七号（一九七九年五月号）	五七―六七	訪中感想記（後編）――中日の教育交流をめざして
八一号（一九七九年九月号）	四二―六〇	子どもたちと〝原爆〟の創作劇をつくる――「さびたミシン」上演まで
八三号（一九七九年一一月号）	一五―三〇	子どもを生かす評価を求めて――その改革のための足どり
八三号（一九七九年一一月号）	一〇九	公開編集会議報
九二号（一九八〇年八月号）	五二―七七	えんぴつができるまで――どれだけの人手が必要か
一〇五号（一九八一年九月号）	四一―四二	教室寸描――畳を教室に敷いてみたら
一〇六号（一九八一年一〇月号）	とびらのことば	（無題）
一〇六号（一九八一年一〇月号）	五九―六一	教室寸描――教室のなかのダンボールの家
一〇七号（一九八一年一一月号）	五二―五三	教室寸描――読みきかせからの発展
一〇八号（一九八一年一二月号）	一六―二八	子ども新聞活動――このおもしろきもの
一〇九号（一九八二年一月号）	五六―五七	教室寸描――なぞなぞくん
一一〇号（一九八二年二月号）	五〇―五一	教室寸描――みごとな切り絵の世界
一一一号（一九八二年三月号）	六三―六六	教室寸描――足もとに土があった
一一二号（一九八二年四月号）	八〇―八二	教室寸描――子どもがつくる学級通信
一一三号（一九八二年五月号）	四六―四七	教室寸描――子どもが変わるとき

巻号	頁	表題
一一四号（一九八二年六月号）	七〇―七二	教室寸描――内言帳
一一四号（一九八二年六月号）	一〇三―一〇六	私のすすめたい本――菅龍一『善財童子ものがたり』
一一五号（一九八二年七月号）	一四―三〇	川と人間――川のたび・小学校四年の実践
一一六号（一九八二年八月号）	四六―四七	教室寸描――いのちを考える
一一七号（一九八二年九月号）	四九―五〇	教室寸描――食べ放題の街
一一八号（一九八二年一〇月号）	四―一四	「いのち」育てとしての教育
一二二号（一九八三年二月号）	二八―四二	〝いのち〟のとうとさを教える
一二三号（一九八三年三月号）	三二―四三	座談会　子どもも育ち、親も育つ――幼児教育をめぐって
一二五号（一九八三年五月号）	四―二一	この教育状況のもとで、授業をつくるとは
一二六号（一九八三年六月号）	一〇―三一	自分はどこから生まれたの――ぼくとわたしの生命のはじまりは
一二九号（一九八三年九月号）	一三―二五	座談会　なぜ学校に行かなくてはいけないの？――登校拒否体験を語る
一三〇号（一九八三年一〇月号）	とびらのことば	（無題）
一三一号（一九八三年一一月号）	とびらのことば	（無題）
一三二号（一九八三年一二月号）	二三―二八	子どもを本好きにする作戦――教室のなかの子どもランド・子ども図書館
一三三号（一九八四年一月号）	一七―二七	中学校・この現実に言いたいこと――小学校教師から
一三七号（一九八四年五月号）	一八―三三	「おしっこといのち」の授業
一四〇号（一九八四年八月号）	二―一七	座談会　明日の授業をつくる座標を求めて――戦後教育の流れを検討する
一四六号（一九八五年二月号）	二一―三七	授業・かけがえのない、この〝いのち〟――生命の誕生・地球と人間
一四八号（一九八五年四月号）	四―一四	子どもが学校を棄てはじめた
一五二号（一九八五年八月号）	七一―七七	いま、なぜ公立学校の教師をやめたか
一七〇号（一九八七年二月号）	二―一四	子どもたちが安らげる居場所とは――［てい談］居場所さえあれば、子どもはみずから育つ
二三八号（一九九二年一〇月号）	五四―六一	登校拒否、いま、何が問題か――ソフトな強制登校の新段階

いいわよ」（奥地 1976）でも述べられている。奥地は「女であるうえに、家庭をもって、子どもも三人いるという三悪そろったはずれ教師」（傍点は原文）として疎まれ、乳児であった奥地の子どもの病気のために数日休むと、「こんなに学級の子を放っておかれて、責任とってくださるんでしょうか」と保護者から校長に電話が入る状況であった（p. 12）。奥地は「母親であるうえに教師をやろうなんて、結局、できないことをやろうとしている欲ばりなのかなあ。こんな状態では、学校の子どもにも申しわけないから、ほんとうは教師をやめるほうが子どものためなのかなあ」（p. 13）と悩んだが、母親教師には母親として保護者と同じ視点に立てるという肯定的な面もあると思うようになった。「女の先生や子持ちの先生に不満をもつのは、たいてい同性である母親なんだけど、……教師も母親も『ひと』を育てるということにおいて、同じ仕事をやっている」（p. 23）と述べている。また、出産の経験から「教育って、何かを教えこんだり、それをまた、おぼえたかテストしたりすることじゃなくて、命の力をのばすことだ」（p. 15）と述べている。なお、「母親教師って、いいわよ」は『ひと』掲載時の著者名は奥山時子であるが、単著（奥地 1982a）に所収されていることから、奥山時子は奥地の別名であることが分かる。(6)

2 「いのち」の授業と女であること

（1）家庭における困難

奥地は熱心に教育実践に取り組んだが、一九八〇年前後は子どもの学校への行きしぶりや拒食症、父親の難病に直面した苦しい時期であった。一九八二年十月号（特集：女先生って、いいな）掲載の「『いのち』育てとしての教育」（奥地 1982c）で、奥地は母親教師の困難を再び語っている。教師になって二十年のあいだに、「子どもの長期の病気、転勤、三人目の出産、親の看病など、もう教師をやめたほうがよいか、と思ったときも何度かあった。家事・育児・看護は女の仕事とみる日本の社会のなかで、女性が自分の仕事をもって働きつづけることは、まだたいへんにしんどい生き方であった」(p. 4)。父親が難病のため東京の専門病院に入院した際には、「『わざわざ、いなかから引きとったんですって。来年は六年生だっていうことを考えてくれてるのかしら』という声があると聞かされて、教育観もここまでやせてきたかと恐ろしい気がしたこともあった」(p. 6)。奥地の『ひと』での記述(一九八二年四月号、一九八三年二月号)から、父親は一九八一年九月に入院し、一九八二年の夏に亡くなったと考えられる。

また、「『いのち』育てとしての教育」では触れられていないが、前章で述べたように、奥地の子どもは一九七八年から学校への行きしぶりがあり、一九八〇年の二学期に拒食症となり学校を休んでいた。子どもが学校に行っていないことは、『ひと』においては一九八三年九月号(特集:学校を超えて生きる)まで明らかにされなかった。同号掲載の座談会「なぜ学校に行かなくてはいけないの?――登校拒否体験を語る」は奥地を司会に七人の子どもたちが参加しており、その内の一人は奥地の子どもである[7]。

奥地もかつては「子どもは学校へ行くのがあたりまえで、どの子も行っている。それなのにうちの子は行けない。それは恥ずかしいことだ」と考えていた(奥地 1983a, pp. 83-84)。一九八三年までに多くの教育実践記録を『ひと』に寄稿しているが、自身の子どもが学校に行っていないことには触れていない。管見の限り、奥地が公

(6) 「奥山時子」名での記事は他に後述の一九八三年五月号の記事と同年一〇月号の「とびらのことば」が掲載されており、いずれも奥地の勤務校の校長や保護者、奥地の子どもの担任等への批判的言及があることから、周りへの影響を考慮して本名での寄稿を避けたと推測される。

(7) 参加者の一人が奥地の子どもであることは、子ども本人が座談会のなかで発言している。

刊物で初めて言及しているのは、奥地の初の単著『女先生のシンフォニー』の「あとがきにかえて」である。その最後の小見出し「母親として、教師として」と題された箇所で、奥地は以下のように述べている。

わが子の登校拒否、それは私にとっても重要な体験となりました。……私は、うろたえ、そして深刻な悩みにつきおとされたのです。というのは、私のせいで、つまり、私が勤めをもっているため愛情不足になったとか、私の母親としての育て方が悪かったとかいう原因でこうなった、という説明が、それまでかかっていた医者からなされていたからなのです。……家のなかでも、エネルギーが涸れて、はって歩くような子どもを見て、私は、子どものために学校で闘ってきたつもりの自分が、わが子をこんなめにあわせるのでは、もう人の子の教師などできない、と思いました。（奥地 1982a, pp. 322-323）

幸いにも奥地の子どもは、一九八〇年十二月に国立国府台病院で精神科医の渡辺位と出会い、快復していった。奥地は、同病院内の保護者の自助グループである「希望会」に参加して、「いまの学校が、どれほどゆがんでおり、子どもをつぶす状況にあるか、登校拒否は、そこから身を守る反応だとわかってきた」（奥地 1982a, p. 325）。そして、「母親が自分のいのちから生みわけ、育てた子どものいのちが、それぞれの生命力を発揮することなく、萎え苦しんでいる状況がみえてきて、これまでうとんぜられた女の先生こそ、この能力主義と管理主義に侵された日本の学校教育をよみがえらせる力を内に秘めていると強く思うようになりました」（奥地 1982a, p. 325）と述べている。自身の子どもの拒食症を契機に退職を考えた奥地であったが、この時点では母親教師として学校教育に取り組む意志が示されている。

奥地の子どもは一九八一年十二月、学校に行かなかった自身の経験を卒業文集に書くことで「自分自身をとりもどせるようになった」(奥地 1983a, p. 114)。奥地は、子どもの変化の契機は卒業文集に加えて、奥地が不特定多数の人がいる場で、子どもが学校に行っていないことを話せるようになったことだったと振り返り、その理由を「親が登校拒否をした子どもを恥ずかしいと思っているあいだは、子どもが堂々とできるわけはありません」(奥地 1983a, p. 114) と述べている。

(2)『ひと』における学校に行かない子どもへの言及

奥地の子どもが学校に行っていないことは、『ひと』において一九八三年九月号まで明らかにされなかったが、学校に行かない子どもに関する言及はそれ以前にも見られる。最も古いと思われるのは一九八二年六月号の「私のすすめたい本――菅《すが》龍一『善財童子ものがたり』」という書評である。菅は神奈川県の定時制高校教員(当時)で、『善財童子ものがたり』は『ひと』(一九七六年七月号～一九七九年十月号)に連載された児童文学である。奥地は、学校に行かない童子(主人公)が旅を通して成長する「『善財童子ものがたり』は登校拒否の物語であるともいえる」(奥地 1982b, p. 105) として、以下のように述べている。

学校にこだわり、学校の求める価値観に子どもをあわせようとやっきになっているいまの日本の教育状況のなかで、するどい学校教育への告発であるとともに、教育というものを根底から考えてみることを、私たちに童子は問うているのである。……望まない学校へ無理に行かされ、学校の強いる勉強や行動に明け暮れていたら、童子のようなかしこい豊かな人間は育たなかったのではないか。これからの子どもの教育は、人間をだめにする方向にやみくもに走っている学校にまかせず、自前のものさしをもって道を開いていくしかないことを、みずからの生き方を示すことで、童子が語りかけている気がしてならない。その意味で、童子は新しい人間像

なのである。（奥地 1982b, pp. 105–106）

奥地の子どもをはじめとする学校に行かない子どもたちが、童子と重ね合わせられていると考えることが妥当であろう。[8]

また、川沿いを歩いて考える江戸川についての授業の記録（一九八二年七月号）は、奥地が担任していた学校を休みがちな子どもについて詳しく書かれている。学習内容と直接的な関係はないのだが、授業をこの子どもにとってどのようなものにしようとしたかについても書かれており、良い授業展開への関心だけでなく、学校を休みがちな子どもへの着目を読み取ることができる。[9]

(3)「いのち」の授業

子どもの拒食症や父親の難病を通して、奥地は「いのち」をより強く認識するようになったと考えられる。奥地は「いのち」の授業に取り組み、一九八二年八月号以降、『ひと』には五つの授業記録が掲載されている。それらは、雑草の観察を通して「いのち」の多様性を考える授業（一九八二年八月号）、食べものを導入として「いのち」のつながりを考える授業（一九八三年二月号）、性についての授業（一九八三年六月号）、尿をテーマに体と「いのち」を考える授業（一九八四年五月号）、全国「ひと」塾で実施された「いのち」についての公開授業（一九八五年二月号）である。

尿をテーマに体と「いのち」を考える授業では、奥地の父親が難病のため体の自由を失い、最後には排尿ができなくなって亡くなったことが話された。[10]「いのち」への着目の背景には、性教育への関心の高まり（『ひと』一九八三年二月号、六月号は「性と生」を特集）、「国連婦人の十年」（一九七六〜一九八五年）があると考えられる。[11]

3　民間教育運動の問い直し

奥地は、「これまでうとんぜられた女の先生こそ、この能力主義と管理主義に侵された日本の学校教育をよみがえらせる力を内に秘めている」と述べていたように、子どもの拒食症を契機に直ちに東京シューレの開設を考えていたわけではなく、小学校で「いのち」の授業に精力的に取り組んでいた。しかし一方で、民間教育運動を含む既存の学校教育に対して、批判的な姿勢を示すようになっていった。

（8）奥地は『善財童子』について「生命《いのち》のすばらしさ、生命のふしぎさが迫ってくる。それとともに、生命を感じろ、生命にふれろ、生命を守れ、とささやきつづけるように私には感じとれた」（奥地 1982b, p. 106）として、「生命《いのち》」（ルビは原文）を強調している。

（9）田中（2024）は、江戸川についての授業など『ひと』掲載の奥地の授業記録における子どもとの関係性に着目して、奥地の民間教育運動に対する問題意識を考察している。

（10）奥地は一九八二年十月二四日に藤沢市労働会館で開催された「日曜ひと塾」（『ひと』読者会）で「〝いのち〟育てとしての教育」と題して講演しており、参加者による報告が『ひと』一九八三年二月号に掲載されている。この報告によれば、奥地は父親の看病を通して「死というものがどういうことなのか、逐一見た。死から見ると、いのちがよく見える」（p. 102）と述べている。また、子どもを「診ていただいた国府台病院の渡辺位先生が、二時間半にわたって学校のことを聞いてくださったときから、子どもの心がほぐれていった。子どもから『教室や教育集会などで、こういう学校のほうがいいという子どもの気持ちを伝えてほしい』といわれ、教師をやめることを思いとどまり、いのち育ての教育を真剣に考えるようになった」（p. 102）と述べている。

(1)「奥山時子」としての寄稿

一九八三年五月号（特集：授業を楽しくする法）は、とりわけ注目すべき号である。「漢字あそび」「ソーラン節をやったら、鉄棒ができるようになった」などが掲載されているなか、「奥山時子」名での奥地の寄稿「この教育状況のもとで、授業をつくるとは」が異彩を放っている。奥地は、自身の子どもが学校に行っていないこと、学校の窮屈さや体罰に言及し、以下のように述べている。

かつて、それに参加することが誇りであった民間教育運動の遺産に固執して、この教材なら、この方法なら、とおなじものをもちだしても、まえのようにうまくいくとはかぎらない。授業は生きものである。これをやればうまくいくのだ、という固定化は、もう子どもへのおしつけになる。それにとらわれないで、子どもから出発しなくてはならなかった。また、評価されるいい授業をやろうとすると、子どもが思うように動いてくれないのにいらだってくるから、それも捨てた。教師ががんばりすぎると、子どもはしんどい。肩をはってがんばることもやめた。クラス全員一人残らず、あることをわかったりできたりしなくてはならない、という考えも、まちがいと悟った。わからないこと、できないことは不幸ではない。それが不幸だという考えがあることが不幸なのだ。（奥地 1983b, p. 21）

競争教育に対する批判は以前から見られたが、民間教育運動も批判的に言及されている点が注目される。教師がいかに熱心に取り組んだとしても、それが子どもたちにどのように受け取られるかという視点がなくては「おしつけ」になってしまうことが指摘されている。「がんばりすぎると、子どもはしんどい」という認識は、腹痛を訴えていた自身の子どもを「あるときははげまし、あるときは叱りとばして、なるべく通学させた」（奥地

1983b, p. 11）経験と無縁ではないだろう。「わからないこと、できないことは不幸ではない」という認識も教師ではなく、母親の立場から得られたものと考えられる。

記事の最後では、奥地の研究授業について述べられている。入念に準備された授業はうまくいったが、終了後に子どもたちは奥地に対して、「おもしろくなかった」「私もそう思った。先生、きょうの授業は、こまかいところまで流れを決めてきたんじゃない？　なんか、どっかのせられて動いているような気がして、それが原因じ

（11）香川（2020）は奥地の「いのち」の授業について、「社会科の授業を創る会」からの影響を強調しており、「『性と生』に関する内容でも、『人間の歴史』の論点を継承し、生命の歴史は『三五億年』で、現代までの『いのちのつながり』と、積み上げの重要性を奥地が解説する場面もわずかに確認できる」（香川 2020, p. 59）としているが、奥地が「生命の歴史」に触れているのは香川も指摘するように、わずかである。奥地が「性についての授業」（奥地 1983b, p. 10）と呼ぶこの実践を、香川は奥地「独自の教育活動」（香川 2020, p. 59）としているが、この実践記録は『ひと』一二六号（一九八三年六月号）に「ふたたび性と生」と題した特集の一部として他の記事とともに掲載されている。

教育実践は先行する実践を基に創出されるものであるから、先行する実践を一部取り入れていることは当然あり得る。奥地の実践を「社会科の授業を創る会」の系譜に位置づけることに意義はあるけれども、奥地の「性についての授業」は当時の性教育に対する関心の高まりのなかで実施されたもの（あるいは性教育に対する関心の高まりと「社会科の授業を創る会」の実践の両方の影響を受けたもの）と考える方がより妥当であるように思われる。奥地の「性についての授業」の記録が公刊される前年に、『読売新聞』は五三回にわたって連載記事「性教育の現場」（一九八二年十月一九日〜十二月二六日）を掲載している（西嶋 1983）。また、奥地は「性と生」を特集した『ひと』一九八三年二月号にも寄稿している。

なお、『ひと』において語られた「性教育」は、純潔教育のような狭義のものではなく、男女の関係性や性の商品化に対する批判的視点を持つ実践である。奥地の「いのち」の授業は、このような性教育に加えて、教育における個の尊重、人権擁護、社会的公正の視点を含むものであった。「いのち」の授業についての奥地の構想は、「〝いのち〟のとうとさを教える」（『ひと』一九八三年二月号）で述べられている。

ゃないかなあ」と話した（奥地 1983b, p. 21）。奥地は「そのとおりだ。何度も学年で授業をとおして練りあげた授業案で、当日の授業もなかなか手答えのあるものだったが、そこにも強制のにおいをかぎとるほど子どもは鋭いのである」（奥地 1983b, p. 21）と述べている。

（2）民間教育運動についての座談会

一九八四年八月号には「座談会・明日の授業をつくる座標を求めて――戦後教育の流れを検討する」（伊東ほか 1984）が掲載されている。座談会で司会に次いで発言した木幡寛《こはたひろし》は、自身を「遠山啓先生が亡くなる三年まえに数学教育協議会にはいって、いわゆる数教協の純粋培養みたいなかたちで育ってきた」と述べたうえで、「数教協の成果を固定的にとらえていては、現代の子どもたちに通用しないのではないかと思っているのです。この一年間、授業を創ることで迷っているというのが、正直なところです」と吐露している（伊東ほか 1984, p. 3）。この座談会で奥地は、民間教育運動について以下のように述べている[12]。

> 民間側が創りだした内容や方法は新鮮だったし、系統的でゆたかな方法は、はるかに文部省の教科書を超えるものがあったから、子どもはよく動くわけだし、うまくいった時代もあったのです。しかし、授業のかたちだけを学んだということを脱皮しなければ、やはり行き詰まりがくるのは、当然だったわけです。……民間教育運動からなにを学んだかということも、ピンからキリまでいろいろあって、生前に遠山啓先生が嘆かれていたのは、タイルで子どもの頭をたたく教師がいるということでした。そういうことは、かなり現場のなかでは起こったわけですよ。『わかるさんすう[13]』を使っていれば、教科書どおり教えている教師よりはいい教師だみたいな思いあがりが育っていたように思います。

私は、とくに登校拒否や落ちこぼれの側からいうと、かなり授業研究などをしている教師が、むしろ自分はこれほど授業の工夫をしているのだから、それについてこれない子どもはおかしい、そこから脱落している子どもは問題児である、といった見方をつよめているように思うのです。（伊東ほか 1984, p. 8）

水道方式（遠山啓が主唱した数学教育）の教具であるタイルは、民間教育運動において重要なものであるだろう。そのタイルが体罰に用いられることは、民間教育運動の質が問われる事案であり、「ひと」を大切にする遠山（1973a）の理念に反している。優れた人材づくりのための学習指導要領に「オフィシャルな効率性」があるとするならば、民間教育運動の「オルタナティブな効率性」と呼ぶべきものに対する違和感が表明されている。教師の望む方向に子どもを動かすことではなく、意のままにならない子どもの個別性が重視されているのである。

4　学校との訣別

奥地は小学校教師を一九八五年三月に辞め、同年に『ひと』に二件の記事を寄せている。一つは四月号の「子どもが学校を棄てはじめた」、もう一つは八月号の「いま、なぜ公立学校の教師をやめたか」であり、奥地は後者で以下のように述べている。

（12）座談会では民間教育運動についての定義は示されていないが、参加者は数学教育協議会、教育科学研究会、科学教育研究協議会、歴史教育者協議会を例示している（伊東ほか 1984, p. 9）。
（13）『わかるさんすう』（麥《むぎ》書房、一九六五年初版）は遠山が監修した教科用図書である。

ひと夏の研究集会だけでも、汗をふきふき日本列島をあちこち移動して教育を語り、求め、実践を聞きあう人の数は、官・民あわせて何十万人にものぼるだろう。日常的にも、大学・教育研究所・PTA・市民の教育を考える会から小さなサークルにいたるまで、さまざまな場所で、どれほどの金と時間とエネルギーが教育を変えることにつかわれていることだろうか。それだけではない。『ひと』をはじめとして、教育を変えようと主張する雑誌、本、講演、あるいはテレビ・ラジオ番組などもたくさん存在しつづけている。

だが、教育は変わったか?……残念だが、本質的にはなにもかわらない。いや、むしろ、ますます管理は強化されていくにちがいない。行政の圧力だけではない。すでに、教師の感性自体が変質してしまっているのだから。反動文教政策反対という組合員自身が、……班競争・連帯責任制を管理の手段につかい、……その抑圧性に気づくどころか、子どもが悪いのは家庭のせい、母親のせいとしている状況を思いおこせば、浸食の根は深いと感じられる。……もし、登校拒否と私の内面が出会わなかったら、いまでも「熱心ないい先生」として、日々、校長とはけんかしながらも、楽しい学校づくりにいそしんでいたことだろう。（奥地 1985b, p. 74）

奥地はこのように述べ、最後に東京シューレの開設を報告している。学校に行かない子どもの母親としての経験が、小学校教師としての奥地を変えたのである。

一方で、奥地は「われわれ教師が善導してやっているのだ、という思いがすべてを見えなくし、教師や学校を絶対化させていく」（奥地 1985b, p. 75）と述べているが、[14] 二二年間にわたって小学校教師であった奥地にとっても「善導」は避けがたいものであった。奥地は、「シューレの一年目、二年目は、いまとはずいぶんちがう感覚、つまり教育的大人であったと思うのです。そして、子どもにいわれたり、ぶつかったりしたことで、変わってこれたと思うのです」（奥地 1991, p. 299）と述べている。例えば、「みんなでやっていることからはずれている子」が気になり、「いっしょにやろうよ」と声を掛けると、「奥地さんはいっしょにやらせるのが好きね。もと先生だからね」と言われることもあった（奥地 1991, p. 61）。「奥地先生」から「奥地さん」へと自らを鋳直すなかで、奥地は東京シューレを「ひと」を大切にする実践の場としたのである。(15)

おわりに

本章では『ひと』における奥地の記述に着目して、東京シューレ開設以前の奥地の母親教師としての経験を考察した。奥地は希望会での交流を通して、学校に行かない子どもに関する認識を変容させていった。その新たな認識は『ひと』においては一九八二年六月号に『善財童子ものがたり』の書評という形で間接的に示された。一九八三年九月号では、学校に行かなかった経験を持つ子どもたちの座談会の司会を務め、自身の子どもが学校に行かなかったことを誌上において初めて明らかにした。

子どもの拒食症や父親の難病などの家庭における困難を抱えて、奥地は小学校教師を辞めることも考えたが、

(14)　同様の趣旨は『教育評論』（日本教職員組合機関誌）一九八八年四月号においても以下のように述べられている。「教師であるというだけで、自分は絶対だ、という思い上がりが生じやすい、ということを心にとめて、子どもとつきあってもらいたいと思います。そして、その思い上がりを少しでもふせぐには、自分のやり方からはみ出したり、反抗したり、ついてこなかったりする子たちに学ぶ、という姿勢が必要です。その子たちを問題児、おちこぼれ、しようのないやつら、とみて、みずからの心のなかから捨てていく時、教師は、子どもの心のなかからも捨てられていくのです」（奥地 1988, pp. 22–23）。

「女の先生こそ、この能力主義と管理主義に侵された日本の学校教育をよみがえらせる力を内に秘めている」と考え、「いのち」の授業に精力的に取り組んだ。しかし奥地は、民間教育運動を含む既存の学校教育に対して批判的な姿勢を次第に示すようになっていった。奥地は、子どもとの関係性が「おしつけ」にならないことを重視し、民間教育運動の「オルタナティブな効率性」と呼ぶべきものに対する違和感を表明した。学校に行かない子どもの母親としての経験が、小学校教師としての奥地を変えたのである。

仮に現在、フリースクールが、学校に行けない子どもたちの教育機会を確保する学校教育の補完物あるいは民間教育運動の傍流として位置づけられようとしているならば、それは適切ではない。なぜならば、日本におけるフリースクールの草分けである東京シューレは、教育という営為そのものを根源的に問い直す奥地の葛藤から創設されたからである。

(15) 一九八五年六月二二日に開かれた「東京シューレ発足を祝う会」に八杉晴実が寄せたメッセージには以下のように書かれていた（文中の「……」は原文の通り）。「『学校』という〝表の世界〟から『民間』という〝路地裏〟の世界に入り込み、そこに生きる人びとと、これからは、本音の哀しみ・喜びをともにしてほしいと思います。そういう願いとともに、ぼくも応援させていただきます。さて、その踏み出しの第一歩に、何か一言……。ウーン……。では、思いきって――。奥地さん。一日も早く〝本物のオバサン〟になりきって下さいね。永いあいだに、知らず知らず学校社会からもらってきた〝毒〟を一つ、また一つと、身体から洗い落としていって下さい。真の『生きる愉しさ、悦び』は、そのことによって、子どもたち一人ひとりが、〝オバサン〟であるあなたに、きっと恵んでくれるはずですから」（奥地 1991, pp. 38-39）。

また、「東京シューレ発足を祝う会」に寄せた渡辺位のメッセージには以下のように書かれていた。「現在、子どもがもっとも求めているものは、知識、技術、学歴、学力などといったあらためて外から付与される価値よりも、まず、ほんらい子どもは〝ひと〟であって、それはそのままかけがえのない価値であるということが認められ、〝ひと〟であることが守られる場ではないかと思います」（奥地 1991, p. 37）。

第六章　学校に行かない子どもの治療をめぐる論争
——稲村博と奥地圭子を中心に

はじめに

本章では、まず奥地圭子による東京シューレ開設（一九八五年）について述べる。次いで、学校に行かない子どもの治療をめぐる論争を検討する。学校に行かない子どもには治療が必要であるという稲村博《いなむらひろし》（精神科医）の見解が一九八八年に『朝日新聞』によって大きく報道されると、奥地たちは抗議活動を展開した。[1] これらの論争の経緯を確認し、稲村、奥地それぞれの主張を検討する。

（1）　多くの先行研究（朝倉 1995, 佐川 2009 など）が、この『朝日新聞』記事（一九八八年九月一六日夕刊一面）をめぐる論争を、学校に行かない子どもに関する認識と対応の変容過程における重大な出来事と位置づけている。しかしながら、論争の詳細は十分には検討されていない。

1　東京シューレの開設

(1)「登校拒否を考える会」の発足

四章で述べたように希望会の十周年記念として刊行された『登校拒否・学校に行かないで生きる』(渡辺編 1983) は、大きな反響を呼んだ。「離婚や自殺を思いとどまった」という電話や手紙が多数あり、希望会への入会希望が相次いだが、同会には国府台病院の関係者以外は参加できなかったため、奥地たちは「登校拒否を考える会」を院外で発足させることになった (奥地 1987b, pp. 33-35)。

一九八四年二月に開催された「登校拒否を考える集い[2]」で、奥地は「登校拒否を考える会」への参加を呼びかけ、翌月に開催された第一回会合には百二十名が参加した (奥地 1987b, pp. 34-35)。奥地は「『登校拒否を考える会』は、その後、各地に生まれ、また私たちとはつながりのないところではじまった親・市民の会が、あとでつながり、全国からくる問いあわせに紹介もできるようになりました」(奥地 1991, p. 296) と述べている。

「登校拒否を考える会」は、松崎運之助《まつざきみちのすけ》[3]とその教え子から夜間中学の話を聞く機会を複数回設けるなど (奥地 1987b, pp. 40-41)、夜間中学関係者との交流があった[4]。また、障害のある子どもの普通学校への就学を求めていた小島靖子たちの活動からも影響を受けたと奥地は述べている[5]。

(2)「OKハウス」から「東京シューレ」へ

奥地は一九八五年三月、二二年間の小学校教員生活を終えた。退職すると新たな場をつくる前に、のどのポリープの手術を受けた。当時について以下のように述べている。

手術のため、一ヵ月、声を出してはいけない生活のなかで、これからはじめる世界にワクワクしつつ、いろいろな準備にとりかかりました。

どんな場をつくればいいのだろう、そこで何をすればいいのだろうと、私はしきりに案を練りました。……私のまわりの友人・知人・仲間たちも、意見はさまざまでした。まったく自由にするやり方から、学校の補完

（2）「登校拒否を考える集い」では、渡辺位の講演「登校拒否について」、奥地圭子、松崎運之助、尾形憲、八杉晴実によるシンポジウム「学校とは何か」が行われた（松崎 1987, p. 241）。奥地（1987b, p. 34）は、この集いを「登校拒否を家族病理や母原病とみるのではなく、今日の病んでいる学校状況からとらえ、学校にこだわらないところで受けとめていこうとする立場でのはじめての大きな集会だった」と評価している。

（3）当時の勤務先は、江戸川区立小松川第二中学校夜間部である。同校夜間部には、昼間の中学校に通っていない子どもたちがいた。五名の卒業生による共著（鈴木ほか 1984）が出版されており、松崎も寄稿している。松崎の単著としては、山田洋次が監督した映画「学校」（一九九三年）の原作である『青春――夜間中学界隈』（松崎 1985）のほか、『夜間中学校の歴史』（松崎 1976）、『路地のあかり』（松崎 2014）などがある。

（4）松崎は「登校拒否を考える会」の合宿研究会（一九八六年五月）でも講演を行った（登校拒否を考える会編 1987, p. 200）。『世界』一九八六年四月号には松崎運之助、奥地圭子、佐々木賢の鼎談が掲載されている（松崎・奥地・佐々木 1986）。

（5）当時を振り返って奥地は以下のように述べている。「障害を持ったお子さんの親たちは、非常に主体的にいろいろな取り組みをしていらした。でも、当時まだ不登校ではそういう動きはありませんでした。それで不登校にも会とか居場所が本当にいるのではないかと思って、相談したんですよ。そうしたら、そう思うならやってみなさいよと言われて、それもヒントになった」（奥地・柳下 2011, pp. 197-198）。奥地は「障害児を普通学校へ・全国連絡会」の運動に参加し、八王子養護学校と交流している（奥地 2013, p. 59）。小島は一九八五年、松崎は一九八六年に東京シューレで講演を行っている（奥地 1991, p. 303）。

として、塾のように授業だけやる方法までいろいろでした。そんななかで私は、朝から毎日開いている子どもたちの学びと交流の場で、登校拒否の子たちを心の病気や情緒障害児としてそれをなおすために預かるのではなく、学校とは相対的に、自立して運営してみたいと思うようになりました。（奥地 1991, p. 18）

手術を終えて退院した奥地は、物件探しをした。藤田悟[6]が東京都北区の東十条で運営していた塾を閉じることになり、奥地がこの物件を引き継ぐことになった（奥地 1991, p. 19）。奥地圭子のイニシャルと「ＯＫ」という言葉の意味も含めて「ＯＫハウス」と命名した。奥地は「お泊り会」などの試行錯誤を重ね、「学習や体験のいろいろなプログラムと、子どもたちの活動のひろがっていけるような場にふみだす必要」を感じ、「東京シューレ」を開設した[7]（資料6―1）。「シューレ」という語については、「ラテン語で『余暇を豊かに善用するところ』という意味ときき、原点にかえろうという私の思いとつながりました。のちに、ギリシャ語をやっている人から『精神を自由につかう意』とも教えられました」（奥地 1991, p. 23）と述べている。

手探りで始まった東京シューレの運営は必ずしも順風満帆ではなかった。奥地は以下のように述べている。

私はすっかり自信をなくしていました。世間知らずの教師が民間でやっていけないのではないか、教師くささが身についてしまっていて、反発されるのではないか……また、このころ、シューレを支える会を作ろうと動き出してくれた人たちもいましたが、シューレに営業がからんでいるので、それを応援するのはどういうことかという声があがり、ポシャってしまったり、地域でめいわくがる声が入ってきたりしていました。また、オープン前に通いはじめた子のなかに発作をおこす子もいて、スタッフとして決まっていたのに自信がないとことわってくる人もいたりで、まだはじまらないうちから次つぎとショックを受けるようなことが重なってい

ました。（奥地 1991, pp. 35-36）

奥地は多くの人びとの協力を得ながらも、このように困難に直面していた。若者のなかにも批判的な意見があった。オープン直前の東京シューレを若者四人が訪ね、「こういう学びの場ができると、親たちは、『学校に行かないのならこういうところへ行きなさい』というふうに子どもに圧力をかけるだろう、また、こういうところにもきたくない子や、これない子は、よけいに劣等感をもつだろう、だからＯＫハウスやシューレができるのはよくない」と訴えた（奥地 1991, p. 31）。こうしたこともあり、募集要項には「親の希望ではなく、本人の希望であることが原則です」（奥地 1991, p. 32）と明記された[8]。

学校外の学びの場の開設は学校現場での改革を放棄していると批判されることも少なくなかったが、この点について奥地は以下のように述べている。

（6）元茨城キリスト教大学教授。専門は比較教育学。ミニコミ誌『子どもとゆく』（一九八五〜二〇〇七年）を発行したほか、フリースクール研究会に関与していた（藤田 1985）。初期の東京シューレでは、藤田が英語、八杉晴実が数学、松崎運之助が国語の授業を行っていた（奥地 1991, p. 28）。

（7）奥地（1991, p. 23）参照。「ＯＫハウス」と「東京シューレ」の関係性は明確には述べられていないが、新たな模索のためのフリースペースとして「ＯＫハウス」が開設され、そこから具体的な実践として「東京シューレ」が立ち上がったと理解できるであろう。

（8）東京シューレの初期の募集要項では「募集対象」について以下のように書かれていた。「現在、学校へ行っていても、行っていなくても、東京シューレの趣旨をみとめ、そこで学んだり、友だちをつくったりしたい子はだれでも可。もっとわかりたい、おもしろいと思える勉強をしたい子をはじめ、登校拒否、勉強嫌い、ついていけないといわれている子、『障害』をもった子、すべてご相談下さい」（奥地 1991, p. 31）。

金曜ひろば

家庭

子供らに手づくりの学校

既成の学校から離れた、学ぶ場をつくる動きが盛んだ。管理教育への批判が高まる中、「自由な教育で子どもを育てたい」という教師や親の願いが込められたものが多い。ほとんどは手づくりの試みだ。米国では「オルタナティブスクール」と呼ばれる学校があるが、日本でもこうした新しい〝学校〟を「もう一つの学びの場」と呼び始めた。まず、関東地方の二つの試みをみた。

東京でのある試み

会員の大半は登校拒否児

東京都北区にある「東京シューレ」。国電東十条駅から徒歩一分ほどのビルの、回廊のような階段で三階まで上ったところにある。部屋は約四十平方メートルぐらい。

国語の授業中だった。講師は夜間中学校の先生。六甲の水、北海道の水、スイスの水などを飲み比べ、銘柄や地名を当てる。水の味を表す言葉を学び、表現力を広げていく授業だ。

主宰する奥地圭子さん(四四)は、「登校拒否を考える会」会長でもある。今年三月、二十二年間勤めた小学校の教師を去って、六月下旬、この学びの場を開設した。「シューレ」はラテン語で、「スクール」の語源。

自分の長男が小学五年生で登校拒否を起こした。「何事も学校の物差しで評価する風潮自体が疑問になりました。教師として、学校を変えるためにがんばってきたつもりなのに、どんどん悪くなる一方。学校内だけに限らず別な発想が必要と思った」という。

教科書は使わず、出欠もとらず

ここの特徴は①学びたいことと、やりたいことをやる②すべてに選択の自由がある③年齢、学齢にこだわらない——などにある。午前中と午後の一部は国語、算数、英語などの授業だが、教科書は使わない。もちろん、出欠などはとらない。

午後は「自主タイム」。机に向かって漫画をかく子、一人で英語を学ぶ子、テレビゲームに熱中する子。思い思いに過ごしている。この時間に子どもたちがつくり上げた雑誌「がとこ」は、創作のまんがや小説で埋まっていた。最近は劇の脚本を共同で創作し、練習もしている。一緒に美術館に出かけることもある。

木曜日の夜には、「人間」というシリーズの授業がある。これまで大学教員、ルポライター、助産婦、弁護士、インドシナ難民の青年、宇宙物理学者などを講師として招いた。「子どもたちに直接、さまざまな経験を持つ、さまざまな人たちにふれさせるねらいです」

「とりあえずの居場所」を作る

会員約四十人のうち三十数人が、登校拒否の小・中学生だ。いつ来ても、また来なくてもいい制度で、毎日顔を見せる子は十五人から二十人だ。千葉、神奈川県からも通ってくる。正規の学校には行かないのに、こちらには毎日通ってくる子もいる。「学校へいっても話せない子どもが、ここに来ると、友達と大声で話す」と驚く親もいた。

費用はA会員が一カ月一万円。自分の居場所として使える。ただし、学習タイムの利用は、一講座当たり月に二千円必要だ。

「中学卒業」といった資格が取れるわけではない。奥地さんは「学校にいかないでも道はいろいろあると思う。型通り卒業するよりも人間として豊かに成長し、学力をつけることが大切です」と話す。

「シューレ」の当面のねらいは、いま学校に行かない子どもたちに、とりあえずの居場所を作ってやることにある。「学校に行かない子はわがままとか、ひ弱とか思われているが、本当はその考え方こそおかしいのです。既成の学校が画一的で、息苦しい場になってきている時、学校から離れた生き方があってもいいと思います。子どもたちがいかに自分を高め、広げていけるか。それが重要なのです」と奥地さんは話していた。

「東京シューレ」は、東京都北区東十条[redacted]ノ[redacted]ノ[redacted]、[redacted]ビル三階、OKハウス（〇三―[redacted]―[redacted]）。

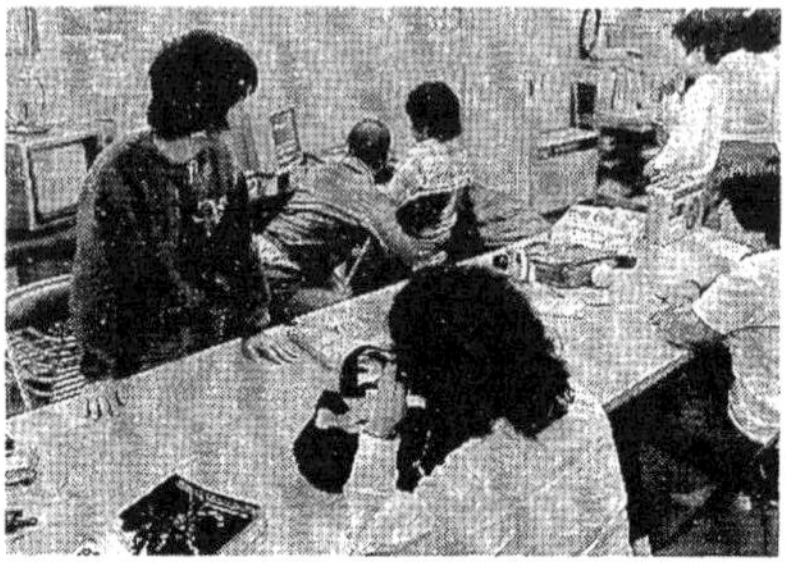

パソコンで遊んだり、机に向かったり。子どもたちの動きはさまざまだ　＝東京シューレで

資料6―1　『朝日新聞』1985年12月6日朝刊12面

学校外の居場所をつくったり、オルタナティブ・スクールをつくったりすることと、公教育学校を変えることは矛盾しません。学校に背をむけはじめている子がふえてはいますが、ほとんどの子は学校へ行っているいま、なんとか、学校が楽しい場になるように変えていく必要はあります。……しかしながら、よい学校をつくったから、そこからはみ出す子が出たらその子がおかしい、という発想では困るのです。「変革すべき論」のなかに、そういう狭さがある場合が多いようです。沈みかけている船を修理して旅をつづける方向もあれば、新しい船をつくって、航海をつづける方向もあると思います。いま、複眼が必要です。……いろんな場があったほうがいい。こういう考え方から、私たちは、学校を否定していません。（奥地 1991, pp. 300–301）

学校の変革だけではなく、学校外の場づくりも必要であるという「複眼」の視点が示されている。[9] 東京シューレの運営形態については以下のように述べられている。

運動としてこういう場づくりにふみ出した私には、「登校拒否を考える会」でやっていくほうが、金、人材、意識の面でやりやすいと思われました。しかし、誰が責任をとるのかということ、意見は必ずわかれてくるだろう、そのときどうするのかということ、さらにシューレの運営をめぐる対立が「考える会」の分裂すら招くであろうことなどを考え、私個人でやるというかたちをとることにしました。（奥地 1991, pp. 27–28）

このように東京シューレは、奥地を責任者とする任意団体として設立された。[10]「登校拒否を考える会」の事務局は、当初は奥地の自宅に置かれたが、東京シューレ開設後は東京シューレに置かれた（奥地 1991, p. 295）。奥地（1991）は、「東京シューレの発足は、たんに四、五十人の子が通ってきて、元気になればよいというのでなく、登校拒否の親を中心とする新しい草の根運動を支え、発展させ、それを通して学校を相対化し、学歴社会の価値観を変えていく仕事のセンター的役割を担うことになった」（p. 295）と評価し、当時の「日本の状況では、親の会と居場所づくりは相互に連携しあって進められることがもっとも有効に実を結ぶ方向でした」（p. 295）と述べている。[11]

2　学校に行かない子どもの治療への異議申し立て

（1）稲村の見解についての新聞報道

東京シューレは一九八五年に開設され、多くの子どもたちが賑やかに集う場となったが、学校に行かない子どもには治療が必要であるという稲村博（精神科医）の見解を報じた一九八八年の『朝日新聞』の一面トップ記事（資料6―2）は、東京シューレのみならず、社会に大きな影響を与えることになった。以下は当該記事（「三十代まで尾引く登校拒否症――早期完治しないと無気力症に」）の冒頭部分である。

> 登校拒否はきちんと治療しておかないと、二十代、三十代まで無気力症として尾を引く心配の強いことが、約五千人の治療にあたってきた稲村博・筑波大助教授（社会病理学）らの研究グループでの約五年間にわたる相談・治療の結果、わかった。同助教授らは、こうしたケースは急増しているといい、その背景には、学校をやめるか、カウンセリングさえ受けさせれば治る、という安易な考えを学校や親が持っている点にあると指摘。
> （『朝日新聞』一九八八年九月一六日夕刊一面）

同記事では、精神科医の小此木啓吾[12]が、「稲村先生ら精神科医らだけでなく、心理、教育学者らが、思春期の精神的な問題に取り組み、登校拒否について豊富な症例で研究を大きく進展させたといえ、文部、厚生、労働行

（9）奥地は「自由の森学園」関係者から「自由の森小学校」の開校を打診されたが断っており、その理由を以下のように述べている。「おそらく、わが子の登校拒否や登校拒否を考える会での活動を経験していなければ、一も二もなく、『自由の森学園』の開校をになう一人になっていたでしょう。しかし、登校拒否に出会うことで、自分がよって立つ原点を大きく問い直された私は、子どもとかかわる人間としての課題は、『学校外の場をつくる』方にあるだろう、それは緊急に必要だろうと感じました」（奥地 2015a, pp. 60-61）。

また、奥地は小学校を退職して学校外の学びの場をつくることについて、来日したパット・モンゴメリー（クロンララ・スクール）に相談したところ、「学校のなかで学校を変えようとしている人は多いが、既成の学校以外の新しい場をつくろうとしている人は少なく、その仕事は大切」との助言を得た（東京シューレ編 2000, p. 22）。

（10）一九九九年に「NPO法人東京シューレ」として法人化された（東京シューレ編 2000, 奥地 2010）。東京シューレの内部の様子については、奥地の著書（奥地 1991, 2005a など）、朝倉によるエスノグラフィー（朝倉 1995）、『東京シューレ三十周年記念誌』（東京シューレ編 2015）などを参照。学校に行かない子どもに関する認識と対応の変容過程を考察する本研究では、東京シューレの社会的役割に着目するため、東京シューレ内での実践については紙幅の都合もあり割愛する。

（11）「登校拒否を考える会」の運営については、以下のように述べられている。「会費を払っている会員が、約千名。毎月の通信づくりとその発送、毎月百人前後集まる例会の実施、講師交渉や会場とり等の準備、おびただしい相談、問い合わせ、郵便物の処理、教育委員会や学校その他とのトラブルの対処、家出を覚悟でかけこんでくる子どもや、なんの連絡もなく突然やってくる、つまり相手の都合を考える心のゆとりがないほど追いつめられて、疲れている親とのつきあい。事務局体制と日常の対応ができてこそ、現実の必要に応じることができたのでした。特に、経済的に、会が事務局を構えることなどできない段階では、シューレの場が、その役目を果たしたのです」（奥地 1991, p. 296）。

30代まで尾引く登校拒否症

早期完治しないと無気力症に

複数の療法が必要

カウンセリングのみは不十分

筑波大助教授ら5千人の例で警告

登校拒否症はきちんと治療しておかないと、二十代、三十代まで無気力症として尾を引く心配の強いことが、約五千人の治療にあたってきた稲村博・筑波大助教授（社会病理学）らの研究グループでの約五年間にわたる相談・治療の結果、わかった。同助教授らは、こうしたケースは急増しているといい、その背景には、学校をやめるか、カウンセリングさえ受けさせれば治る、という安易な考えを学校や親が持っている点にあると指摘。症状が二、三十代にもつれ込んだケースは、カウンセリングだけではだめで、若者クラブやキャンプ、長期宿泊など複数の治療法を組み合わせることによって効果をあげることも実証できた、としている。

稲村　博
筑波大助教授

このグループは、国立、私立の大学や首都圏の教育センターなどの精神科医や心理学者、教育学者をはじめ、「いのちの電話」のメンバーら二十四人の専門家を中心に、大学の助手や民間のボランティア約百人。五年ほど前、民間団体「青少年健康センター」を設立し、活動してきた。東京、神奈川、茨城など首都圏に十カ所の相談窓口や治療施設を持っている。これまでに相談に訪れた人は、幼児から三十代の青年まで毎年四、五千人で、相談者の数は増加の傾向にあるという。

このうち、約六割が登校拒否やそれに端を発した社会不適応症。治療が不十分で、学校をやめている場合は、ほとんどのケースが二十代、三十代までもつれ込んだ重い無気力症に陥っていたという。その一、二割はカウンセリング療法に、みんなで映画を見たり、スポーツを楽しむ「若者クラブ療法」で対応できるが、残りのこじれたケースは、キャンプや合宿、長期宿泊などの療法を組み合わせる必要があり、そうすれば効果もかなりあがった、という。

多くの症例をみた経験から、稲村助教授は「最初の登校拒否の際、担任教師が生徒から話を聞いて適当にアドバイスする、というだけにせず、精神科医や心理学者など専門家にも相談して、きちんと対処・治療すれば治せるし、あとあとまで苦しまずにすむはず」といっている。

Aさん（二十四歳、男性）の場合、中学二年の時に転校先でいじめにあい登校拒否に。担任教諭が温かく相談に乗り、なんとか高校には合格したが、一学期の中間テストで成績が悪く、再び登校拒否に。高校になると学校側もかまってくれず、「別の高校を受け直す」と中途退学。翌年、レベルの高い高校に合格し、親も「これで大丈夫」と思ったが、今度は、四日間通っただけで登校拒否し、留年。「大学入学資格検定試験を受ける」と退学したが、昼に起きて夜はテレビばかり見ている生活。暴力も振るうようになった。

稲村助教授は「中学時代の登校拒否は、社会不適応の発端だった。十分治ってなかったため、競争の激しい高校に入り、こじれた。こうなると学校をやめても同じことだ」という。

Aさんの場合、規律正しい生活、友人作りやスポーツ、遊びなど、自発的に活動できる力をつけるトレーニングや、集団カウンセリングを盛り込んだキャンプ療法をはじめ、三カ月間ほど民家に泊まっての土いじりやスポーツ、読書など、「生きているのはおもしろい」と感じさせるための宿泊療法をほどこした。もともと好奇心の強い生徒で、回復も早く、その後カウンセリングを重ね、いまではほぼ回復、アルバイトをしながら大検の勉強に取り組んでいる。

またBさん（三十五歳、男性）の場合、高校時代に登校拒否の治療がきちんとされないまま、登校日数ぎりぎりで卒業。東京の予備校に入ったが、ブラブラしてほとんど出席せず、大学受験も見送った。親が一度里に連れ帰ったが、再び上京。青少年健康センターに相談に来た時は三十三歳になっていた。

Bさんの場合、治療が難しく、専門家スタッフといっしょに六カ月間ほど民家に宿泊しながら、規則正しい生活を取り戻す治療と、自立トレーニングを続け、精神科医のカウンセリングを組み合わせた。現在は定職について元気に働いている。

症例豊富で研究進展

小此木啓吾・慶応大学助教授（精神医学）の話　日本の精神医療は大変遅れている。登校拒否症も、生徒に対する医師の面接や治療が医療保健制度の上で十分反映されておらず、それが医師の取り組みを遅らせ、子供たちの不適応をこじらせている原因でもある。稲村先生ら精神科医らだけでなく、心理、教育学者らが、思春期の精神的な問題に正面から取り組み、登校拒否について豊富な症例で研究を大きく進展させたといえ、文部、厚生、労働行政全般に今後大きな影響を与えるだろう。

資料6—2　『朝日新聞』1988年9月16日夕刊1面（一部レイアウトを変更）

政全般に今後大きな影響を与えるだろう」とコメントしている[13]。

この記事が学校に行かない子どもや保護者に与えた影響は甚大であった。心理カウンセラーの内田良子は、この記事を契機に、学校に行かない子どもの保護者が親族や近隣住民から治療を促されることが多々あったことを指摘し（内田 1989）、以下のように述べている。

他方で、この記事にすばやく反応したのは学校の先生がたでした。新聞を持参したり……電話で「やはり、学校を休むのを安易に認めるのはまちがいだ。……このままほうっておくなら、進級や卒業も保障できない」といった内容の圧力をかけてきている場合もあります。ある高校生の家庭では、クラス担任が電話で、精神科などの専門医療機関を受診することを強く勧め、不安を抱いた両親が「病院には行きたくない」と抵抗する子どもを強引に説きふせて、病院への予約をしたところ、予約日をまえにしてみずからの命を断ってしまった、という悲しい連絡も伝わってきました。（内田 1989, p. 5）

（12）当時、慶應義塾大学医学部助教授。一九八八～一九九一年に日本精神分析学会の会長を務めた。著書に『モラトリアム人間の時代』（小此木 1978）などがある。

（13）筑波大学の稲村研究室に大学院生として在籍していた精神科医の斎藤環は、当時を以下のように振り返っている。「この記事が出た経緯は大変おそまつなものでした。もちろん裏づけとなる調査や研究があったわけではありません。タネをあかせば、この記事は、記者の取材に対して稲村氏が臨床家の実感にもとづいて話した啓蒙的な談話がもとになっています。……他に大きなニュースがなかったせいもあるのでしょう、何か医学上の新発見であるかのような扱いで掲載されてしまったのです。それは、マスコミと精神医学という組み合わせにおける、最悪のアクシデントの一つとして、長く記憶されるべき出来事でした」（斎藤 2003, pp. 11-12）。

（2）奥地たちによる異議申し立て

この記事の影響の大きさを鑑みて、「登校拒否を考える会」は『朝日新聞』へ申し入れを行った。反論の掲載を求めたが、山下英三郎（当時「埼玉県所沢市嘱託スクールソシアルワーカー」）の「登校拒否は治療の対象か――病理としてのとらえ方には異議」（一九八八年十月二四日朝刊五面）という見解がすでに掲載されていたため断られている（登校拒否を考える緊急集会実行委員会編 1989, p. 7）。一九八八年十一月十二日には十七団体の共催により「登校拒否を考える緊急集会」を開催した[14]。この緊急集会は、「単に、後に続く三回の抗議集会の始まりというだけでなく、マスコミの〈登校拒否〉に関する報道姿勢を変えるという節目になる集会であった」（朝倉 1995, p. 72）と評価されている。

『朝日新聞』報道の五ヶ月後、奥地は『登校拒否は病気じゃない』（奥地 1989a）を出版した。冒頭は「昨年（一九八八年）九月十六日、『朝日新聞』夕刊は、登校拒否に関するたいへん困った記事をトップで載せました」（奥地 1989a, p. 3）という文で始まることからも、稲村やその治療を報道した『朝日新聞』に対する異議申し立てが強く意識されている。奥地は、「母であり、教師であり、『登校拒否を考える会』の代表であり、不登校の子のためのもう一つの『学校』の主宰者である私からみて、先にあげた『朝日新聞』の記事のように登校拒否の子どもを病気と見、治療対象にしていくことはとっても納得のできないことです」（奥地 1989a, pp. 4-5）と述べている。

3　学校に行かない子どもに関する稲村の認識と治療

なぜ稲村は学校に行かない子どもの治療を主張したのだろうか。本節では、まず稲村の研究歴、一九八八年以前の新聞におけるコメントや著作を検討することによって、学校に行かない子どもに関する稲村の認識を検討する。次いで、稲村による治療の関係者の証言や、日本児童青年精神医学会による稲村への調査を検討し、稲村の治療および精神医学者としての言論活動を考察する。

（1）稲村の研究歴

稲村は、一九六三年に東京大学医学部を卒業した。学位請求論文「犯罪性精神障害者の精神医学的研究」を東京大学に提出し、一九七三年に博士号を取得した。稲村執筆の論文を調査すると、精神医学関係雑誌のほかに『犯罪学雑誌』（日本犯罪学会）への執筆が多く見られる。『犯罪学雑誌』掲載論文は九件あり、いずれも一九七〇年代に掲載されたものである。博士論文のテーマと関わる「精神病受刑者の犯罪と疾病経過」（稲村 1971）などのほか、「殺人者の自殺」（稲村 1973a）、「感応精神病による一家心中の一例」（稲村 1973b）、「子殺しの研究」（稲村 1975）など、後に稲村が単著としても取り組む自殺および家庭内殺人に関する論文が掲載されている。

稲村が著者または編者として執筆した自殺に関する著書は、『自殺学』（稲村 1977）や『子どもの自殺』（稲村 1978）をはじめ十四冊が確認された。それらは単著十冊、編著一冊、斎藤友紀雄《ゆきお》（牧師）との自殺予防に関する

（14）主催は「登校拒否を考える緊急集会実行委員会」である。集会報告集として、『「登校拒否」とは』（登校拒否を考える緊急集会実行委員会編 1989）が出版されており、同書によれば八百名以上の参加があった。共催団体は以下の通りである（集会報告集での掲載順）。「登校拒否を考える会」「横浜登校拒否を考える会」「登校拒否を考える会カマクラ」「藤沢まわり道の会」「校害 TelTel」「千葉休もう会」「市川学校にたよらない親の会」「くにたち登校拒否を考える会」「栃木登校拒否を考える会」「群馬登校拒否を考える会」「取手登校拒否を考える会」「伊勢登校拒否を考える会」「奈良登校拒否を考える会」「北海道登校拒否を考える会」「がっこの会」「土曜会・水曜会」「東京シューレ」。

共著三冊である。稲村と斎藤はともに「いのちの電話」の役員であり、稲村は面接相談総括責任者を務めていた[15]。

一九八〇年代以降には『登校拒否――どうしたら立ち直れるか』（詫摩《たくま》・稲村編 1980）や『家庭内暴力――日本型親子関係の病理』（稲村 1980）、『親たちの誤算――家庭内暴力・登校拒否・遊び型非行』（稲村 1981）など、学校に行かない子どもや家庭内暴力に関する著書を刊行した。

稲村の研究歴を概観すると、研究テーマは「犯罪性精神障害者」から自殺、そして子どもの問題行動へと変化していった。渡辺位が国府台病院退職後に『不登校のこころ――児童精神科医四十年を生きて』（渡辺 1992a）で自らの実践を振り返っているのに対し、稲村は一橋大学在職中であった一九九六年に死去したため[16]、自らの実践をどう位置づけていたかは不明である。しかし、以上のような稲村の研究歴を考慮すると、犯罪、自殺など深刻な事例が主たる研究対象であったため、稲村は子どもの逸脱予防に強い関心を持ち、重篤化を避けるための早期介入の必要性を感じていたと推測される。そして、このような研究歴によって形成された認識が、後述する学校に行かない子どもの閉鎖病棟での入院治療を推進する一因であったと考えられる。

（2）学校に行かない子どもに関する認識

①「一種の病気」

前述の一九八八年の『朝日新聞』記事以前にも、稲村は同紙の取材に協力している。ここでは、欠席と家庭内暴力が続いていた高校一年生の息子を父親が絞殺した事件を報じた記事（『朝日新聞』一九八一年五月四日朝刊二三面）における稲村のコメントを検討しておきたい[17]。

稲村は同記事で以下のようにコメントしている。「いまの子は、行きづまりを自力で乗り越えることができない。それが最大の要因です。ちょっとしたきっかけでつまずいて挫折感をもつと、それをしのげず、自分のわだかまりを親に向かってぶつける、というのが家庭内暴力です。結局は、育ち方の問題でしょうね。いったん暴れ出したら、早く専門家に相談することです。恥だとか、親の責任感だとか、無理をしないで、これはもう一種の病気で、親だけではどうしようもないことなのだから、思春期精神医療をしている病院やカウンセラーに相談することです」。

問題行動の原因を子どもに求めて「一種の病気」とし、精神医療の対象としなければならない、という見解は一九八八年に『朝日新聞』によって報じられた「登校拒否症」についての見解と共通する面がある[18]。

②「一種の精神障害」

『登校拒否・学校に行かないで生きる』（渡辺編 1983）と同年に、稲村の『思春期挫折症候群』が刊行されている。学校に行かない子どもに関する稲村の認識が示されている代表的な文献である『思春期挫折症候群』では以下のように述べている。「思春期挫折症候群というのは、以前にはほとんどみられなかった新たなタイプの精神障害である。日頃の臨床経験をもとに著者が近年提唱しているもので、従来の精神障害にない独特の病態をもつ点が注目される。……適切な治療をすれば、比較的早く改善させることができる。だが対応を誤ればこじれて深

---

(15)『朝日新聞』一九七八年十月二一日朝刊一五面および『思春期挫折症候群』（稲村 1983）の奥付を参照。

(16)『朝日新聞』一九九六年五月一六日朝刊三五面の訃報を参照。

(17) 渡辺（1978）、稲村（1980, 1981）のほか、『教育と医学』一九七九年七月号が家庭内暴力を特集するなど、一九七〇年代末以降、家庭内暴力が注目されており、その一因は子どもが学校に行かないことであった。稲村がコメントしている『朝日新聞』記事（一九八一年五月四日朝刊二三面）には「家庭内暴力また悲劇」と見出しが付けられている。同紙一九八二年八月一九日朝刊一五面も、学校に行かない息子を父親が刺殺した事件を報じている。

刻となり、元来の能力は発揮されず、長い年月を無為にすごして健全な社会生活が営めない」（稲村 1983, p. 1）。さらに稲村は、思春期挫折症候群を「現代の国民病」であるとし、その「表現形」は「登校拒否群」（スチューデント・アパシー、サラーリマンの出勤拒否を含む）をはじめ、家庭内暴力、自殺、家出、非行、薬物乱用、暴走族などに及ぶとし、「それらの子たちは、一種の精神障害にかかっているのであり、その結果として問題行動を起こしているわけであるから、従来のような教育的指導だけでは立ち直れない。どうしても正しい医学的な治療が不可欠となる」（稲村 1983, p. 3）としている。このような「一種の精神障害にかかっているのであり……医学的な治療が不可欠」という認識は、前述の一九八一年および一九八八年の『朝日新聞』記事における見解と通底するものである。

（3）関係者からの批判

学校に行かない子どもが増加するなか、稲村たちの治療は注目されたが、その実態は関係者からも疑問視されるものであった。一九八三年に大学院生として筑波大学の稲村研究室に入った山登《やまと》敬之《ひろゆき》（精神科医）は、当時の稲村研究室には山登を含め大学院生が四人いただけであり、大学病院に稲村が使用できるベッドはなく、稲村たちの診察を受けた子どもたちは彼らが非常勤医師として関わっていた精神病院に入院させられたこと、その病院の看護者は青年期の精神医療のトレーニングを受けていなかったこと、入院治療は一九八一年後半から行われたにもかかわらず、稲村が『思春期挫折症候群』（一九八三年二月刊行）において「思春期挫折症候群」はほぼ確実に改善し、予後も良好であるとしていたことを批判している（山登 2005, p. 65）。入院治療は閉鎖病棟で実施された（子どもの人権に関する委員会 1992a, p. 94）。

稲村は学校に行かない子どもに関する認識と対応の医療化を図っていたが、稲村が主導する治療に非常勤医師として従事していた山登をはじめとする大学院生たちは、以下のような葛藤を抱えていた。

貧困なマンパワーと治療環境、絵に描いた餅のごとき治療論。しかし、悩みを持つ親たちは、そんな裏事情を知るよしもなく、国立大学の大先生を頼って全国から殺到した。そして、子どもたちは、健康診断をするだの診断書を書いてもらうだのという理由で病院に連れてこられ、だまし討ちのように入院させられた。私たち若手医師は、目の前の仕事を懸命にこなしながら、いつもどこかに不安を抱えていた。こんなことをやっていてはまずいんじゃないかと思いつつ、自分の行いをなんとか合理化しようとした。不登校の子どもには「病気」と呼ぶにふさわしい状態像があると信じ、それを診断し治療することに正当性を求めた。

だが、それが虚しい努力であることも、私たちはどこかで気づいていたはずだ。そのころ一年上の先輩が自嘲気味に漏らした言葉を、私はいまでも忘れることができない。

（18）『朝日新聞』一九八一年五月四日朝刊二三面には、稲村とともに水上勉《つとむ》（作家）、俵萠子（評論家）のコメントも掲載されている。水上は「私などの場合を振り返っても、説得の努力が足りず、ついかっとなってしまって、自分の頭の固さにやりきれない思いをしたことがあります。……いたましい思いがします」と述べている。一方、俵は以下のように述べている。「事件のことを聞いて真っ先に開成高校事件を思い出した。家庭環境などは驚くほどよく似ていると思う。家庭内暴力に走る子どもの場合、いくつかの条件がある。大人の中で甘やかされ、過保護に育てられている。父親が父親の役割を果たしていない。それに、転校など精神的動揺の三つだ。……逮捕された父親をムチ打つのは酷かもしれないが、家庭内で母親の役を補うのではなく、父としてもっと厳しい対応はできなかったのだろうか」。掲載されたコメント三つのうち二つは、子ども本人や父親を問題化する内容となっている。また『朝日新聞』は「父よ踏ん張れなかったか」と見出しを付けている。子どもが学校に行かないことに起因する家庭内暴力を学校や社会の問題として捉える視点は見られず、当事者が問題化されていた。

「ボクはここに魔法の治療があると思って来たんだけど、そんなものはなかったんですねえ……」（山登 2005, p. 65）

学校に行かない子どもは「一種の病気」「一種の精神障害」であると稲村は確信していたが、そのような認識は大学院生たちが無批判に受け入れられるものではなかった[19]。稲村たちの治療は、その実態が一九八五年にTBSテレビによって報道されたことにより社会問題化し、入院治療は中止された[20]。

（4）学会による調査と稲村の反論

一九八五年から稲村たちの入院治療が社会問題化していたにもかかわらず、先述の一九八八年の『朝日新聞』記事がさらなる混乱を招いたことを受けて、渡辺位たち五人の精神科医は一九八九年六月、稲村の治療に対する見解を求める要望書を日本児童青年精神医学会に提出した[21]。要望書は同学会の「子どもの人権に関する委員会」（以下「委員会」）に付託された。委員会は稲村や治療に関わった医師たちと会談し、治療の実態を聴取した。

調査報告として学会誌に掲載された「登校拒否と人権——稲村博会員の『登校拒否症』治療に関する調査および見解」（子どもの人権に関する委員会 1992a）は、学校に行かない子どもの閉鎖病棟への収容について「インフォームド・コンセントへの配慮がなく、人権上きわめて問題の多いものであった」（p. 94）、「欠席日数や遷延化を入院の基準としていること、通信・面会を二週間一律に禁止し、脱院した場合はガードマン会社に依頼して連れ戻していることなど、子どもの人権を無視したものであり、容認し得ない」（p. 99）と批判した。「登校拒否症」等の用語の使用は、「一元的に医学概念化あるいは精神医学化していくという問題点を含む」（子どもの人権に関する委員会 1992a, p. 99）と指摘された。

この報告への稲村の反論が、委員会の報告とともに学会誌（『児童青年精神医学とその近接領域』三三巻一号）に掲載されている。稲村は、「X病院での入院治療は、不登校については、神経症圏・精神病圏のものであり、そのうち特に暴力・自殺念慮などのため入院に踏み切らざるを得ない事例に行われたものです。……その後、外来

(19) 稲村が関係する病院で自身の子どもが診察を受け、入院を勧められた母親は、以下のような会話があったとしている。「登校拒否についてはべつの考え方をお持ちの先生がたもいる、稲村氏の方法はどのような考え方にのっとってのものか理解できない、説明してほしい、と申し述べました。そのとき、スタッフのM先生は『そうでしょう』と同意されたのです。私の『稲村氏のやり方には理論がない』ということばにです。……そして、『私もときには、子どもの人権を無視してまでこんなことしていいのか、と思うこともあるのですが……』と、はっきり口になさったのです」（富士 1989, p. 22）。

(20) 心理カウンセラーの内田良子は、「一九八五年九月、TBS報道特集『格子のなかの悲鳴』という番組で、……ひときわ目をひいたのが、……子どもを外部から遮断し、心理的安静・行動規制・向精神薬療法などによる『短期入院治療』をすれば、ほぼ三か月程度で劇的な改善ができ、登校拒否がなおるといって、浦和にある民間の精神病院に開設した思春期病棟に多くの登校拒否の子どもたちを収容し、閉鎖病棟で治療していた稲村博氏の医療を受けた子どもたちと親たちの証言でした」（内田 1989, p. 8）と述べている。稲村たちの治療を受けた少女は、精神病院への入院に抵抗すると意識のなくなる注射を打たれ、病院から逃げると手足を縛って連れ戻されたと証言した（内田 1989, p. 9）。内田は、「私たちの心理室にも、このような入院治療を稲村氏とその門下の医者たちから受けた子どもたちとその家族が、精神病院の退院後に訪ねてきました。……入院生活の細部を具体的に聞いたかぎり、子どもの人権を保護する感覚がないぶん、大人の閉鎖病棟の精神科医療よりもさらに劣悪な内容といえます」（内田 1989, p. 9）と述べている。調査報道を担当した堂本暁子《どうもとあきこ》（当時、TBSディレクター）の雑誌記事（堂本 1986, 1987）も参照。

(21) 提出者は、いずれも日本児童青年精神医学会の会員である磯村大、小澤勲、北林和夫、渡辺位、石上亙である（要望書での記載順）。子どもの人権に関する委員会（1992a, p. 78）を参照。「病気だから治療が必要」という稲村の主張は一九八九年にも新聞で取り上げられている（資料6—3）。

論点'89 ＜4月＞ ㊦

文化

対立する解決への方策

登校拒否

病気だから治療が必要 稲村氏

学校を人間教育の場に 石川氏

稲村 博氏

石川憲彦氏

登校拒否は、世界的にみても日本にとくに多く、近年その傾向はますますはっきりしつつあるといわれている。その「登校拒否」をめぐって、ある論争がいま続いている。

といっても教育専門誌や医学系の学会誌などが舞台で、多くの人にはあまり知られていなかった。しかし今月の『世界』が教育特集を組み、そのなかで論争の一端を紹介している。

「一種の社会不適応」

少し回り道になるが、論争の経過をたどるとこうなる。そもそもは昨年七月、筑波大学助教授の稲村博氏が「登校拒否の克服」（新曜社）を出版したことからはじまる。稲村氏は、登校拒否をふくむ「思春期挫折症候群」を現代の国民病とみる精神医学者で、長く臨床にも取り組んできた。

その臨床的知見にもとづいて、稲村氏はさきの著書でこう指摘した。

登校拒否というのはその多くが独特の病理をふくむ一種の社会不適応で、なかでも神経症タイプは精神障害にふくめて考えたい。したがって適切な治療的対応をしなければ、あるいはこじらせれば、二十代、三十代以後まで延々と不適応状態が続いていく。

さまざまなケースと治療経験にもとづく報告は、賛否をふくめて大きな反響をよんだ。やがて論争へと発展するのだが、そのなかで目立った疑問や反論の一つは、登校拒否を「病気」とみて「治療」の対象とする稲村氏の見方に対してであった。

社会病理を前面に

『世界』の教育特集で、稲村氏に反論をくわえている石川憲彦氏はその典型といっていい。（「登校拒否の『治療』とは何か」）。

石川氏も精神科医師としての臨床経験をもとに、登校拒否とは病気かと問う。このなかでは直接的な反論は控えられていて分かりにくいのだが、氏は「登校拒否」を個人の病気にして、治療したがる最近の傾向に危惧（きぐ）を感じる。それを「社会病理」の「個人病理」への転嫁とみる。その考え方をささえる「科学的治療主義」というヒューマニズムこそ危険だという。

では氏にとって「登校拒否」とは何か。それに近い言葉を拾うと「人格を得る孤独な作業」「学校へ行かないという対社会態度表明」ということになる。いま必要なことは治療ではなく、人間としての教育を、学校に取り戻してゆく作業だという。

いうまでもなく「登校拒否」をめぐる論争はいまに始まったわけではなく、すでに長い経過がある。アメリカで初めてこの現象が報告され、少し遅れて日本でも昭和三十年代初めから同様のケースが散発した。その後しだいにふえはじめ、今日では大きな社会問題になってしまった。

この間「登校拒否」の定義や対応策をめぐって、学者や臨床家のあいだでさまざまな議論があった。

これについて教育誌『ひと』（太郎次郎社）の「登校拒否」特集で、小沢勲氏は「登校拒否治療論」の移り変わりをまとめている。（「学校を捨てるしかないのか」）。

教育病理説が増える

小沢氏によれば、初めのうちは母子関係に原因を求める「分離不安」説、ついで「学校という場」でおきる心理的抑圧説、などで説明されてきた。しかし、最近ではそのあまりの増加ぶりから、原因を個人や家庭に求める見方にかわって、教育のゆがみに求める「教育病理」説としてとらえる人が多くなったという。

さきの石川氏の稲村氏への反論も、このような背景を考えるとわかりやすい。

しかし、「登校拒否」一般をどうみるかその思想を問う石川氏と、個々の多様なケースをふまえ適切な治療を唱える稲村氏とは、だいぶずれがあってまだ実りある論争にはなっていないようだ。稲村氏の説く「適切な治療」が、石川氏の言う「現代の魔女狩り」へとつながる危険をはらむのかどうか。不毛の論争にならぬよう慎重な配慮が必要だろう。

ともかく個人（家庭）か社会（教育）か、病理がどちらにあるか、悪者探しをいくらしたところで解決にならないことだけは確かだろう。ましていま病気とそうでないものの境がはっきりしなくなってきている時代だ。

このあたりについて、さきの小沢氏は長い間児童精神科の医者をした体験をふまえてこう言う。

「登校拒否児たちが学校から離れて初めて見えてくる世界をしっかり見すえることができるまで、周囲が待てるか」。また「登校を拒否された学校という場を教師や生徒が改めて見直すきっかけになりうるか」。「治療」とはしょせん、このようなことへのほんの少しの援助でしかない。

学校信仰からの自由

そして氏はこう続ける。学校へ行かないという選択も確かに一つの選択だが、学校を捨てるのが登校拒否の唯一の道とは思えない。問題は「学校」への執着から子供も治療者もいかに自由になるかだ、と。

「学校信仰」からいかに自由になるか。といっても小沢氏は「登校拒否児」を現代教育の批判者としてそこに希望をみることには反対だ。さきの『世界』の特集は、どちらかといえば希望をみる側から特集をしている。

たとえば大田堯氏は、日本人の「ワーク・ホリック」と「学校信仰」が表裏一体になっていることを指摘する。また竹内常一氏は、親も子も「学校適応過剰」だと言い、保坂展人氏は、軍縮運動になぞらえて「学縮運動」の勧めを説いている。

「登校拒否論争」から「学校信仰」まで、本当に悩んでいる人には無縁のおしゃべりかもしれない。が、いま自明の前提を改めて問う作業が必要なようだ。

（横田 洋一記者）

資料6—3 『読売新聞』1989年4月27日夕刊13面

と他の諸活動を組み合わせる、より好ましい包括的対応が可能となったため、神経症圏はもとより、精神病圏の不登校でも極力入院治療を避ける方法に切りかえているわけです」（稲村 1992, p. 102）と反論している。これに対し委員会は同学会誌三三巻三号で「稲村会員は『入院治療を避ける方法に切り替えている』と述べている。しかし、報告書で指摘したように、稲村会員はX精神病院での治療が行われなくなった後の著作でも『青少年専門の病院の必要性』を述べ、『電話も面会も原則として行わない』と主張しているのであるから、これは明らかな矛盾である。さらに、稲村会員はX精神病院では『子どもの自主性や心情、人権などを極力重んじていた』と述べている。しかし、入院基準については著作と会談における発言との間に明らかな矛盾があり、しかもそれは二転三転している。また、入院基準ばかりでなく、入院形式と方法、処遇のいずれをとってみても問題が大きかったことは報告書において指摘したとおりである」（子どもの人権に関する委員会 1992b, pp. 255–256）と再批判している。[22]

また、「登校拒否症」という用語の使用について稲村は、「小児科・内科系では神経症的タイプの不登校について以前から広く使われているほか、精神科領域でも多くの方々が論文などに用いられております。もとより、私の造語などではありません」（稲村 1992, p. 102）と反論しているが、委員会は「『登校拒否症』が稲村会員の造語

（22）子どもの人権に関する委員会（1992a）は、非常勤医師から聴取した閉鎖病棟における治療の実態について、以下のように報告している。稲村は一九八一年の秋か暮れ頃から学校に行かない子どもを入院させ始めた。無理やり入院させることもあったが、非常勤医師は稲村から入院や保護室使用の基準を知らされていなかった。入院基準については院長も知らなかった。非常勤医師は閉鎖病棟に収容されている子どもたちからの訴えを受けて稲村に相談したが、「あまり患者の話を聞かないようにとの答えであった。結果として日常的に接触する看護者との関係に矛盾が集中した」（p. 86）。一九八四年には同病棟で二度の暴動があった。

であるという主張は一度もしていない。……委員会は『登校拒否症という用語を登校拒否という用語に統一すべきだと主張しているのではない。程度の強い、こじれたという現象を、登校拒否症という病名を用いることで一元的に医学概念化あるいは精神医学化していくことを問題にしている』のである」（子どもの人権に関する委員会 1992b, p. 255）と委員会報告を引用しながら再批判している[23]。

（5）小括

子どもの人権に関する委員会が報告しているように、稲村の入院治療には重大な人権侵害があった。仮に学校からのドロップアウトが今日よりもキャリア形成において大きな意味を持ち、稲村が善意から介入していたとしても、当事者の同意を得ない閉鎖病棟への収容を擁護することはできない。

「登校拒否症」という用語については、一般的用語ではなかったが、稲村が「小児科・内科系」などで使用されていたと主張していたように、一部の文献（杉村ほか 1977, 蔡ほか 1981 など）では使用が確認できる。しかし、委員会が「登校拒否症」という用語の使用による一元的な精神医学化を批判するように、「登校拒否症」という呼称のマスメディアによる流布が、学校に行かない子どもに関する認識と対応の一元的な医療化を招きかねない点に留意が必要であっただろう[24]。

前述のように一九八八年の『朝日新聞』記事以前にも稲村は、「一種の病気」「一種の精神障害にかかっているのであり……医学的な治療が不可欠」と主張した。このような学校に行かない子どもに関する認識と対応の一元的な医療化を促進する言論活動は、当事者たちに重大な不利益と混乱を生じさせた。精神医学者としての社会的影響力に対する自覚が、稲村には乏しかったと言わざるを得ない。

4 奥地の主張とそれへの懸念

学校に行かない子どもには治療が必要であるという稲村の見解を報道した『朝日新聞』記事は、学校に行かない子どもに関する認識と対応をめぐる論争の契機となり、「登校拒否は病気じゃない」という奥地の主張は一定の支持を得た。しかし、その主張に対しては、当時においても懸念が表明されていた。本節では、奥地が提示した「明るい登校拒否」に着目しながら、奥地の主張を検討する。

(1)「明るい登校拒否」

奥地は稲村や『朝日新聞』に異議を申し立て、「登校拒否は病気ではない。子どもらの、人間として当然の表現である」(奥地 1989a, p. 9) と主張した。つまり、第三章で述べたように、一九八〇年代の学校がさまざまな課

---

(23) その他に稲村 (1992) は、治療に対する「査定」は「臨床・研究の振興意欲をそぐ」等の反論をしている。

(24)『朝日新聞』の記事「三十代まで尾引く登校拒否症――早期完治しないと無気力症に」(一九八八年九月一六日夕刊一面) は稲村の考えを正確に報道しているのかという委員会の質問に対し、稲村は「内容は細かな点は別にして本質において間違っていない」と回答している (子どもの人権に関する委員会 1992a, p. 85)。稲村は「表現や見出しはもっとマイルドにできるのではないかと思いますが、マスコミでは他にもよくあることです」とも回答しているが (子どもの人権に関する委員会 1992a, p. 85)、「マスコミでは他にもよくある」のであれば慎重な対応が求められたであろう。また、その後の「ひきこもり」の問題化は、「三十代まで尾引く登校拒否症」という稲村の予言が的中したようにも見えるが、学校に行かない子どもを治療の対象と眼差すことで、子どもたちの休息や自由な生を奪ってきた結果と考えることもできるだろう。

題を抱えていた状況において、子どもが学校に行かないということは、本人や保護者に問題があるのではない、という主張であった。加えて、奥地が提示したのは「明るい登校拒否」であった。

奥地は『登校拒否は病気じゃない』において、前述の一九八八年の『朝日新聞』記事に抗議した「登校拒否を考える緊急集会」に言及し、以下のように述べている。「三百名予定の会場に八百名の参加があり、しかもその発言内容は、堂々と、かつ魅力的なものがあいつぎ、……ずいぶん変わってきたな、ということを実感させました。そのことは、子ども自身へのプレッシャーも軽くなっている部分があるということで、明るい登校拒否、安定した登校拒否を現出してもいるわけです」（奥地 1989a, p. 213）。

「明るい登校拒否」は、問題は子どもの側ではなく学校の側にある、という奥地たちの主張の正当性を証明する存在でもあった。一部の子どもたちはマスメディアで「明るい登校拒否」を語った。また、次章で述べるように、東京シューレの子どもたちによる「登校拒否アンケート」も実施され、積極的に社会に向けて発言した。これらの活動は、学校に行かない子どもに関する認識と対応の変容過程において、きわめて重要なものであった。しかし、貴戸（2004）が指摘するように、「明るい登校拒否」は、学校に行かない子どもの否定的側面についての語りを図らずも抑制することになった。

（2）「明るい登校拒否」への懸念の表明

①教育雑誌『ひと』における母親の投稿

「明るい登校拒否」は貴戸（2004）によって批判されたが、一九八〇年代末にも同様の懸念がなかったわけではない。「登校拒否の新しい局面」を特集した『ひと』一九八九年三月号には、稲村への批判が多く掲載されているが、学校に行かない子どもの母親の投稿のなかには、以下のように異なる視点が見られる。「最近、登校拒否は病気ではない、という認識がマスコミによって伝えられるのは、私たちにとってひじょうによろこばしいことです。しかし、マスコミにのって登場してくるのはほとんどが登校拒否後、または最中であっても、元気な姿ばかりです。元気でない部分をもってはいても、マスコミにはのらないことが多いのです」（大山 1989, p. 34）。「明るい登校拒否」が注目されることで、学校に行かない子どもの困難が不可視化される傾向が指摘されている。[25]

そして、同投稿は、つぎのように述べている。「これからも登校拒否はふえるでしょう。そして、いままでよりも、自分からあえて学校へ行かないことを選ぶ、元気な不登校もふえるでしょう。そのかげで、やはり苦しむ登校拒否も多いと思います。そのような苦しむ子どもにマスコミのカメラの目が向けられることはないでしょうが、マスコミのためによりつらい思いをさせられるようなことがあってはいけないと思うのです」（大山 1989, p. 35）。

②「登校拒否を考える緊急集会」における石川憲彦の講演

石川憲彦《のりひこ》（精神科医）は一九八八年の「登校拒否を考える緊急集会」で講演し、稲村の治療を批判する一方で、

(25) また、同投稿は以下のように指摘している。拒食症や家庭内暴力などは「登校拒否の二次症状だということで紹介されたり、専門家が理論的な文章であれこれと書いたりしています。……これは、自分の子どものことであれば、親が理解しなければならないものです。親が理解してこそ子どもは安定すると思うのです。どうして暴力をふるわないではいられないのか。どうして幼児にもどってしまうのか。どうして外にも出ないでとじこもってしまうのか。本を読み、人の話を聞いて、頭だけで理解するのではなく、親が自分の体のなかで感情として経験してみなければ、子どものつらさ、苦しみはわかりえないのではないでしょうか。マスコミ、とくにテレビには、これらの視点がまったく抜け落ちていて、うわべのきれいなところだけを映しだしているように思えます」（大山 1989, p. 34）。

自身が関わった学校に行かない子どもについて以下のように述べている（石川 1989, pp. 75-76）。その子どもは、「僕は、精神障害者じゃないかといわれて、どんどん友だちがいなくなっていくんだ」と言った。かわいそうに思った石川が「君は、精神障害なんかじゃないよ」と言うと、子どもは以下のように話した。「あんたみたいな専門家や大人が、そんなふうな言い方をするから、僕はますます孤立するんだよ……もしも、僕が精神障害でないから登校拒否をしていても正当化されて、精神障害が理由で登校拒否をしているのだとしたら、僕はどこへいっても申し開きができないの。頭を下げて、ずっと牢屋につながれるの。精神病院の檻につながれなきゃいけないの」。

この子どもの発言は以下のように解釈できる。学校に行かない子どもは「精神障害」であると言われる一方、「精神障害」ではないから安心するように、とも言われる。しかし、もし本当に自分が「精神障害」であったならば、自分は「普通」ではない存在として収容されなければならない。

前述の子どもの言葉は以下のように続く。「君は精神障害じゃない。だから堂々と胸をはれという、そんな言い方をする大人が恐くて、僕はとても外に出られないよ」（石川 1989, p. 76）。

自らを「病気」と思っていないにもかかわらず、学校に行かないことで逸脱視されている子どもに向かって、「君は病気ではない」と言うことは、エンパワーメントになり得る。しかし、それは「病気」や「精神障害」を持つ子ども及び自らを「病気」あるいは「精神障害」であるかもしれないと危惧している子どもを「普通」ではないとして排除することにもなりかねないのである[26]。

（3）小括

前述の『ひと』における「明るい登校拒否」への懸念の表明は、主にマスメディアに向けてのものであり、奥地に向けてのものではない。しかし、マスメディアで学校に行かない子どもについて積極的に語ってきた奥地に無関係であったわけではない。このような危惧を意識していたのであろうか。「明るい登校拒否」に対する懸念について、奥地は『登校拒否は病気じゃない』で以下のように述べている。

明るい登校拒否でいいというと、人間たえず明るくしていなくてはいけないのかとか、明るい登校拒否でなかった自分が否定されている気がするとか、学校でも明るい元気な子が奨励され、登校拒否しても、なお明るく元気な子を期待されるのは心外だと思われる読者の方もいらっしゃるでしょう。

人間、ありのままの自分でいられるのがいちばんいいと思います。落ちこむとき、悩むとき、暗いとき、元気の出ないときがあるのが当然で、常に明るく元気な、期待される人間像を求めること自体、反自然なのです。「明るい登校拒否」といった場合、反自然を求めているのでなく、その人の、もっとも自然な状態を求めているのだ、と私は理解しています。（奥地 1989a, p. 214）

この「明るい登校拒否」についての奥地の説明は重要である。「明るい登校拒否」は学校に行かない子どもの否定的側面についての語りを抑制したと批判されたが、上記の記述からは奥地にはそのような意図はなかったと

（26） 石川は講演において以下のようにも語っている。「登校拒否だけが薬を使わない例外として、まるで正義の使者のように、この文化の社会に反抗する正義の使者のように語られていくとしたら、恐いなあと思います。むしろ、そんなことが、子どもたちはいやだったんじゃないのかな。つまり、管理的で排除する学校だけがいやだったんじゃなくて、『おまえはあんなに管理的な学校なんか、行かなくたっていいよ』と声をかける側の持っている、ある種の理想像にも反発したんじゃないか、と思います」（石川 1989, p. 77）。

推測される。しかし、マスメディアによって流布された「明るい登校拒否」には、『ひと』に投稿した母親が危惧し、貴戸が批判したように、学校に行かない子どもの困難を不可視化する傾向があったとも言える。

一方で、石川が一九八八年の講演において懸念を示した点については、十分な配慮が奥地にあったとは思われない。「登校拒否は病気じゃない」と言うとき、「病気」や「精神障害」を持つ子ども及び自らを「病気」あるいは「精神障害」であるかもしれないと危惧している子どもは顧みられていないのである。「登校拒否は病気じゃない」という主張をより正確に言うならば、「子どもが学校に行かない原因は本人（のみ）にあるわけではなく、学校に行かないことだけで病気と見做すべきではない」ということになるかもしれないが、このような慎重な表現は社会に向けての十分な訴求力を持たなかったであろう。

奥地が「登校拒否は病気じゃない」と主張した背景には、奥地の個人的経験があると考えられる。子どもの拒食症は母子ともにつらい経験であったが、渡辺位との出会いによって子どもが快方に向かったことは、奥地の重要なモチーフとなった。奥地が「登校拒否は病気じゃない」と言うとき、奥地親子の医療経験が念頭にあったことは、奥地が著書等において自身の子どもの拒食症に言及していることからもうかがわれる。

また、「登校拒否は病気じゃない」という主張の社会的文脈も確認されておく必要がある。学校に行かない子どもは入院治療の対象であり、閉鎖病棟への収容という重大な人権侵害が問題となっていた。学校に行かない子どもの逸脱視は強く、ある親の会では母親の十人中、八～九人は自殺を考えていた（登校拒否を考える緊急集会実行委員会編 1989, p. 51）。

「登校拒否は病気じゃない」という主張は、「病気」や「精神障害」を持つ子ども及び自らを「病気」あるいは「精神障害」であるかもしれないと危惧している子どもに対する配慮を欠く面があったが、学校に行かない子どもに関する認識と対応の変容を意図したものであった。

おわりに

『登校拒否・学校に行かないで生きる』（渡辺編 1983）は大きな反響を呼び、国府台病院の関係者以外も参加できる場として奥地たちは「登校拒否を考える会」を一九八四年に発足させた。同会を母体として奥地は一九八五年に東京シューレを開設した。東京シューレは、子どもたちの居場所となるとともに、奥地たちの活動の拠点となった。学校に行かない子どもには治療が必要であるとする稲村の見解が一九八八年に『朝日新聞』で報道されると、奥地たちは抗議活動を展開した。

稲村の研究歴を概観すると、犯罪、自殺など深刻な事例が主たる研究対象であったため、稲村は子どもの逸脱予防に強い関心を持ち、重篤化を避けるための早期介入の必要性を感じていたと推測される。一九八〇年代以降は、学校に行かない子どもや家庭内暴力を研究テーマとし、彼らは「一種の病気」「一種の精神障害」であると稲村は考えたが、そのような認識は彼とともに治療にあたる大学院生たちにとって無批判に受け入れられるものではなかった。一九八九年に渡辺たち五人の精神科医が稲村の治療に対する見解を求める要望書を日本児童青年精神医学会に提出した。要望書は学会の「子どもの人権に関する委員会」に付託され、調査が実施された。同委員会が報告しているように、稲村の閉鎖病棟における入院治療には重大な人権侵害があり、学校に行かない子どもに関する認識と対応の一元的な医療化を促進する言論活動は、当事者たちに重大な不利益と混乱を生じさせた。

奥地は一九八九年に『登校拒否は病気じゃない』を刊行し、同書において「明るい登校拒否」を提示した。「明るい登校拒否」は後に貴戸（2004）によって、学校に行かない子どもの否定的側面についての語りを抑制したと批判されるが、一九八〇年代末にも懸念は表明されていた。奥地にはそのような意図はなかったが、マスメディアによって流布された「明るい登校拒否」には、学校に行かない子どもの困難を不可視化する傾向があった。「登校拒否は病気じゃない」という主張は、「病気」や「精神障害」を持つ子ども及び自らを「病気」あるいは「精神障害」であるかもしれないと危惧している子どもに対する配慮を欠く面があったが、学校に行かない子どもに関する認識と対応の変容過程において一定の役割を果たした。

第七章　学校に行かない子どもに関する行政の認識と対応の変容

――実態調査と有識者会議を中心に

はじめに

一九八〇年代を通して学校に行かない子どもは増加を続け、対策を迫られた文部省は一九八九年七月に学校不適応対策調査研究協力者会議を発足させ、同会議は一九九二年三月に「登校拒否はどの子どもにも起こりうる」とする報告書を公表した。同会議が示した新たな認識は、教育行政の転換点として先行研究（土方 2016, 藤井 2017, 山岸 2018 など）においても注目されてきた。しかし、なぜ同会議が新たな認識を示すに至ったかについては十分に検討されていない。認識転換の社会背景にはさまざまな要因が考えられるだろうが、学校に行かない子どもに関する認識を検討対象とする本研究では、新たな認識を示す三つの実態調査の結果公表が一九八九年になされたことに着目する。

三つの実態調査とは、東京シューレの子どもたちによる「登校拒否アンケート」（六月公表）、法務省による

「不登校児人権実態調査」（八月公表）、森田洋司《ようじ》（社会学者）たちによる「生徒調査」（九月公表）である。これらは、すべて子ども自身が回答した調査であり、学校教員が回答する文部省調査とは異なる認識を提示した。学校に行かない子どもに関する新たな認識が広がりを見せるなかで、学校不適応対策調査研究協力者会議は従来からの認識を改めることになった。

上記の三つの実態調査は、法務省調査以外は報道されなければ調査結果が社会に知られることはなかったため、調査結果がどのように新聞に取り上げられたかという点にも着目しながら、学校不適応対策調査研究協力者会議への影響を検討する。そして、同会議の報告書等を読解し、学校に行かない子どもに関する行政の認識と対応の変容を考察する。

1　学校に行かない子どもに関する実態調査

（1）東京シューレの子どもたちによる「登校拒否アンケート」

東京シューレの子どもたちによる「登校拒否アンケート」の結果は、東京シューレ四周年の集い（一九八九年六月二四日）において発表された。[1]「登校拒否アンケート」が企画された契機は、前年に発表された文部省調査によれば、学校に行かない子どもに最も多い類型は怠学であると学校教員が判断しているという新聞報道である。[2]東京シューレの子どもたちは、文部省調査は教員が回答しているため実態を反映していないと話し合い、学校に行かない子ども自身が回答するアンケート調査を計画し、「登校拒否を考える会」をはじめとする各地の「親の会」、フリースクール、自主夜間中学などの協力を得て実施した。調査結果は、『朝日新聞』『毎日新聞』『読売新聞』によって報道され、共同通信社によっても配信された。『朝日新聞』は以下のように伝えている。

文部省が昨秋まとめた教師の見方の調査では「怠学（ずる休み）」が最も多かったが、子どもたちのアンケートは、登校拒否のきっかけとして「学校の雰囲気」「先生」「勉強（授業）」の順に学校への不満をあげ、四割が「自殺を考えた」と答えるなど、子らの悩みの深さを物語っている。

アンケートには、二十四日までに二百五人の回答があった。その結果、登校拒否のきっかけは、学年が進むにつれ「友だちとの関係」「いじめ」の比重が増すが、小学生では学校にかかわる要因が上位を占め、中学生でも「先生」が一番多い。……「学校の雰囲気」「学校のイメージ」については、小学生は「きゅうくつ」「ずる休みといわれ行きづらくなった」といった答えだが、中学生以上では「ロボット集団」「画一的人間工場」「悪い意味で軍隊」「地獄か刑務所」など、没個性的な場であることを強調した回答が多かった。（『朝日新聞』一九八九年六月二五日三十面）

学校に行かない子どもたち自身によって初めて実施された「登校拒否アンケート」は、調査対象が限られてお

（1） 東京シューレの子どもたちによる「登校拒否アンケート」については、東京シューレの子どもたち編（1991）、奥地（1991）などを参照した。

（2） 『朝日新聞』（一九八八年十二月一日朝刊一面）など。文部省初等中等教育局中学校課（1989）によれば、文部省は学校基本調査において一九六六年度から「学校ぎらい」を集計しているが、一九八七年度からはより詳細な調査を実施した。一九八七年度の公立学校における「学校ぎらい」の態様は、小・中学生ともに「怠学すなわちいわゆるずる休みによる拒否とみられる型」が最も多く（小学生三九％、中学生五三％）、次いで「不安を中心にした情緒的な混乱によって登校しない、神経症的な拒否の型」が多くなっている（小学生三五％、中学生二三％）。

り、ランダム・サンプリングではないなどの統計としての限界はあるが、学校教員の認識とは異なる実態の提示として意義のある調査であった[3]。

後述するように、学校に行かない原因として子どもの「自発性の発達の遅滞」が指摘されることもあったが、学校に行かない子どもたちが前面に出て「登校拒否アンケート」の結果を公表したことは、学校に行かない子どもに関する認識の変容に影響を与えたと考えられる。

（2）法務省による「不登校児人権実態調査」

法務省人権擁護局による不登校児人権実態調査は、一九八八年十一月一五日～同年十二月三一日に実施された。法務省が「登校拒否」ではなく「不登校」という用語を用いた理由は「学校に行くことを『拒否』しているわけではなく、『行きたいのに行けない』あるいは、『行かなければならないと思っているのにい《ママ》けない』という児童生徒もいることから、本調査では、『不登校児』と呼ぶことにした」（法務省人権擁護局内人権実務研究会編 1989, p. 2）と説明されている。行政資料で「不登校」が用いられたのは、これが初めてである。

不登校児人権実態調査は、学校に行かない子どもの増加、自殺、民間施設での体罰死[4]、いじめ、教師による行き過ぎた指導などが問題となっていたことから、「不登校児が学校に行けなくなった原因や不登校児の置かれている状況、不登校児の意識及びその人権の実態（子供の人間としての尊厳がどのように扱われているかの観点からみた実態）を明らかにし、この問題の解決をはかるための資料を得ること」を目的とした（法務省人権擁護局内人権実務研究会編 1989, pp. 1-3）。

不登校児人権実態調査は、「不登校児の関係施設についての調査」と「不登校児に対する調査」の二つから成り立っている[5]。「不登校児に対する調査」の調査票は小児科医の平井信義（当時、大妻女子大学教授）が作成した。

一九八九年八月に『不登校児の実態について』（平井 1989a）と『不登校児人権実態把握のためのアンケート調査結果報告』（法務省人権擁護局編 1989）が、それぞれ独立した報告書として法務省人権擁護局から出された。[(6)] 二つの報告書は合本され『不登校児の実態について——不登校児人権実態調査結果報告』（法務省人権擁護局内人権実務研究会編 1989）として一九八九年十一月に市販された。

（3）奥地（1991, p. 247）によれば、「登校拒否アンケート」の結果を冊子として製本すると、数ヶ月で約千五百部の注文があった。その後、『学校に行かない僕から学校に行かない君へ』（東京シューレの子どもたち編 1991）に「登校拒否アンケート」の結果と子どもたちによる分析が収録された。本書は子どもたちの文集であり、学校外で生きる子どもたちの声が公刊されたことも重要であった。

（4）法務省人権擁護局内人権実務研究会編（1989）は明示していないが、民間施設での体罰死は、戸塚ヨットスクールや不動塾での事件を指していると考えられる。一九八三年六月に戸塚ヨットスクール校長の戸塚宏とコーチら、一九八七年六月に不動塾塾長の香川倫三が逮捕された（本書第三章参照）。

（5）「不登校児の関係施設についての調査」は、「不登校児が通園等をしている施設について、その数とそこに通園等している不登校児数を調査した（中学生相当年齢を超える者からの回答もあったが集計から除外しなかった。）」（法務省人権擁護局内人権実務研究会編 1989, p. 3）。把握できた施設数は、二〇五施設、三〇一九人である。

「不登校児に対する調査」は、「不登校児の関係施設についての調査」によって把握できた「不登校児のうち協力が見込まれた児童生徒」（小学校高学年～中学生相当が中心）にアンケート調査を実施した（法務省人権擁護局内人権実務研究会編 1989, p. 3）。回答を得られたのは九六施設、五〇九人である。

調査対象が不明確ではあるが、「不登校児が通園等をしている施設」を対象とした初の全国調査である点に意義がある。「不登校児が通園等をしている施設」は、「民間私塾」「養護施設等」などである。内訳の詳細は、法務省人権擁護局内人権実務研究会編（1989, p. 4）を参照。

（6）『朝日新聞』（一九八九年九月一一日朝刊二面）は、調査結果の概要を報じている。

市販本に収録された二つの報告書は、学校に行かない子どもに対する見解が異なる。平井が学校に行かない子どもの「自発性の発達の遅滞」に問題を見出しているのに対し、人権実務研究会は中立的な見解を保っている。平井が調査票の質問項目を作成し、調査結果の分析も書いているが、市販本ではこれらは「参考」とされ、人権実務研究会による記述が主たる内容となっている。市販本における平井のこのような位置づけについて、土方(2017)は両者の認識が懸隔《けんかく》していたためであると推測しているが、これは妥当な解釈である。

平井の設問や分析を詳細に検討すると、恣意的なものが少なからず見られる。例えば「あなたの育ちについて」の質問は、「父親の厳しさ」「母親のやかましさ」について回答を求めている。(7) 当時の平井のジェンダー規範を反映しているのであろうが、ステレオタイプな家族観を前提にすることは調査として適切ではない。

回答結果の分析も恣意的である。平井は、「父親の厳しさ」は、「ふつう」四七%、「厳しくなかった」一九%、両者の合計が六六%、「母親のやかましさ」は、「ふつう」四一%、「あまりやかましくなかった」一八%、両者の合計が五九%であることから、「父親の『厳しさ』や母親の『やかましさ』を感じていない子どもが多く、……『慢性型』の登校拒否児が多いことが推定される」(平井 1989b, p. 80)と分析している。(8)

父親、母親ともに「ふつう」が最多回答であり、約半数であるにもかかわらず、子どもが「父親の『厳しさ』や母親の『やかましさ』を感じていない」として、「『慢性型』の登校拒否児が多い」と推定している。この分析には、「ふつう」以上に、父親は厳しく、母親はやかましくなければならないという価値観が前提されてしまっていると指摘できる。(9)

平井と人権実務研究会の認識に差異が見られる一例として、学校に行かない子どもの「わからない」という回答に対する評価の違いがある。人権実務研究会は「不登校児の意識」について以下のように述べている。「学校については『何とかして学校へ行きたい』と思っている者よりも『わからない』や『やめたい』者が多く、今の生活についても『しばらくこのままでいたい』や『わからない』と回答する者が多かった。『いま、本当にしたいこと』、『将来、どのような仕事につきたいか』についても『わからない』という回答が多く、これらからは、不登校児が現在の生活や将来の希望について自信を失いどうしてよいかも分からず、悩み、苦しんでいることが推察される」（法務省人権擁護局内人権実務研究会編 1989, p. 43）。

一方、平井は「わからない」を選択した子どもが多いことは「自発性の発達の遅滞」によるものとして問題視し、「自発性の発達している子どもには、自己課題の発見と選択が可能であり、「わからない」という答えは生じない」（平井 1989b, p. 69）としている。(10)

(7) 回答の選択肢は、「父親の厳しさ」については「非常に厳しかった／厳しいほう／ふつう／厳しくなかった／その他」、「母親のやかましさ」については「非常にやかましかった／やかましいほうだった／ふつう／あまりやかましくなかった／その他」である。

(8) 回答の割合は小数点以下を切り捨て。「慢性型」について平井は以下のように述べている。「『慢性型』とは幼稚園や小学校のころから登園・登校を拒否する状態が認められ、ついに登校拒否になった例であり、それは過保護や溺愛の養育態度が関係して自発性の発達遅滞がある」（平井 1989b, p. 63）。つまり平井の認識では、「慢性型」であるということは、「過保護や溺愛の養育態度が関係して自発性の発達遅滞がある」ということである。

(9) そのほかにも恣意的な設問と分析が散見される。「あなたの性格について」の質問では選択肢が「おとなしいほうだった／素直なほうだった／几帳面だった／友達とけんかしないほうだった／まじめだった／その他」（複数選択可）となっているが、これも学校に行かない子どもについての平井のイメージの投影であり、バランスの取れた選択肢とは言い難い。平井は回答結果について、「おとなしいほうだった」四六％、「素直なほうだった」一三％、「友達とけんかしないほうだった」二四％、以上の合計が八三％となることから、「調査の対象となった登校拒否児の自発性の発達が遅滞していることを推定することができる」（平井 1989b, p. 80）としている。

不登校児人権実態調査は、子どもの自由回答を多数掲載している点においても歴史的価値のある資料である[11]。回答は多様であり、「学校に行けなくなったのは、親のせいでもなく、先生や友達のせいでもなく、全部、自分がいけないと思う」「早く自分の教室にもどれるようにがんばりたいと思います」「ここのしせつはなかなかきびしい」といった記述がある一方、「もっと楽しい学校がほしい」「もうちょっと先生に生徒を見る目がほしかった」のほか「無理な期待をしないでほしい」「学校に行けなくなってもそれはそれでいいと思う。学校へ行かなくても人生終わったわけじゃないし、それをバックアップしてくれる人もいるのだから」といった記述もある。学校に行かない子どもを病気と見ることについては、「登校拒否を病気だといわないでほしい」「精神科に入院するなら、進級させてやると校長が言った。腹が立った。病気じゃない」などの記述がある。

注目されるのは、実態調査に対する批判が原文のまま多数掲載されていることである。「こんなことされたくありません」という記述には「『こんなこと』とは、このアンケートのことであろう」という注釈が付けられている（法務省人権擁護局内人権実務研究会編 1989, p. 57）。ほかにも「このような調査を考えた人は、本当の苦労とかをしたことがないのではないかと思う。……私をばかにしている所があったような気がして、すごく、くやしい」「アンケートのないよう、もくてきがあるなら、こたえる人にわかるように、かいてもらいたい」「こういうへんなちょうさはやめてほしい」など子どもに対する眼差しを問題視する記述が多く見られる。

なお東京シューレに対しても不登校児人権実態調査の協力依頼があったが、調査票に書かれていた調査目的についての記述（「この調査は、あなたが学校に行かなければならない――と思いながらも、学校に行けないで悩んでいる原因を探り、どうしたら学校に行けるようになるかをみんなで考えるものです」）を子どもたちが問題視し、協力を断っている[12]。

平井の設問や分析には恣意的な面があったが、平井の分析が市販本で「参考」とされたことは、行政においても学校に行かない子どもに関する認識が変容し始めていたことを示唆している。従来とは異なる認識を示すために「登校拒否」ではなく「不登校」という語を行政で初めて用い、子どもの自由回答を多数掲載した不登校児人権実態調査は、学校に行かない子どもに関する認識と対応の変容過程において画期となる重要な公的調査であったと評価できる。

（3）森田洋司たちによる「生徒調査」

森田洋司（社会学者）たちによる「生徒調査」は、科研費研究「児童・生徒の問題行動とプライバタイゼーションの進行に関する総合的研究」（一九八八〜一九八九年度、一般研究A、研究課題番号63410003）の一環として実施された[13]。この科研費研究では三つの質問紙調査、すなわち「市民意識調査」（大阪市民）、「生徒調査」（政令指定都市十一市および東京都区部の中学二年生）、「教師調査」（上記生徒の担任）が実施された[14]。

(10) なお法務省は「不登校」の語を用い、平井の分析もタイトルは「不登校」を用いているが、平井は本文では一貫して「登校拒否」を用いている。法務省が「不登校」を用いることで従来とは異なる認識を示そうとしていたのに対し、平井が「登校拒否」を用い続けていたことは象徴的である。

(11) 法務省人権擁護局内人権実務研究会編（1989, pp. 52-60）に七一の自由回答が掲載されており、二〇歳三名、二一歳一名のほかは一〇代である。以下では一五歳前後の男女一三名の記述を引用する。

(12) 奥地（1991, pp. 247-249）を参照。奥地は、不登校児人権実態調査における平井の分析に言及し、以下のように述べている。「日本の一般的にいう専門とか学問とかの知の体系を、私は根底から疑っています。自立性の欠如、発達遅滞ときめつけることで、もっと自立性の発達をおくれさせるその加害性は、なぜ問われないのでしょうか」（奥地 1991, p. 249）。

(13) 研究代表者は森田洋司、研究分担者は磯部卓三、片桐雅隆、本村汎、清水新二、山縣文治、研究分担協力者は松浦善満ほか八名である。

これらの調査は『「不登校」現象の社会学』（森田 1991）としてまとめられているため、この単著を参照することが通例であるが、本研究では森田たちの調査が、学校不適応対策調査研究協力者会議（一九八九年発足）に与えた影響を重視するため、一九八九年に刊行された科研費研究成果報告書である『「不登校」問題に関する社会学的研究』に着目する。この報告書の「はじめに」で、森田は「私事化（privatization）」の進行を指摘し、以下のように学校に行かない子どもに関する問題意識を述べている。

「登校拒否」の引き金となる要因の多くが学校にある場合でも、いまだに子ども本人や家庭に問題があるからだと考える風潮も残っています。……そこで、本研究では、まず、子どもたちが今の学校教育やそこで繰り広げられる日常生活とその人間関係にたいしてどのような意味を見出し、どのようなスタンスをとりつつ毎日を過ごしているのかについて、子どもたちの目の高さにおりて調査し、「登校拒否」が、これらの子供《ママ》たちの学校生活への関わり方や対人関係とどのように関係しているのかを明らかにしたいと考えております。……これまでに多くの研究が蓄積されてきましたが、研究の対象が病院や相談機関に来訪した子どもたちや五十日以上の登校拒否児童・生徒が中心であり、……「登校拒否」が病気であるという説も、その研究の範囲を限定すれば一部の登校拒否現象には妥当する見解ではありますが、その学説が巷間《こうかん》に流布《るふ》して一人歩きをし「登校拒否」現象全体に妥当するかのように解釈され、「登校拒否」児童・生徒を抱える家族にいらざる不安感を掻《か》き立てることにもなります。（森田 1989a, 頁番号なし）

森田は、従来の研究対象が「病院や相談機関に来訪した子どもたちや五十日以上の登校拒否児童・生徒が中心」であったため、特定の生徒ではなく学級の生徒全員および担任を調査対象とすることで、現象全体を把握しようとした。ここでは「登校拒否」という語が用いられているが、研究成果報告書のタイトルは『「不登校」問題に関する社会学的研究』であり、後に単著『「不登校」現象の社会学』として刊行されるように、「不登校」も用いられている。法務省が「不登校」という語を採用することで従来の「登校拒否」に関する認識との差異を示したように、森田も意図して「不登校」を採用していた。

森田は、「登校拒否」を以前から研究対象にされてきた狭義の欠席とし、（『「不登校」現象の社会学』で示される social bond theory を敷衍《ふえん》するならば）「不登校」を生徒と学校の結びつき（social bond）の緩みにより生じる広義の離脱傾向として規定した。森田は研究成果報告書で「不登校」を以下のように定義している。「不登校とは、欠席ならびに遅刻・早退などの行為に対して、生徒ないしはこれを取り巻く人々が、彼らの解釈枠組に基づいて、妥当でないと構成する動機に根拠をもつ現象である」（森田 1989b, p. 9）。そして、「調査の段階ではこれを操作的に再規定し、経験的に確認可能な定義に移し変える必要がある」（森田 1989b, p. 10）ことから、「『不登校』現象

（14）本研究に関わる「生徒調査」および「教師調査」の標本抽出方法は下記のように述べられている（「市民意識調査」は割愛する）。

「生徒調査」では、「生徒個人の意識や行動の分析とともに、学級集団構造の分析をも意図している。そのため、調査対象の抽出最終単位を個人ではなく、学級に設定し、『生徒調査』は抽出された学級生徒全員を対象とし、『教師調査』は抽出された学級担任を対象とした」（森田 1989b, p. 7）。「抽出方法は、調査対象都市の公立中学二年生の単式普通学級の学級数に比例して無作為抽出する『確率比例抽出法』によって、五八地点、一地点三学級を抽出し、一七四学級を得た」（森田 1989b, p. 8）。

調査方法等は下記の通りである（森田 1989b, p. 8）。「生徒調査」は、一九八九年三月一〇日〜同月二四日に、質問紙による集団調査法で実施され、有効回収率は八七％である。「教師調査」は、一九八九年三月一〇日〜四月七日に、質問紙法で実施され、有効回収率は八五％である。

すそ野は広い 登校拒否

大阪市大・社会学研究室の調査

学校に行きたくない、行きたいけれど行けないという登校拒否・不登校の子どもたち。文部省の統計では小、中学生計四万二千人、児童生徒の一%未満だといわれてきた。この数字は一年間に五十日以上休んだ子が対象だが、大阪市立大学文学部社会学研究室（森田洋司教授）が全国の大都市部の中学二年生を調査した結果、「学校がいやになって一日以上休んだことがある」生徒は一七%にのぼることがわかった。登校拒否は、一部の子どもたちの問題というより、もっとすそ野が広がっていることをうかがわせた。

長欠しないが「学校イヤ」多数

文部省の統計と実態にズレ

この調査は、同研究室の「児童・生徒の問題行動とプライバタイゼーション（私事化）の進行に関する総合的研究」の一環。現代日本の人間関係や集団・組織へのかかわり方が希薄になり、個人の利害を優先する傾向があるなかでの、登校拒否の問題を探ろうという研究だ。

文部省調査の中でも登校拒否の比率の高い中学二年生を調査の対象層とし、大阪市教育センターの協力を得て、今年三月、東京都区部と全国十一の政令指定都市の公立校で百七十四の学級を選び、生徒にアンケートし、百五十三学級五千九百三十四人の回答を得た。またほぼ同時期にその学級担任教師にもアンケート、百四十九人の回答があった。

まず、「二年生になってから、学校に行くのがいやになり、休んだことがある」という生徒が、出席簿と突き合わせができた五千百九十三人中、八百八十六人、一七・一%いた。

ところが担任が現実に「不登校」と報告した生徒は、うち二百人。従来の教師・学校からの報告をもとにした調査・統計が実態を反映しているかどうか、疑問をなげかける結果だった。

また、休まなかったが遅刻・早退したという子がほかに八%、さらに、休まなかったが、「学校に行くのがいやになった」生徒は四二%も占めた。

登校拒否の原因は、なまけなど問題行動、非行に通じる側面と、心の病気が体に現れる心身症や神経症の側面から論じられることが多かった。しかし調査では、登校しなかったことがある生徒の四一・四%は問題行動、神経症の傾向ともに問題なかった。

また、小学一年から中学まで通して、一日でも登校しなかった経験のある生徒は、二三・九%で、ピークは中学一年だった。一度いずれかの学年で登校しなかったが、以後はずっと登校している生徒が三九・九%だった。また、小学校で登校しなかったことがある生徒のうち四九・二%は、中学になってずっと登校していた。生徒は「ねむい・からだがだるい」「友だちとうまくいかない」「勉強がしたくない」など登校拒否の理由をいろいろとあげている。

学校生活についての質問に対しては、「学校行事は窮屈」「教師に反発を感じる」「校則を守るのがいや」「授業を抜け出したい」など、いつも登校している生徒も、その四割から六割が学校からの離脱を考えていた。登校しなかったことがある生徒は、当然ながらこうした意識をもつ生徒がより多かった。

調査では百五十三の学級を一つの単位としても分析した。学級という一つの集団の雰囲気が、登校拒否と関連しているのではないかという観点からだ。すると「先生に反発を感じる」「授業で引き付けられる先生がいない」など、先生に対する反発と登校拒否の意識とが強く関連していた。

調査に表れた中学生の登校拒否状況

生徒の回答	886人＝全体の17.1%	
教師の報告	200人＝3.9%	
	（欠席1～49日）154人＝3.0%	（欠席50日以上）46人＝0.9%
文部省全国調査		全国36,100人＝0.6%

「学校ぎらい」が理由の50日以上の欠席児童・生徒

（文部省統計による）

森田洋司教授の話

これまでの研究やケース報告は、欠席五十日以上や医療相談機関にいった例を対象にしている。そうした研究は、その範囲では有効な場合もあるが、かえって間違った対処につながる恐れもある。登校拒否の全体像をとらえるのが、今回の目的だ。

少数の異常な行動ではない

遅刻・早退まで含めた登校拒否は、二五%、学校に行くのがいやになったという生徒は、休まなかった生徒も加えると、七〇%にのぼった。しかし、数字の大きさに目を奪われないでほしい。少数の極めて異常な行動ではないということだし、いろいろな現れかたがあった。

登校しなかった経験のパターンを見ても、一度やると再発するとか、早期措置しなければ手遅れになるという対応が、一面的だということがわかる。

子どもたちの多くが、学校生活に疲れていた。でも学校生活を大事にしたいとも思っていた。その中からこうした行動が出てくるわけで、いま出席のグループに入っていても、数日後には登校しないグループになっているかもしれない。今回の研究はそういうように見てほしい。

家庭の問題は今回扱っていないが、学校が悪い、家庭が悪いのどちらかではない。実は、子供にとって、家庭と学校があまりにも対照的であることが問題ではないか。学校は服装や生活全般を規制する。家庭は逆で、昔の基準でいえば放任に近い。この対立構造があって、統合されていないことが、子どもたちの心理的緊張を生んでいると見るべきだ。

資料7—1　『朝日新聞』1989年9月21日朝刊17面

をまず『学校に行くことが嫌になったことがある』という学校への忌避感情ないしは回避傾向によって『不登校』への傾向性を析出し、次いで、これらの不登校への傾向性をもつ生徒の中で、こうした傾向性に基づいて具体的に『欠席ないしは遅刻・早退』行動を示した生徒を抽出し、これを『不登校』生徒と規定することにした」（森田 1989b, pp. 10–11）。

研究成果報告書の概要は刊行日（一九八九年九月一七日）の四日後に『朝日新聞』（資料7―1）で以下のように報じられている。

文部省の統計では小、中学生計四万二千人、児童生徒の一％未満だといわれてきた。この数字は一年間に五十日以上休んだ子が対象だが、……まず、「二年生になってから、学校に行くのがいやになり、休んだことがある」という生徒が、出席簿と突き合わせができた五千百九十三中、八百八十六人、一七・一％いた。ところが、担任が現実に「不登校」と報告した生徒は、うち二百人。従来の教師・学校からの報告をもとにした調査・統計が実態を反映しているかどうか疑問をなげかける結果だった。（『朝日新聞』一九八九年九月二一日朝刊一七面）

同記事はさらに、休まなかったが遅刻・早退した生徒が八％、休まなかったが学校に行くのがいやになった生徒が四二％存在したこと、学校生活についての質問に対しては、「学校は窮屈」「教師に反発を感じる」「校則を守るのがいや」「授業を抜け出したい」など、いつも登校している生徒も、その四割から六割が学校からの離脱を考えていたことを報じた。文部省調査では可視化されなかった学校からの離脱傾向を明らかにした森田たちの調査結果は、研究成果報告書の刊行直後に新聞に報道され、広く知られることになった。

2　学校不適応対策調査研究協力者会議

(1) 文部省の方針転換

文部省は、学校不適応対策調査研究協力者会議（以下「協力者会議」）を一九八九年七月に発足させた。発足の背景は明確にされていないが[15]、一九八九年度の『教育白書』で「登校拒否児童生徒が年々増加傾向にあり、これへの対応が現在、喫緊の課題となっている[16]」と述べられているように、文部省は増加する学校に行かない子どもへの対応が必要であることを認識していた。一九八七年度から文部省は、以前よりも詳細に学校に行かない子どもを調査しており（文部省初等中等教育局中学校課 1989）、その調査結果を『文部時報』一九八九年三月号に掲載している。同号には協力者会議の主査となる坂本昇一[17]の巻頭論文「学校不適応の本質と指導のあり方」（坂本 1989）、協力者会議のメンバーとなる牧野禎夫（中学校長）や服部祥子（精神科医）が参加した座談会「登校拒否を考える」（牧野ほか 1989）も掲載されている。協力者会議には二四名が参加しており、その内訳は、稲村博などの研究者一〇名、公務員一三名、そして『読売新聞』論説委員の永井順國《よりくに》である[18]。

協力者会議は一九九二年三月、報告書として『登校拒否（不登校）問題について』を公表した[19]。冒頭では「求められる登校拒否問題への認識の転換」として以下のように述べている。「登校拒否問題については、これまでは、一般的に、登校拒否となった児童生徒本人の性格傾向などに何らかの問題があるために登校拒否になるケースが多いと考えられがちであった。しかし、登校拒否となった児童生徒をみてみると必ずしも本人自身の属性的要因が決め手となっているとは言えないケースも数多く報告されている」（学校不適応対策調査研究協力者会議 1992, p. 1）。そして、「登校拒否問題への対応の基本的視点」として「登校拒否はどの子どもにも起こりうるものである、という視点に立って登校拒否をとらえていくことが必要である」（学校不適応対策調査研究協力者会議 1992, p. 14）と述べている。[20]

文部省が一九八三年に刊行した『生徒の健全育成をめぐる諸問題――登校拒否問題を中心に』では「生徒本人

(15) 筆者は情報公開制度によって「学校不適応対策調査研究協力者会議の議事録および同会議発足の経緯や審議過程等が分かる関連文書」の開示を請求（二〇一八年十月二三日受付）したが、「請求文書を保有していないため不開示」との返答があった（「行政文書不開示決定通知書」二〇一八年十一月一日付、三〇受文科初第一七〇八号）。

(16) 文部科学省ウェブサイトを参照。http://www.mext.go.jp/b_menu/hakusho/html/hpad/hpad198901_2_028.html

(17) 当時、千葉大学教授。主査の坂本昇一と副主査の梶原康史（当時、武庫川女子大学教授）は、ともに中等教育での教員経験があり、生徒指導に関する著作が多数ある。

(18) 学校不適応対策調査研究協力者会議（1992）を参照。公務員一三名の職名は、小学校・中学校・高等学校校長、教育委員会委員・教育長・課長、児童福祉専門職員、家庭裁判所調査官である。人事異動が理由と思われるが、二名は一九九〇年三月末、一名は一九九一年三月末で退任している。

(19) 「登校拒否（不登校）」という用語の採用について協力者会議は、「近年、広く学校へ行けないあるいは行かない状態をさすものとして『不登校』という用語が用いられることがある」（学校不適応対策調査研究協力者会議 1992, p. 3）と法務省などの考え方に言及した上で、「『登校拒否』にも『不登校』にもそれぞれ表現には一長一短があるわけであるが、実際にはどちらの言葉が用いられる場合も、その意味する状態はほぼ同じである。……現在のところ、少なくとも教育関係者の間では『登校拒否』が用いられるのが一般的であり、今この用語を変えることは、その問題状況についての定着しつつある認識に対して混乱を生ぜしめる恐れがある。このため、本協力者会議においては、『不登校』の用語も用いられつつある状況とその意義を考慮しつつも、現状ではなお、『登校拒否』という用語を踏襲することが妥当であると考え、当面は『登校拒否（不登校）』と呼ぶこととするが、以下においては、これを単に『登校拒否』と表現する」（学校不適応対策調査研究協力者会議 1992, pp. 3-4）と述べている。限定的な使用ながら、教育行政文書において「不登校」が用いられたのは、これが初めてである。

に登校拒否の下地とも言える登校拒否を起こしやすい性格傾向ができており、それが何らかのきっかけによって登校拒否の状態を招く」(文部省編 1983, p. 22) と述べられていた[21]。学校に行かない原因は当事者にあると考えられていたなかで、文部省が「登校拒否問題への認識の転換」を唱えたことは、重要な変化であった。この背景には、学校に行かない子どもの増加をはじめ、前述した三つの実態調査、奥地たちの活動があったと考えられる。

協力者会議は、奥地圭子と山下英三郎(スクールソーシャルワーカー)のヒアリングを実施しており、永井順國は奥地たちの活動が説得力を持ったと述べている(奥地 2005b, p. 167)。『読売新聞』で教育分野を担当していた永井は、「フリースクール研究会」と「学校外で学ぶ子の支援塾全国ネット」の会員であり、奥地と永井は「わかる子をふやす会」で面識があった[22]。永井のみが影響を与えたわけではないかもしれないが、学校に行かない子どもやフリースクールに詳しい永井が協力者会議に参加していたことは重要である。

協力者会議は「関係機関等との連携」として、「適応指導教室、教育センター、児童相談所などの公的な機関があるが、公的な指導の機会が得られない、あるいはそれらに通うことも困難な場合で本人や保護者の希望もあり適切と判断されるときは、民間の相談・指導施設も考慮されてよい」(学校不適応対策調査研究協力者会議 1992, p. 46) との考えを示し、限定的ながら「民間の相談・指導施設」が学校に行かない子どもに関する教育行政において初めて位置づけられた。

(2) 事後対応から未然防止へ

文部省の方針転換が報道されると、母親たちから奥地に以下のような電話があった。「やっと、こういうふうに言い出してくれましたね。新聞を何回も読みなおしました」「登校拒否になるのは母親が悪いんですよ、とだれからも言われました。でも、普通に育った子ですよ。いい子ですよ。涙が出ました。うれしいです」(奥地

2005a, p. 114)。奥地もまた、不適切な子育てが学校に行かない原因であると医師に指摘された母親の一人であった。「登校拒否はどの子どもにも起こりうる」という声明は、多くの当事者が苦しめられてきた歴史において重要な一里塚であった。

しかし、文部省の方針転換は、奥地たちの認識を採用するということではなかった。協力者会議には、稲村も参加していた。文部省の方針転換は、稲村にとって整合性があったのだろうか。報告書は子どもの発達について以下のように述べている。

近年、乳幼児からの発達段階に応じた生活体験の不足、子どもの遊びの質の変化、都市化の拡大による地域の教育力の低下、高学歴を志向する社会的な風潮に伴う受験競争の激化や、それに伴う教育の知育偏重など、

(20) 報告書では、「児童生徒がある程度共通して潜在的にもちうる『学校に行きたくない』という意識の一時的な表出として登校拒否となるケースもある」(学校不適応対策調査研究協力者会議 1992, p. 14) とも述べられており、前述の森田洋司たちによる調査報告の影響が推測される。

(21) 『生徒の健全育成をめぐる諸問題――登校拒否問題を中心に』(文部省編 1983) は、「登校拒否」を特集した初の生徒指導資料で、学校に行かない子どもに関する一九八〇年代の文部省の見解が示された代表的文献である。同書の作成には稲村博ら五名の研究者と野崎好雄(小学校長)ら一三名の教育関係者が協力している(文部省編 1983, p. 3)。稲村と野崎は、学校不適応対策調査研究協力者会議にも参加している。

(22) 「不登校五〇年証言プロジェクト」による永井へのインタビューを参照(全国不登校新聞社編 2018)。また、フリースクール研究会の会員名簿に永井が掲載されていることを確認した(フリースクール研究会発行の『フリースクール通信』五号、三二頁)。永井はオランダのフリースクール取材記録(永井 1988) を書いているほか、後に文部科学省の「フリースクール等に関する検討会議」(二〇一五年発足) の座長を務めた。

様々な要因が絡み合い、保・幼・小・中・高等学校の段階で、適切に身に付けなければならないと考えられる資質、例えば、耐性、自立感、活動性、自発性、アイデンティティなどを十分に身に付けることができない子どもが増加しているといわれる。

このため、各学校においては、児童生徒が社会においてたくましく生きていくために必要な力を育むという観点に立って、学習指導はもとより教育活動全般を通して、発達段階に応じた資質・能力を獲得することができるよう、より一層指導の充実を図っていくことが必要である。（学校不適応対策調査研究協力者会議 1992, p. 19）

つまり、社会の変化に伴って、かつては例外的存在だった「適切に身に付けなければならないと考えられる資質」が備わっていない子どもが増加したため、「発達段階に応じた資質・能力を獲得することができるよう、より一層指導の充実を図っていくことが必要」と考えられたのである。

「登校拒否はどの子どもにも起こりうる」という声明は、学校に行かないことを責め続けられてきた当事者にとって福音であったが、異なる立場にとっては、一部の子どもが抱えていたリスクが非例外化したため、学校に行かなくなった子どもの事後対応に加え、未然防止のために潜在的リスクを抱えるすべての児童生徒の「学校不適応対策」を強化しなければならないという意味でもあった。

稲村の『思春期挫折症候群――現代の国民病』を精読すると、「発症要因」として本人の性格、家庭環境が挙げられているが、「条件さえそろえば誰でもがかかり得る」（稲村 1983, p. 3）とも述べられている。稲村にとって「登校拒否はどの子どもにも起こりうる」という声明は、学校に行かない子どもは「現代の国民病」であるという自らの見解を追認するものと解釈することもできたのである。

（3）学校不適応対策の限界

協力者会議は、「今後の登校拒否問題への対応」として、さまざまな対策強化を挙げているが（学校不適応対策調査研究協力者会議 1992, pp. 14-48）、それらは今日においても謳われているものが少なくない。後にキャリア教育と呼ばれる「主体的な進路選択能力の育成を目指す進路指導の充実」、「個別学習、グループ学習、ティームティーチング等を取り入れたり、コンピュータ等の教育機器を活用したりするなど、個に応じた指導方法を工夫し、学習内容の理解の定着を図っていくことが大切」といった記述が見られる。

協力者会議の報告書の副題が「児童生徒の『心の居場所』づくりを目指して」となっているように、学校を「心の居場所」とすることが重視されている。[23]「児童生徒をありのままに受け入れ、共感的な理解を持って、児童生徒自身が自主性、主体性を持って生きていくことができるよう、きめ細かな指導・援助を行っていくことが求められる」（学校不適応対策調査研究協力者会議 1992, p. 18）とされているが、「心の居場所」という理想は必ずしも具体的な像を結ばず、教員の多忙化が進むなかで、「共感的な理解」や「きめ細かな指導・援助」は、後にスクールカウンセラーあるいはスクールソーシャルワーカーに外注化されていった面もあるだろう。[24]

協力者会議は、「登校拒否の要因の所在を明らかにしてそれを問題とするのではなく、……それぞれの立場から登校拒否の問題にいかに取り組めばよいかを明らかにするということを基本的な視点とした」（学校不適応対策

（23） 報告書は、「教師と児童生徒が人間愛で結ばれ、学校が児童生徒にとって自己の存在感を実感でき精神的に安心していることのできる場所―『心の居場所』―としての役割を果たすことによって、学校は社会の中で一層の信頼を勝ち取ることができるのである」（学校不適応対策調査研究協力者会議 1992, p. 18）としている。

調査研究協力者会議 1992, p. 2)。「登校拒否の要因の所在」は明らかにされなかったため、学校不適応への対策が羅列され、不適応が生じる学校という場についての検討は十分ではなかったと言えよう[25]。

『文部時報』一九八九年三月号の巻頭論文として掲載された坂本昇一(同年七月に協力者会議の主査に就任)の「学校不適応の本質と指導のあり方」は、「学校不適応」に対する考え方を以下のように如実に示している。「教育とは子どもにある種の抵抗を与えることともいえる。たとえば、三段の跳び箱がとべる子どもには四段の跳び箱(これが抵抗の意味)を与えて、それをとぶべく自ら努力するよう指導することである。……三段の跳び箱をとべる児童に対し、次に、六段、七段のものをとばせようとする場合であれば、それは四段か五段の跳び箱に変えられなければならない」(坂本 1989, p. 6)。つまり、かつては段数の上昇によって落伍する者は稀であったが、無視できない数になったため、段数を適切に調整し、落伍の未然防止、早期発見、即時対応を実施し、重篤な者には専門機関との連携によって対応する、ということである。坂本が主査を務めた協力者会議では、さまざまな学校不適応対策が検討されたが、教育として子どもに与えられる「抵抗」の内実、あるいは教育とは「抵抗」を与えることであるという思考そのものが検討されることはなかった。

おわりに

本章では、学校に行かない子どもについての三つの実態調査と学校不適応対策調査研究協力者会議に着目して、学校に行かない子どもに関する行政の認識と対応の変容を考察した。学校に行かない子どもは以前から文部省によって調査されていたが、一九八九年に結果が公表された三つの実態調査は、文部省とは異なる認識を提示した。学校教員は学校に行かない子どもに最も多い類型は「怠学」と捉えていたが、東京シューレの子どもたちはそれとは異なる認識を主体的な調査活動を通して提示した。

法務省の調査では、調査票作成と結果分析を担当した平井の認識が一九八〇年代末において不適切なものと判断され、市販本では「参考」と位置づけられた。法務省は、従来とは異なる認識を示すために「不登校」という語を行政で初めて用い、学校に行かない子どもの声を聴き取った。

森田たちの調査では、狭義の「登校拒否」ではなく、広義の学校からの離脱傾向としての「不登校」を調査対象とすることで、先行研究や文部省調査では可視化されなかった「不登校」を提示した。

一九八九年に発足した学校不適応対策調査研究協力者会議は、学校に行かない子どもに関する新たな認識が広

(24) 報告書には、「教員に対して高度に専門的立場から指導・助言を与える『アドバイザー』を教育委員会に配置し、学校の対応を支援する」(学校不適応対策調査研究協力者会議 1992, p. 34)という記述があるように、スーパービジョンの導入が提唱されている。「専門的な教育相談の知識・技術・経験を有する教員などのいわばスペシャリストが育成・配置され、専門的な立場からの指導が展開されるとともに、これらの指導と通常の教師の指導が相互に連携を保ち、学校全体として有機的・一体的な取組が行われるよう、指導体制の整備・充実を図ることが望まれる」(学校不適応対策調査研究協力者会議 1992, p. 33)とも述べられており、「チーム学校」に通じる概念が提示されている。ただし、「チーム学校」は教員のなかから教育相談のスペシャリストを育成するのではなく、カウンセラーとして外部人材を雇用するという相違点がある。また、養護教諭との連携、開かれた学校づくり、早期発見・即時対応などが提唱されているほか、以前から実施されていた自然体験活動や集団宿泊活動の推進も謳われている。

(25) 一方で、家庭については報告書の最終頁で以下のように述べられている。「親の養育態度が、過保護、過干渉であったり、子どもの『しつけ』が不十分であったりしたことが、耐性、自立性、主体性の未発達などを招き、登校拒否の要因となっているケースがみられる。……家庭は、すべての子どもにとって、いつ、いかなる時でも、どのような場合でも『心の居場所』である。家庭が愛情をもって子どもの心をしっかりと受け止め、支えていくことが何より大切であり、そうした家庭の役割が十分発揮できるような取組みが求められている」(学校不適応対策調査研究協力者会議 1992, p. 48)。

がりを見せるなかで議論を進め、奥地圭子と山下英三郎のヒアリングを実施した。一九九二年に公表された協力者会議の報告書では、学校外の学びの場が教育行政において限定的に位置づけられることになったが、この点については、学校に行かない子どもや学校外の学びの場に詳しい『読売新聞』の永井順國が協力者会議のメンバーであったことが重要であった。

また同報告書は、「登校拒否はどの子どもにも起こりうる」として学校に行かない子どもに関する認識を転換したが、それは事後対応から未然防止へと「学校不適応対策」が変容していくことを意味していた。さまざまな「学校不適応対策」が報告書で述べられたが、不適応が生じる学校という場および教育についての検討は不十分であった。

奥地たちは学校のあり方を問い続けてきたが、その活動の意義は十分には理解されず、公的機関につながることも困難な特に重篤な児童生徒を例外的に受け入れる学校復帰のための「民間の相談・指導施設」として、学校外の学びの場は教育行政に位置づけられることになった。「学校に行かないで生きる」（渡辺編 1983）という奥地たちの主張と、学校不適応対策を推進しようとする文部省の懸隔は大きかったが、学校に行かない子どもが増加するなか、学校不適応対策調査研究協力者会議は広範な支持を得るための妥結点を見出したのである。

終章

1　本研究の総括

本研究では、学校に行かない子どもの研究が本格的に始まった一九六〇年代から、学校に行かない子どもが社会問題として注目されるなかで教育行政の転換点となる学校不適応対策調査研究協力者会議が発足した一九八〇年代までを主たる対象に、学校に行かない子どもに関する認識と対応の変容過程を考察した。先行研究は、精神医学および臨床心理学における学校に行かない子どもへの対応の変遷（花谷・高橋 2004 など）、学校に行かない子どもに関する教育行政の変遷（加藤 2012 など）といった形で領域別に検討対象を設定した。しかし、これらは相互に関連しているため、領域横断的に捉えなければ精緻に全体像を摑むことはできない。本研究は、領域別になされてきた研究を総合し、新たな知見を加えながら、これまで十分に検討されてこなかった学校に行かない子どもや保護者および彼らを支援した学校外の学びの場の運営者や専門家の活動に着目した。本節では、まず事項別に先行研究に対して本研究が新たに明らかにしたことを確認する。次いで総合考察として、学校不適応対策調査研究協力者会議の報告を基に文部省が方針転換するに至る過程における、多様な人びとによる複雑な相互作用について整理する。

（1）本研究が明らかにしたこと

先行研究に対して本研究が新たに明らかにしたことは、以下の五点にまとめられる。

第一に、学校に行かない子どもの研究と専門的対応の開始の実態である。Spector and Kitsuse（1977 = 1990）に依拠する朝倉（1995）は精神科医などの専門家が学校に行かない子どもを明確に定義し、問題化したと記述する傾向があった。しかし実際には、学校に行かない子どもは、発症のメカニズムや治療方法の分からない曖昧な「病気」であった。専門家たちのあいだで共通理解を得ることは困難であったが、便宜的な診断や強制的な施設収容が行われ、一部の専門家には問題視された。病院等で専門家たちが手探りで対応するなかで、学校に行かない子どもは専門的対応を要する「病気」として認識されるようになっていった。

第二に、学校に行かない子どもに関する新たな認識を生成した国府台病院における実践である。渡辺位が新たな認識を提示したことは関係者には知られているが、これまで明らかにされてこなかった渡辺の学校に行かない子どもに関する認識の変容過程、国府台病院における臨床経験の重要性について本研究は詳述した。また、学校に行かない子どもの保護者と渡辺との集団面接から始まった「希望会」（学校に行かない子どもの保護者の自助グループ）の重要性と同会に参加した母親たちの変容についても考察した。

第三に、奥地圭子の学校に行かない子どもや学校教育に関する認識の変容過程である。奥地は先行研究において、東京シューレの創設者として取り上げられることが多かったが、東京シューレ開設以前は小学校教師であった。本研究では東京シューレ開設以前の「母親教師」としての経験に着目し、当時の奥地の論考の主要な発表媒体であった教育雑誌『ひと』における記述を時系列に沿って精読することにより、学校に行かない子どもや学校教育に関する奥地の認識の変容過程を明らかにした。

第四に、稲村博による学校に行かない子どもの治療をめぐる論争である。学校に行かない子どもに関する認識と対応の転換点の一つとして、稲村による治療をめぐる論争は先行研究においても注目されてきたが、これまで検討されてこなかった稲村が閉鎖病棟での入院治療を推進するに至った経緯、入院治療に対する関係者の葛藤について本研究は詳述した。また、稲村による治療を批判した奥地の主張に対しても懸念が表明されていたことを明らかにした。

第五に、教育問題に対応する学校外の学びの場の成立過程である。フリースクールの草分けである東京シューレは一九八五年に開設されたが、それに先行する学校外における実践として、遠山啓や『ひと』の読者たちによる算数教室づくり、八杉晴実の補習塾における子ども支援が一九七〇年代にあった。これらは学校に代わるものを目指したわけではなかったが、「落ちこぼし」という学校に起因する問題に自主的に学校外で取り組んだ実践であり、フリースクールに先行する学校外の学びの場づくりであったことを本研究は指摘した。関係者以外には知られていない八杉の補習塾については、学校に行かない子どもへの支援事例を検討しながら、その実態と意義を明らかにした。一九八〇年代には大沼安史によって欧米のフリースクールが日本に紹介され、一九八三年にフリースクール研究会が発足した。その後、実際に新たな学びの場をつくる人びとが多く参加したフリースクール研究会は、新しい教育の孵卵器であったことを同会発行の『フリースクール通信』等を参照することにより明らかにした。さらにこれらの延長線上に位置づけられる東京シューレ開設の経緯、奥地をはじめとするフリースクール関係者と松崎運之助をはじめとする夜間中学関係者、ジャーナリストなど、当時の人的交流関係についても明らかにした。

（2）総合考察――文部省の方針転換に至る過程における相互作用

加藤（2012）などの先行研究は、主に教育行政の変遷に着目することにより、学校に行かない子どもに関する認識と対応の変容過程を検討した。これに対し本研究は、学校不適応対策調査研究協力者会議の報告書を基に文部省が方針転換するに至る過程においては、多様な人びとによる複雑な相互作用があったことに着目した。

文部省は従来、「生徒本人に登校拒否の下地とも言える登校拒否を起こしやすい性格傾向ができており、それが何らかのきっかけによって登校拒否の状態を招く」（文部省編 1983, p. 22）としていたが、一九九二年の文部省通知「登校拒否問題への対応について」(1)では「登校拒否はどの子どもにも起こりうる」という認識へと変化した。この変化に至る過程における相互作用は以下の三つにまとめられる。

第一に、当事者たちの活動である。第一章で述べたように、学校に行かない子どもの施設への強制収容は一九六〇年代においても一部の専門家によって問題視されていたが、当事者からの異議申し立てはなされず、社会問題化することはなかった。第六章で述べたように、子どもの問題行動を「一種の病気」とする稲村博の見解は一九八〇年代前半から『朝日新聞』に掲載されていたが、大きな論争となったのは一九八八年であった。これは一九八八年に稲村の見解が『朝日新聞』の一面トップ記事として報道されたことが一因であったが、この報道に抗議する同年の「登校拒否を考える緊急集会」が東京シューレや「登校拒否を考える会」などの十七団体によって共催されたように、異議を申し立てる当事者グループの活動が拡大したことも大きな要因であり、その中核は一九八五年に開設された東京シューレであった。「登校拒否を考える緊急集会」、東京シューレの子どもたちによる「登校拒否アンケート」が大きな反響を呼び、学校不適応対策調査研究協力者会議による奥地圭子のヒアリングが実施されたが、これらは奥地の個人的資質にのみ帰するものではなく、無数の学校に行かない子どもたち、母親をはじめとする保護者たちの表面化していなかった異議申し立てが、渡辺位の影響を受けながら奥地が活動の中心を担うことによって社会に向けて表明されたものであった。その源流には、一九七〇年代に「落ちこぼし」などの教育問題が顕在化するなかで、母親たちがリテラシーを高め、学校や社会に向けて意見表明する力を養う媒体となった参加型の教育雑誌『ひと』や「希望会」（学校に行かない子どもの保護者の自助グループ）の実践があった。また、第二章で述べた「土曜会」のように、学校に行かない子どもや保護者、地域住民が補習塾に集い、学校教育を問い直すという実践もあった。当事者が語り合うなかで、オルタナティブな認識を生成し、社会に向けて発信したことは、学校に行かない子どもに関する認識と対応の変容過程において非常に重要な役割を果たした。

第二に、一九八〇年代におけるオルタナティブな認識の提示である。第七章で述べたように、一九八八年に発表された文部省調査によれば、学校教員は学校に行かない子どもに最も多い類型は怠学であると考えていた。これに反発した東京シューレの子どもたちは学校に行かない子ども自身が回答する「登校拒否アンケート」を実施し、学校教員が回答した文部省調査とは異なる調査結果を一九八九年に発表した。同年に発表された法務省の「不登校児人権実態調査」、森田洋司たちの「生徒調査」も子どもが回答したものであり、文部省調査とは異なる認識を提示したことが注目された。また、第三章で述べたように、一九八〇年代前半からの保坂展人や大沼安史をはじめとするジャーナリストたちの活動によって、子どもの人権やフリースクールが注目されたことも重要で

（1） 一九九二年の文部省通知「登校拒否問題への対応について」は、学校不適応対策調査研究協力者会議の報告内容を各教育委員会等に通知したものである。

あった。子どもの人権への関心の高まりによって、一九八〇年代後半には日本弁護士連合会が子どもの人権擁護に取り組み、法務省は「不登校児人権実態調査」を実施した。大沼によるフリースクールの紹介はオルタナティブ教育への関心を高めると同時に、異なる教育のあり方を模索することによって当時の教育に対する批判的視点を強めることになった。

第三に、学校不適応対策調査研究協力者会議への多様な人びとの関与である。学校関係者や学校復帰を指導する専門家が多く参加しているなか、学校に行かない子どもやフリースクールに詳しい永井順國（当時『読売新聞』論説委員）が同会議の委員を務め、奥地のヒアリングを実施したことは重要であった。学校不適応対策調査研究協力者会議（以下「協力者会議」）は「関係機関等との連携」を提唱し、フリースクールは学校復帰のための「民間の相談・指導施設」としてではあったが、初めて教育行政に位置づけられた。また、稲村が協力者会議に参加していたことも重要である。協力者会議が発足する前月（一九八九年六月）に、渡辺位など児童青年精神医学会の会員五名が同学会に対し、稲村の治療に対する見解を求める要望書を提出するなど、稲村の入院治療は一九八〇年代後半には問題視されていた。協力者会議が「登校拒否はどの子どもにも起こりうる」と表明したことは稲村の主張が棄却されたようにも見えるが、協力者会議は潜在的リスクを抱えるすべての児童生徒の「学校不適応対策」を推進することも謳っており、学校に行かない子どもを「現代の国民病」（稲村 1983）と捉える認識が文部省において依然として採用されたと解釈することもできる。このように協力者会議の報告書には、学校に行かない子どもを異端視せず、フリースクール等との連携を進めるという面を持つ一方で、「学校不適応対策」の強化を基調とする両義性があるが、その要因として同会議への多様な人びとの関与が指摘できる。

学校に行かない子どもに関する行政の認識は、今日においても一貫性を欠く面があるが、その基底には協力者会議の報告書が孕む両義性がある。この両義性は、二〇一六年に制定された教育機会確保法にも影響を与えている。つまり、学校に行かない子どもの人権保障としての教育機会確保であるとともに「学校不適応対策」の強化でもあるという両義性である。この両義性があることを認識した上で、当事者の視点を十分に尊重しながら、改めて学校に行かない子どもをどのように捉えるかを再考し、今後の支援のあり方を考察していくことが求められている。

2　インプリケーション

本研究から得られたインプリケーションを三つ述べる。それらは「既成概念にとらわれない当事者への理解と研究」「支援の適切性に関する対話と第三者評価」「学校外の学びの場における学校に行かない子どもへの支援」である。

(1) 既成概念にとらわれない当事者への理解と研究

学校に行かない子どもに関する認識は、時代や論者によって多様である。学校に行かない子どもと多く接した専門家であっても、どのような場所で、どのような立場で、子どもと出会うか、またどのように子どもに質問して話を聴くかによって異なるであろう。

森田洋司たちの「生徒調査」は、病院や相談機関に来訪した子どもだけでなく、学級全体を大規模に調査対象とすることで、特定の子どもに限定されない広範な学校からの離脱傾向を指摘した。これは病院等に連れて来られる一部の子どもだけを調査対象とすることでは得られない新たな知見であった。特定の子どもを詳細に研究することで得られる知見も重要ではあるが、それは社会的視点から得られる全体像のなかに位置づけられることで、より適切に理解されるものである。

例えば近年、不登校と発達障害の因果関係が自明視されることは珍しくないが、不登校と発達障害の因果関係に関する大規模な学術調査は実施されていない(2)。子どもの発達診療センターなどの医療機関を受診した不登校の子ども数十人程度のなかに発達障害が疑われる者が多かったという報告はなされているが（小野 2012 など）、子どもの発達診療センターを受診した子どもに発達障害が疑われる者が多かったことを根拠として、学校に行かない子ども全体についても発達障害が多いという推論は成立し得ない(3)。学校に行かない子どもに誰が、どこで、どのように接するかによって、学校に行かない子どもに関する認識は大きく異なり得ることが確認されなければならない(4)。

稲村博を批判した渡辺位も、かつては子どもが学校に行かない原因は子ども本人や保護者にあると考えていた。学校に行かない子どもや保護者に原因があるとする学説が有力であったが、渡辺は学校に行かない子どもや保護者との交流を通して新たな認識を生成し、学校や社会の問題に着目していった。

対照的な例の一つとして平井信義を挙げておきたい。平井は有識者として、法務省の「不登校児人権実態調査」の調査票作成と結果分析を担当し、子どもが学校に行かない原因を「自発性の発達の遅滞」と判断した。しかし、平井の分析は、学校に行かない子どもに関する認識が変容しつつあった一九八〇年代末において不適切なものと捉えられ、市販された調査結果報告書では、平井の分析は「参考」として収録された。平井は「自発性の発達の遅滞」という自説にとらわれ、「子どもの個別性」（渡辺 1976）を捉え損ねてしまったと言えよう。

一方、法務省の市販報告書の主たる内容として掲載された人権実務研究会による調査結果分析は、「自発性の発達の遅滞」の観点から子どもを裁断することなく、慎重な記述に徹している。そして、多くの子どもの自由回答をそのまま掲載することによって、子どもの声を聴き取っている(5)。

(2) 小野(2012)などを参照。森田たちが約五六〇〇人の中学生(抽出された学級の全生徒)を質問票の直接の回答者として全国規模で調査を実施したのに対し、不登校と発達障害の因果関係に関する学術調査のなかで最大規模の中野(2009)は福島県内の学校に質問票を郵送し、教員から得られた回答を基に不登校の中学生五〇五人(および小学生一三〇人、高校生一二八人)を分析するに留まっている。管見の限り、その他の不登校と発達障害の因果関係に関する学術調査は概ね数十人規模である。なお中野(2009)の調査結果は、不登校の中学生のうち発達障害の疑いがあると学校が回答したのは七・九%(四一人)であった。

(3) 例えば鈴木ほか(2017)は、子どもの発達診療センターを受診した不登校児童生徒八〇名のうち、五七%が広汎性発達障害や注意欠陥/多動性障害であったとして、不登校児童生徒は発達障害を背景に持つことが多いと結論づけている。保護者または関係者が子どもの発達を心配し、発達診療センターを受診することが多いと推測されるが、仮にそうであれば発達障害が疑われる割合が高くなるのは当然である。

(4) かつて稲村博の研究室に所属し、学校に行かない子どもの閉鎖病棟での治療に従事した山登敬之は、後に森田洋司が主導した『不登校に関する実態調査』(現代教育研究会 2001)に研究員として参加した。この調査は、一九九三年度に不登校だった中学三年生のその後を明らかにすることを目的としており、山登は聴き取り調査を分担した(山登 2014, p. 60)。二十歳になった女性への電話での聴き取り調査について、山登は以下のように述べている。「受話器を置いたとき、私は妙にすがすがしい気持ちであった。……彼女の声と言葉には、たくましさとおおらかさがあった。病院の診察室にいるかぎり、このようなケースにはまず出会えない。聴き取り調査票が戻ってきてから、そのなかの一〇〇例ちかくに目を通してみたが、あらためて、不登校にもいろいろな形があり、その後の経過も人それぞれであることがわかった。そもそも、われわれが病院に連れてこられた子どもだけを見て、不登校の全貌を語ろうとしたことに無理があったのだ」(山登 2014, p. 63)。

なお「学校に行かない子と親の会(大阪)」の世話人代表であった山田潤は、森田研究室を訪ね、「五年前の自分の過去を突然に掘り返されるだけではなく、その後の生活歴から、将来への思いまでも一本の電話で問われる当事者の気持ち」(山田 2002, p. 244)を考慮し、調査を中止するよう求めた(山田 2002)。

学校に行かない子どもについての認識を深める際には、当事者を客体として支援者に実態把握を依頼するのではなく、まずは当事者に聞いてみることが重要である。東京シューレの子どもたちによる「登校拒否アンケート」は、学校教員が回答した文部省調査とは異なる認識を一九八〇年代末に提示した。[6] 森田たちの「生徒調査」も調査票に回答したのは子ども自身であった。子どものことを子どもに聞くことは、倫理的に望ましいだけでなく、学術的に実態把握をするためにも有効なのである。

近年は当事者と専門家が対等な立場で対話を行う「オープンダイアローグ」(Seikkula and Arnkil 2006 = 2016)、当事者が自らを研究する「当事者研究」(石原編 2013, 熊谷 2020, 伊藤 2022, 貴戸 2022, 綾屋 2023)が注目されている。[7] 国府台病院における当事者と専門家の対話、自助グループの実践は、これらに先行する実践として位置づけることも可能であろう。

専門的研究が重要であることは言うまでもないが、専門家は自身の限定された専門性によっては捉え損ねてしまうものがあり得ることを強く自覚すべきである。つまり、予見なく子どもの個別性を理解しようとする姿勢が重要なのである。安易な類型化を慎み、子どもや保護者、他の専門職の個々の声に耳を傾けることが、実践や研究の根本に位置づけられるべきである。

(2) 支援の適切性についての対話と第三者評価

学校不適応対策調査研究協力者会議は、「学校不適応」への対策を検討した。しかし、子どもが学校に行かない要因については十分に検討されなかった。再び平井信義を例に挙げるならば、平井が作成した「不登校児人権実態調査」の調査票には、回答者への説明として「この調査は、あなたが学校に行かなければならない――と思いながらも、学校に行けないで悩んでいる原因を探り、どうしたら学校に行けるようになるかをみんなで考えるものです」と書かれていた。また、稲村博は、学校に行かない子どもの学校からのドロップアウトを避けるために入院治療を行っていた。教育関係者にとって学校に行かない子どもが学校に適応できるようにすること、医療関係者にとって学校に行かない子どもが再登校できるようにすることは自明であるかもしれない。しかし、支援される側の子どもにとって、それは自明なのだろうか。子どもが再登校を強く希望する場合もあるだろうが、学校での困難を抱える子どもが第一に望むことが再登校であることは少ないだろう。学校に行かない子どもへの支援にあたっては学校適応や再登校のみを目的とするのではなく、当事者との対話を通して、支援の目的が確認さ

---

(5) 文部科学省の「不登校児童生徒の実態把握に関する調査企画分析会議」が二〇二一年に発表した「不登校児童生徒の実態把握に関する調査報告書」は、不登校児童生徒とその保護者の自由回答を多数掲載している (https://www.mext.go.jp/content/20211006-mxt_jidou02-000018318_03.pdf)。

調査対象期間に登校または教育支援センターに通所した不登校児童生徒とその保護者のみが調査対象ではあるが、今後の学校や支援のあり方を考えるうえで大変重要な声が掲載されている。登校していない児童生徒とその保護者に対しても調査を実施し、その声が公開されることが期待される。また、各教育委員会、各学校においても不登校児童生徒とその保護者にアンケート（自由回答を含む）を実施することによって、不登校児童生徒とその保護者の声に耳を傾け、学校や支援のあり方を再考することが期待される。

(6) 学校に行かない子どもと学校教員の認識の相違は今日においても続いているだろう。中学校の教育相談担当教諭に不登校の背景因子についての聞き取り調査を実施した谷口・小柴（2013）は、教育相談担当教諭は不登校の背景に学校要因を読み取りにくい傾向があると指摘している。

(7) 稲村博の研究室に所属していた斎藤環は近年、オープンダイアローグに関する著作（斎藤 2015, 2019 など）を精力的に刊行している。同じく稲村研究室に所属していた山登敬之もオープンダイアローグの普及に関わっており（山登 2019）、オープンダイアローグについて以下のように述べている。「わけもわからぬうちに病院に連れて行かれ、注射をうたれ、鍵のかかる部屋に閉じ込められてしまうより一〇〇倍も一〇〇〇倍もよい」（山登 2019, p. 142）。

れなければならない。しかし、子どもと専門家のあいだには非対称的な権力関係があることから、形式的な同意を求める「対話」となる危険性がある。専門家と保護者のあいだにおいても、知識や経験の多寡があり、専門家が子どもの処遇の決定権を有していることによって、非対称的な権力関係が生じやすい。このため、「子どもオンブズパーソン」（喜多ほか編 2001）のように、当事者が相談できる常設の第三者機関があることが望ましい。現在においても教育委員会等による教育相談が実施されているが、学校を所管する教育委員会に当事者が学校でのトラブルを相談しにくい面がある。また、当事者の事情を聴き、エンパワーするだけでは解決が困難な問題も少なくない。子どもの権利を重視する第三者機関が、関係者に聴取、勧告する強い権限を持つことが望ましい。

学校内においても、当事者が躊躇《ちゅうちょ》なく相談できる体制をつくることが重要である。スクールカウンセラーやスクールソーシャルワーカーが「チーム学校」として学校復帰のみに注力するのではなく、子どもの人権のアドボカシーに取り組むことも必要である。また、当事者グループの設立や活動の継続を支援することも重要である。

入院治療については、かつてのような閉鎖病棟への収容は、自傷防止等を除いて少なくなったと考えられるが、今日においても生活リズム改善などを理由とする入院治療は実施されている。当事者の同意が原則ではあるが、前述のように非対称的な権力関係があり、医師が入院の必要性を説けば、保護者が否定することは困難である。子どもが保護者と医師から入院を促されれば、従わざるを得ない。服薬についても同様の面があり、当事者が自己責任で判断することは難しい。「登校拒否は病気じゃない」（奥地 1989a）と主張されたが、二〇〇〇年代以降は「再医療化」とも呼び得る状況において、かつてのようにハードではないが、ソフトな管理が広がっているとも言える。一概に不適切であるとは言えないが、当事者の意に沿わない治療が行われる可能性はある。当事者からの申し立て等によって治療の適切性を評価する常設の第三者機関が設立されたならば、不適切な治療を防止する効果を期待できるであろう。治療が適切であったとしても、当事者が理解したうえで治療が進められることが望ましいことから、第三者評価の実施は、治療する側／される側の双方にとって有意義なものとなり得る。

人権侵害は、学校においても、学校外の学びの場においても生じている。[8] どのような組織においても人権侵害は起こり得るという前提で、対等な関係性の構築、透明性の確保に取り組むことが求められている。特に入所施設は外部の目が届きにくいため、定期的に第三者評価が実施されることが望ましい。

（3）学校外の学びの場における学校に行かない子どもへの支援

近年、学校外における教育機会の確保が推進されている。文部科学省の通知「不登校児童生徒への支援の在り方について」では、「不登校児童生徒への支援は、『学校に登校する』という結果のみを目標にするのではなく、児童生徒が自らの進路を主体的に捉えて、社会的に自立することを目指す必要があること。……様々な関係機関等を活用し社会的自立への支援を行うこと。その際、フリースクールなどの民間施設やＮＰＯ等と積極的に連携

（8）『朝日新聞』（二〇二〇年二月三日朝刊二二面）は、宿泊型フリースクールでの性加害について報じた。同紙によれば、三十代（上記報道時）の女性は、不登校であった十代のときに、東京シューレが長野県で実施していた宿泊型フリースクールに参加し、日常生活をともにしていた男性の成人スタッフから性加害を受けた。同紙によれば、その後の経過は以下の通りである。「周囲の仲間や家族には打ち明けられなかった。自宅に戻ってからも、被害のことは心の奥に押し込めた。『私は大丈夫』。無意識に自分に言い聞かせ、心の平穏を保とうとした。高校卒業程度認定試験に合格。アルバイトをして、少しずつ自活の道を歩んだ。十年以上がたち、女性は知人男性から性暴力を受けた。以降、気力が湧かず、表情も消え、話すこともほとんどできなくなった。異変に気付いた母親が、性暴力被害を相談するワンストップセンターを教えてくれた。女性はセンターで紹介された病院を受診。複雑性のＰＴＳＤと診断された。……センターに相談してから三年後の二〇一六年、女性は成人スタッフとフリースクールを相手取り、損害賠償を求めて提訴」。二〇一九年に和解が成立した。

し、相互に協力・補完することの意義は大きいこと」と述べられている。[9] 学校が誰もが通える場に変わることが望ましいとはいえ、長年の努力によっても達成されていないことを考慮すれば、学校復帰のみを目的とせず、学校外においても教育機会を保障することは妥当な方向性である。

教育機会確保法の制定過程においては、当初は一条校以外での就学義務の履行が検討されたが、最終的には就学義務の履行は一条校のみ、学校外における教育機会は不登校の子どものみ例外的に認めるという従来通りの枠組みとなった[10]（フリースクール全国ネットワーク・多様な学び保障法を実現する会編 2017）。これは、学校復帰を原則として、やむを得ない場合は学校外における「相談・指導施設」の利用を認めるという学校不適応対策調査研究協力者会議が提示した基本方針の踏襲であったと言えよう。文部科学省は二〇一七年に「義務教育の段階における普通教育に相当する教育の機会の確保等に関する基本指針」を策定し、学校外における教育機会の確保を推進しているが、今後は学校外における教育機会の位置づけが問われることになるだろう。つまり、今後も学校外における教育機会を、例外的かつ補足的に学校適応を促進するための「相談・指導施設」と考えるか、あるいは学びの多様性を重視する観点から一条校と同等の選択肢として認めていくか、ということである。[11]

一九九〇年代以降、学校不適応対策が強化されるが、学校不適応対策は学校への適応を求めるものであり、学校や社会を問い直すという視点は乏しい。近年、学校に行かない子どもへの公的支援は拡充される傾向にあるが、学校適応あるいは学校外施設利用による社会適応のみを求めるのではなく、学校や社会のあり方を再考することも必要である。教育機会確保法などによってフリースクールが注目されることで、新たなフリースクールの開設が相次いでおり、なかには学校復帰を目的に掲げる「フリースクール」もある。営利企業によって開設された「フリースクール」が潤沢な予算で広報を展開する一方、従来からの手づくりのフリースクールは苦戦を強いられる傾向もある。学校外の学びの場が持っていた対抗性は忘れられ、失われつつある。適応を主眼とする学校外の学びの場が主流となれば、学びの場が増えたとしても、学びの場の多様性は失われることになるだろう。学校で適応を求められ、学校外においても適応を求められることになれば、学校に行かない子どもの困難は、より深まる可能性もある。学校外の学びの場のあり方についての基本理念が問われている。

公設機関による学校に行かない子どもへの支援が今後も強化されるならば、フリースクールはその先駆的役割を終えつつあるという見方もできるかもしれない。しかし、学校に行かない子どもと保護者の考え方やニーズは多様であるから、公設機関による一元的な支援システムだけでは十分に対応できない場合も生じ得る。そのため、今後の不登校生支援の制度設計にあたっては、フリースクール等の私設機関と公設機関を両存させることで、不登校生支援の多様性を担保することが適切であると考えられる(12)。

(9) 文部科学省の通知「不登校児童生徒への支援の在り方について」は、二〇一六年九月一四日に発出され、改訂版が二〇一九年十月二五日に発出された。引用した文言は、どちらの通知にも記述されている。

(10) 一条校は、学校教育法第一条で定められている正規の学校である。

(11) 一条校以外での就学義務の履行については、教育の民営化などを危惧する反対意見が少なくないことが指摘されている(山本 2016)。今後、一条校以外での就学義務の履行を公認する場合は、営利を目的とする団体の参入防止など、適切な条件整備が重要となる。

(12) 公設機関においても、さまざまな実践があり、専門職のあいだでも見解の相違があるだろう。公設機関における不登校生支援についても、学校復帰だけを目的に支援システムを一元化するのではなく、さまざまな子どもに対応できるように、支援の多様性が重視されるべきである。また、営利企業による新たな「フリースクール」の開設によって、手づくりで取り組まれてきた小規模なフリースクールが淘汰され、フリースクールの多様性が失われることを防止するために、独自性と自律性を損なわない形で、小規模なフリースクールの運営持続を支援する助成も望まれる。すでに一部の地方自治体はフリースクールへの助成を実施している(本山 2021)。

「フリースペースえん」（神奈川県川崎市、二〇〇三年開設）をはじめとする公設民営による不登校の子どもの居場所づくりが取り組まれており（西野 2006）、近年はフリースクール等と行政の協働が活発化している（山田 2017）。教育支援センター（適応指導教室）の運営をＮＰＯに委託する事例も見られる。学校内においても、不登校生を支援してきたＮＰＯが行政の委託を受けて、高校で「居場所カフェ」を開設し、高校中退予防に取り組む実践が広がっている（居場所カフェ立ち上げプロジェクト編 2019）。フリースクール等の実践から得られた知見は、公設機関や学校における実践においても役立てられるものである。[13]

不登校やひきこもりの若者を支援している兵庫県立神出《かんで》学園の初代学園長であった小林剛《つよし》は、筆者らのインタビューに応えて、つぎのように述べている。[14]「学校の枠をできるだけ広げて、子どもたちの発想やニーズに応える学びの場と理念が必要だと思います。『学校の枠をなくせ』ということではなくて、学校の枠をうんと広くとって、学校らしくない学校で、子どもたちがのびのび、いきいきと学び、関わり、成長する。これが、これからの学校のあるべき姿じゃないかと思います。……学校のいままでの姿をできるだけ乗り越えて、可能なかぎり広いかたちにしていくのは、これからの子どもたちのためには不可欠な条件になるのではないでしょうか」（全国不登校新聞社編 2018, pp. 779–780）。今後の教育のあり方を示唆する重要な発言である。

3　今後の課題

最後に、今後の課題を述べる。本研究では可能な限り資料蒐集に努めたが、今後も新たな資料を発見できる可能性がある。新たな資料の発見により、学校に行かない子どもに関する認識と対応の変容過程をさらに精緻に記述することが、まず挙げられる。

フリースクール等のほかに学校に行かない子どもが以前から通っていた場として夜間中学が挙げられるが、本研究では十分に考察することはできなかった。フリースクールと夜間中学は、まったく異なるものと捉えられることもあるが、現在はともに「義務教育の段階における普通教育に相当する教育の機会」とされている。[15]また、本研究が示したように一九八〇年代には、奥地圭子（フリースクール）と松崎運之助（夜間中学）のあいだに協力関係があった。マイノリティの教育機会保障についての歴史研究の進展のためには、このような協力関係がより詳しく検討されるべきだろう。

東京シューレ開設（一九八五年）は、臨教審（一九八四〜一九八七年）と同時期であった。両者は共鳴するものと捉えられることもあるが、管見の限りフリースクール運営者による臨教審への言及は一九八〇年代に見られなかった。臨教審の側も進学塾の存在は意識していたであろうが、フリースクールに対する関心はほとんどなかったのではないかと思われる。[16]本研究では臨教審について詳述できなかったが、その後のフリースクールの制度化

---

(13) 近年は小中学校に校内フリースクール（校内教育支援センター）を設置する動きも見られる。小中学校において民間フリースクール等との連携が可能になれば、当事者に寄り添った支援、学校教員の負担軽減が期待される。

(14) インタビューは全国不登校新聞社の「不登校五〇年証言プロジェクト」の一環として二〇一七年十二月二八日に実施され、筆者はインタビュアーとして参加した。インタビューデータの使用については、「不登校五〇年証言プロジェクト」の了承を得た。

(15) 近年は大多和（2017）、江口（2022）など、マイノリティの教育機会保障に関する研究が蓄積されている。

(16) 一九九七年に大沼安史が翻訳した米国のチャータースクールに関する書籍（Nathan 1996 = 1997）が刊行されている。チャータースクールは新自由主義を支持する人びとの関心を集めたであろう。フリースクールと新自由主義の共鳴という認識の背景には、日本のフリースクールと米国のチャータースクールが混同されている可能性がある。

を考察するにあたっては、教育制度改革の原点としての臨教審についてのさらなる検討が必要であるだろう。

一九八八年の「登校拒否を考える緊急集会」において石川憲彦が、自らを精神障害ではないかと危惧した学校に行かない子どもに言及したことは重要である。筆者は、このような子どもに関連して二重のパラドックスがあるのではないかと考える。一つはConrad and Schneider（1992＝2003）が示唆するように、学校に行かない子どもへの対策の必要性の認識の高まりとともに、学校に行かない子どもが逸脱視、病理化されていくというパラドックスである。家庭、学校、社会が受容的であれば、子ども自分自身の逸脱視は軽減されるだろう。しかし、子どもの逸脱視、病理化を避けつつ、グレーゾーンの「障害」のある子どもと共生するというもう一つのパラドックスがある。「明るい登校拒否」を語る子どもがいた一方、「『障害』のある子どもの登校拒否」は語られてこなかった。重要な点ではあるが、その実態は未だ明らかではない。

近年、学校に行かない子どもの家庭状況に注目し、教育と福祉の連携によって支援する必要性が指摘されている（保坂 2019）。本研究が対象とする期間にも支援を要する家庭は存在したが（小柳 1978など）、本研究において考察することはできなかった。しかし、本研究が検討した当事者と支援者の関係性の問題は、支援を要する家庭への関わりにおいても重要である。なぜなら、「学校に来ない問題児を登校させるために、不適切な保護者を指導し、家庭環境を是正しなければならない」という姿勢では、支援者は当事者と信頼関係を構築することはできないからである。無論、教育と福祉の連携を強調する近年の研究が、このような姿勢を推奨しているわけではない。しかし、当事者に問題があると考え、それを是正しようとする実践には、支援する側の問題を看過する危険性がある。このような「支援」にならないようにするために、当事者たちの活動の歴史から学ぶべき点は、今後も少なからずあるはずである。

付論　学校外の学びの場への通学定期券制度の準用過程
――フリースクールと行政の関係性に着目して

はじめに

教育機会確保法が二〇一六年に成立した。この法律の主要な目的は、「義務教育の段階における普通教育に相当する教育を十分に受けていない者の意思を十分に尊重しつつ、その年齢又は国籍その他の置かれている事情にかかわりなく、その能力に応じた教育を受ける機会が確保されるようにする」(同法第三条）ことである。学校に行かない子どもの増加を受けて、フリースクールなどの学校外の学びの場が「教育機会」の一つとして認められた。

しかし、同法に対しては肯定的な意見だけではなく、多くの批判も示されてきた（山本 2016, 田中 2017b)。フリースクールの法的位置づけ、公的支援を求める活動は、ＮＰＯ法人フリースクール全国ネットワークなどが推進してきたが、フリースクールのなかには教育機会確保法に否定的な意見もある（山下 2016)。既存の学校とは異なる教育理念を持つ対抗的な場として広がってきたフリースクールが行政によって公認されることをどのように考えるか、公的支援を受けることによってフリースクールの独立性は影響を受けるのか等が論点となった。

独立性を担保するという点のみを考慮するならば、行政の支援を受けないことが望ましいが、それは自主財源のみで運営しなければならないということを意味する。フリースクールへの恒常的な寄付や助成を期待しにくい現状において、自主財源は実質的には保護者負担に頼らざるを得ない。しかし、子どもの貧困が指摘されているなか、保護者負担に依存していては、フリースクールを安定的に運営し、経済的困難を抱える家庭の子どもたちを支援することはできない。フリースクールの「栄誉ある貧窮」は望ましくなく、同時に「栄誉なき従属」もまた避けなければならない。フリースクールの独立性を前提とした公的支援が期待されるが、フリースクールの制度化がどのようなものになるかは不明確である。

教育機会確保法によってフリースクールの制度化が注目されたが、それ以前にも限定的ながらフリースクールは教育制度に位置づけられてきた。一九九二年に通学の出席扱い、一九九三年に通学定期券の利用が認められた(1)。また、二〇〇〇年代には特区制度を活用して、フリースクールが一条校（学校教育法第一条で定められている正規の学校）を開校した(2)。

本論は、今日のフリースクールの制度化を問題意識の前提として、一九九〇年代前半の事例、特に学校外の学びの場への通学定期券制度の準用を中心に考察することにより、フリースクールの制度化をより深く捉えることを目的とする。二〇〇〇年代におけるフリースクールによる一条校の開校も重要ではあるが、特区制度の利用はごく一部のフリースクールに関わる事項であるため、本論ではすべてのフリースクールが対象であり、またフリースクールが行政との交渉を試みた初の事例である通学定期券制度の準用に着目することで、フリースクールと行政の関係性を検討する(3)。

1　文部省のフリースクールに対する姿勢

通学定期券の利用を求める活動の中心を担った東京シューレは、奥地圭子によって一九八五年に開設された。当時の新聞は「登校拒否児に〝私塾〟」（資料8―1）と報じている。同記事には文部省の中学校課長（遠山敦子）の以下のコメントも掲載された。「学校がいやだからといって、民間施設をつくるのは子供に学校教育を受けさせる義務を放棄するものだ。実情を調べたい」。

奥地が文部省に問い合わせると、記事に掲載された文部省のコメントは『毎日新聞』による捏造であり、「実

（1）「登校拒否児童生徒が学校外の公的機関や民間施設において相談・指導を受けている場合」の出席扱いは、正式には一九九二年九月二四日の文部省通知「登校拒否問題への対応について」によって認められたが、それ以前にも認められることがあったようである。一九九二年二月二七日の衆議院文教委員会で、文部省初等中等教育局長は宇都宮真由美議員の質問に対して以下のように答弁している。「学校に全然出てこないで、先ほど私が申し上げました教育相談センターやなんかがありますが、そういうところに行っていろいろ相談を受けて指導を受けるというのは、大体出席日数に入れておるのが普通でございます。それから今先生が御指摘になった、ボランティアの大学生さんあるいは民間の人たちのところに行っていろいろ指導を受けておるということを学校が承知している場合は、これも出席日数にカウントしているのが普通のようでございます」（『第一二三回国会衆議院文教委員会議録』二号、一七頁）。

（2）二〇〇七年に東京シューレが東京都葛飾区との協働によって東京シューレ葛飾中学校を、二〇〇九年にはフリースクール札幌自由が丘学園が北海道和寒町《わっさむちょう》との協働によって札幌自由が丘学園三和高等学校を開校した事例などがある。

（3）本書では、学校に行かない子どもを受け入れてきた補習塾等を含めて「学校外の学びの場」という呼称を主に用いてきたが、通学定期券利用を求めたのはフリースクールのみであったため、以下では主に「フリースクール」の呼称を用いる。

登校拒否児に"私塾" 北区

開設した登校拒否児童のための「東京シューレ」

のびのび、自主時間割り
親がマンション借りて

登校拒否児とその親たちが二十四日、自分たちの教室「東京シューレ」（東京北区東十条の[redacted]の[redacted]、OKハウス内、奥地圭子代表）を開いた。シューレはラテン語でスクールの意味で、この日は八歳から十六歳までの小、中学生三十人が"入校"したが、文部省は「正規の教育の義務を捨てる行為」と批判的だ。

開設したのは「登校拒否を考える会」（会員二百六十人）。登校拒否は子供の性格が原因ではなく、学校の管理教育にあるとして子供本位の私塾をつくった。教室は鉄筋四階建て賃しマンション三階の一室四四平方㍍。大型机にいすが三十脚ほど。棚にはマンガ本ばかり三百冊にパズル類。

時間割りは大まかで、午前中は好きなことに取り組む「自主タイム」。午後はパンを焼いたり、図書館見学など「やってみようタイム」。夕方から夜が「学習タイム」。いつ来て、いつ帰ってもよく、子供がやる気になるまで強制をしない"待ちの教育"を目指している。

開所式の自己紹介では「ぼく機関車が大好き。将来、国鉄総裁になりたい」（十一歳男子）「私は、天気に詳しいの」（十三歳女子）と平気に希望を述べていた。

「独創的」「義務放棄」

学校教育に疑問を持ち、長女の未央さん(三)を小中学校に進学させずに独自教育した映画監督の羽仁進さんは「大切なのは一人々々の子供の立場に立った教育。登校拒否問題に独創的に取り組むこの小さな努力に注目したい」と評価しているが、文部省の迫山教子・中学校課長は「学校がいやだからといって、民間施設をつくるのは子供に学校教育を受けさせる義務を放棄するものだ。実情を調べたい」と語っている。

資料 8—1 『毎日新聞』1985 年 6 月 25 日朝刊 22 面

態を調べる気もありません。親御さんが悩んだ末の行動でしょうからとやかくいうことはできません」と中学校課長が話したとのことであるが、記事掲載当日に教育委員会職員が東京シューレを訪問し、聞き取りを行った（奥地 1991, pp. 39-42）。行政の真意は不明だが、フリースクールの開設が、行政による支援等のない状況でなされたこと、少なくとも行政に歓迎されていたわけではないことが分かる。

東京シューレ開設後も学校に行かない子どもは増え続け、一九八九年に文部省が発足させた学校不適応対策調査研究協力者会議（以下「協力者会議」）は、一九九二年三月に報告書として『登校拒否（不登校）問題について』を公表した。この報告書では「子どもの自立を促し、学校生活への適応を図るために多様な方法が検討される必要がある」（p. 16）として以下のように述べられている。

> 登校拒否の問題については、あくまで児童生徒の学校への復帰を目指して支援策が講ぜられる必要があるが、様々な登校拒否のケースの中には、子どもや親が何がなんでも学校にいかなければならないという義務感を抱く結果、それがプレッシャーとなり登校拒否の状態がかえって悪化してしまうケースも少なくない。例えば登校拒否が長期化し、あるいは不安などの情緒的混乱が強くみられ、学校がいろいろな努力をしても登校拒否の児童生徒の学校への復帰が困難であるような場合、当面学校の指導以外の他の適切な指導の方法も検討される必要がある。（学校不適応対策調査研究協力者会議 1992, p. 16）

協力者会議において、ただちに学校復帰を求める指導の限界、学校外での対応の必要性が認識されていたことが分かる。文部省は協力者会議の報告を受けて、一九九二年九月に通知「登校拒否問題への対応について」を発出した。この通知では、学校での取り組み（「心の居場所」としての役割を果たすなど）や教育委員会の取り組み

（適応指導教室の設置促進）に続けて、関係機関等との連携が謳われている。通知では「相談・指導を行う関係機関としては、適応指導教室、教育センター、児童相談所などの公的機関が適切であるが、公的な指導の機会が得られないあるいは公的機関に通うことも困難な場合で本人や保護者の希望もあり適切と判断される場合は、民間の相談・指導施設も考慮されてよい」とされており、「これら施設において相談・指導を受けた日数を指導要録上出席扱いとすることができる」としている。

管見の限り、フリースクールが出席扱いを行政に要望したという記録はない。奥地は「文部省が民間施設での出席を出席扱いにするといいはじめて、親たちが子どもが家にいることに安心できず、東京シューレのようなところへ行ってほしいというプレッシャーを子どもたちにかける状況が想定でき、心配している」（奥地 1992, p. 145）と述べていたが、その心配は現実となり、「『出席日数にカウントされるなら、東京シューレに行きなさい』と無理やり東京シューレに連れてこられる子どもが増えた」（奥地 2005b, p. 114）。奥地は「東京シューレの入会条件はただ一つ。『本人が望むならどんな子も入れる』でした。本人が嫌なのに入っても何にもならないかマイナスです」（奥地 2005b, p. 114）と述べており、子どもの意志を尊重していたことが分かる。学校に行かない子どもの家庭に悪影響を与えかねない出席扱いをフリースクールが望んでいたとは考えにくく、少なくとも東京シューレが要望したことはないと指摘できる。

2　通学定期券制度の準用過程

かつてはフリースクールに通うために通学定期券を購入することはできなかったが、在籍校の校長が認めた場合に限り、一九九三年四月から小中学生が購入できるようになった。(4) 本節では、「『通学定期適用』実現を喜び、子どもの権利をひろげる集い」（東京シューレ・登校拒否を考える会主催、一九九三年五月一六日、王子労政会館）で配布された資料集（以下「資料集」）を参照しながら、フリースクールに通う小中学生の通学定期券利用が認められるまでの経緯を詳述する。

（1）通学定期券の利用を求める活動の概要

東京シューレでは、開設当初から通学定期券の必要性が認識されていた。保護者はフリースクールの月謝に加え、子どもの交通費も負担しなくてはならないからである。開設二年目の一九八六年以降、ＪＲや文部省と交渉したが、フリースクールは学校ではないため難しい、福祉施設であれば可能性があるという反応であった。福祉施設になることは東京シューレの趣旨と異なるため、学校法人化を検討したが、「学校に行かない子の場が『学校』になってしまうのは問題だ」という意見があったことや、当時は特区制度がなかったために学校法人設立の要件がきわめて厳しかったことから断念した。

当初、東京シューレは東十条（東京都北区）の雑居ビルに入居していたが、入会を待つ子どもが百人を超えたため、一九九一年三月に王子（同北区）の五階建てビルを賃貸して移転した。これに伴い東京シューレの父母会は月謝を二割値上げして三万六千円にすることを決定し、保護者の負担がさらに増したことから、通学定期券の利用を求める声が改めて高まった。

一九九一年秋、東京シューレの保護者（母親）三名とスタッフによって学割委員会が発足した。同委員会は子

（4）高校生は二〇〇九年四月から認められたが、学校に在籍していない中卒・高校中退の子どもたちへの適用拡大の必要性が指摘されている（奥地 2015b）。

どもたちの協力を得て、自宅から東京シューレまでの交通費（一九九二年一月末日時点）を調査した。切符で通っている子は一日平均七七六円（三四名分）、通勤定期券で通っている子は一ヶ月平均一万四二四〇円（五三名分）であった。遠方から東京シューレに通う子のひとり親が病気で失職し、月謝は猶予したが、月額約四万円の交通費が払えないということもあった。

一九九二年四月七日、堂本暁子《どうもとあきこ》参議院議員（当時）が、通学定期券制度の適用を求める質問を文教委員会で行った。東京シューレの子どもたち約二十人、奥地をはじめとする大人たち約十五人が傍聴した。(5)

一九九二年六月九日、国会への一度目の請願である「民間施設通学割引運賃の請願」（一万五四〇一人署名）が国会に提出されたが、審査未了となった。続けて同年十一月二七日にも二度目の請願（三万〇三二七人署名）が国会に提出されたが、これも審査未了となった。

一九九二年十一月三〇日、文部大臣宛の請願（三万二三一二人署名）を提出し、同日に文部省との交渉が持たれた。東京シューレ関係者十人（子ども、保護者、スタッフなど）のほか、堂本とその秘書も参加した。通学定期券制度が文部省、運輸省双方に関わる複雑な問題であるため進展していなかったが、生徒指導課課長補佐が運輸省との調整を行うことを確約した。

一九九三年三月一九日、文部省は通知「登校拒否児童生徒が学校外の公的機関等に通所する場合の通学定期乗車券制度の適用について」を発出し、同年四月一日からフリースクールに通う小中学生が通学定期券を購入できるようになった。

（2）実習用通学定期券

文部省は、通学定期券の利用を認めたが、一条校への通学に適用される通学定期券ではなく、実習用通学定期券を準用した。つまり、校長がフリースクールを「実習先」として認めることにより実習用通学定期券の購入が可能になったのである。実習用通学定期券は、元来は一条校の生徒が実習先に通う際に購入するものであるが、この仕組みが学校に行かない子どもにも準用された。

実習用通学定期券の準用は当初から求められていたわけではない。国会への一度目の請願では実習用通学定期券についての言及がなく、下記のように一条校と同じ通学定期券の適用を求めていた。

一．不登校の児童・生徒が通う民間施設への通学には全ての者に通学定期旅客運賃を適用すること

一．本人の請求があった場合、学校ないし教育委員会においては通学証明書に準ずる民間施設に通っている旨の証明書（区間明記）を発行のこと（資料集 p. 21）

二度目の国会への請願および文部大臣宛の請願では、請願事項の第一項目は一度目の国会への請願と同じだが、第二項目が以下のように変更された。

一．上記が制度化される以前においては、当面の措置として、民間施設に通う場合も東日本旅客鉄道株式会社旅客営業規則第三六条第四項にある「実習のための通学定期券」が使用できるよう取りはからうこと（資料集 p. 22）

（5）「大人」がどのような立場（保護者、スタッフ等）であるかや、その内訳は資料集からは不明である。

「当面の措置として」実習用通学定期券の準用が求められた。一九九二年五月一日に東京シューレの学割委員会がJR東日本の約款を調べ、実習用通学定期券の規定を知ることになったが、署名用紙発送までの期間が短かったため（同年五月九日発送）、一度目の請願事項には反映されなかったと考えられる。

また、奥地たちに活動方針についてアドバイスしていた石井小夜子《さよこ》（弁護士）の事務所で、一九九二年三月一九日に以下のような話し合いが行われたことも関係していると考えられる。「この時、討論の上、確認したのは、Aという場はOKでBという場は認められない、というのは問題がある。しかし、塾産業や風の子学園(6)もあるなか、無条件では文部省、運輸省ともに認めるわけにはいかないであろうから、私たちとしては、今のところ校長が認めれば出せる、というやり方でいくしかないのではないか(7)。たとえば、シューレ内で認められる子、認められない子が出ても、なぜ、同じ国、県、区であちらができているのにこちらは出来《ママ》ないか、というやり方で各個撃破も可能である」（資料集p. 4）。

このような過程を経て、請願内容の一部が変更され、文部省との交渉で実習用通学定期券の準用が求められた。その後、運輸省との調整を経て、文部省は実習用通学定期券をフリースクールへの通学に準用する通知（「登校拒否児童生徒が学校外の公的機関等に通所する場合の通学定期乗車券制度の適用について」）を発出した。現在もこの通知が有効であり、この通知に基づいて実習用通学定期券の購入がなされている。

3　学校に行かない子どものための妥結

文部省は、実習用通学定期券の準用を認めたが、全面的にフリースクールを承認したということではない。「あくまで児童生徒の学校への復帰を目指して支援策が講ぜられる必要がある」（学校不適応対策調査研究協力者会議 1992, p. 16）という基本姿勢は、当時の文部大臣の言動にもよく表れていた。東京シューレの子どもたちが傍聴した参議院文教委員会（一九九二年四月七日）で、鳩山邦夫文部大臣（当時）は子どもたちに向けて以下のように発言している。

傍聴席に話しかけてはいけないのかもしれませんが、私たち文部省あるいはこういう文教委員会の先生方もみんな願っているのは、いろんな事情があって皆さん方が学校へ行きたくない、学校へ行けないという気持ちを持ったということは大変残念なことで、一つの時代的な背景もあるかもしれないし、個人のいろんな事情もあるかもしれないし、それこそいじめその他の事件もあったかもしれない。ただ、みんなで努力して、皆さん方が一日も早く正式の学校に戻ることができるようにできるだけの条件整備をしようというのが私たちが頑張っている一つの道でございます。……とにかく一日も早く学校に戻れるように皆さんにも変わってもらわなけ

（6） 風の子学園は広島県三原市にあった民間矯正施設で、一九九一年七月に未成年の入所者二名がコンテナに監禁され、熱中症のため死亡した。学園長は逮捕され、同学園は廃止された（毎日新聞姫路支局 1993）。

（7） 一九九二年四月七日の参議院文教委員会において運輸省の説明員は、堂本暁子議員の通学定期券に関する質問に対して以下のように答弁しており、通学定期券制度の適用範囲が論点になっていたことが分かる。「世の中大変たくさんのいろいろな教育施設がございます。そういう中で一体どういう教育施設について通学定期を適用するのかということは、私どもそういう意味では専門ではございません。……小学校、中学校だけではなくて専修学校でございますとか、各種学校といったようなものまで含めまして対象にしているわけでございます。これ以外の基準ということになりますと、これはなかなか難しいのではないか、このように考えているわけでございます」（「第一二三回国会参議院文教委員会会議録」四号、一五～一六頁）。

ればならない点があるかもしれないけれども、……学校がよりよきものになって、皆さんが戻りたいと思うのが一番いいわけでありましょう。……通学定期を認めろというお気持ちはよくわかるんですが、他面、一日も早く民間施設へ通わずに学校へ戻ってもらいたいという私どもの願いもあるわけでございます。(「第一二三回国会参議院文教委員会会議録」四号、一四～一五頁)

このように大臣は繰り返し「一日も早く民間施設へ通わずに学校へ戻ってもらいたい」旨を表明している。国会を傍聴した子どもは「今まで親に学校へ戻れ、担任に戻れ、校長に戻れと言われたけれど、大臣じきじきに戻れと言われたのは初めてだ。僕の一生の記念になる」と話した(資料集 p. 4)。

前節で確認したように、当初は一条校と同じ通学定期券制度の適用が請願事項であったが、「当面の措置として」実習用通学定期券の準用が求められることになった。行政はフリースクールへの通学を限定的に出席扱いにすることを認め、実習用通学定期券を準用したが、あくまでも学校復帰が目標であった。

実習用通学定期券の準用は、学校に行かない子どもたちの権利を保障したいフリースクールと、学校復帰を望む文部省という交わらない理念を持つ両者が、複雑な交渉の末に至った妥結であった。フリースクールにとっては学校に行かない子どもの権利を漸進的に保障する契機になった一方、文部省にとっては「民間の相談・指導施設」を活用する学校不適応対策の一環であった。

実習用通学定期券の準用によって、フリースクールに通う子どもたちは通学定期券を購入できるようになったが、校長がフリースクールを「実習先」として認めることが条件であり、認められなければ購入できないというデメリットがある。しかし、例えば「フリースクール通学定期券制度」が創設されていたならば、文部省が一律に適用条件を決め、フリースクールに対する影響力が増大していたかもしれない。結果として実習用通学定期券の準用は、文部省が一律にフリースクールに対する影響力を行使することにはならなかった。フリースクールと行政のあいだに根本的な理念の相違があり、実習用通学定期券の準用という妥結であったとしても、実質的にフリースクールに通う子どもたちの利益になることが重視されたのである。

おわりに

行政との連携に対する否定的評価は依然として根強い。もちろん、NPO等の民間団体が、安上がりな行政の下請けとなり、なすべき批判を恐れることは論外である。しかし、付論のはじめに述べたように「栄誉ある貧窮」も望ましくなく、経済的安定性を損なえば、本来の目的を遂げることが難しくなり、結局は何かに依存する危険性を生み出してしまう。「栄誉ある貧窮」または「栄誉なき従属」の二者択一ではなく、独立性を前提とした行政との連携についても検討する必要があると考えられる。

フリースクールの制度化に対しては、以下のような批判もある。フリースクールが「脱ゆとり」の学校から落ちこぼされる子どもたちの受け皿になることによって、競争的な教育を補完することになるのではないか、「多様な学び」を認めることが多様な排除、格差の固定化、教育の複線化になってしまうのではないか。

そのように悲観することも可能ではある。しかし、フリースクールが公的に認められても、あるいは認められなくても、「脱ゆとり」が進展し、学校に行かない子どもたちが増える可能性があるが、その主因はフリースクールではない。誰もが通える学校になることが望ましいのであろうが、長年にわたる努力によっても実現されず、学校に行かない子どもが増加していることを考慮するならば、学校外の学びの場は必要不可欠である。現在の学校教育をどのように変革していくかは、また別の課題である。誰もが通える学校という理想のために、学校に行かない子どもが被っている不利益を軽視するべきではない。フリースクールと行政の交渉により制度変更がなされた初の事例である通学定期券制度の準用は、参照されるべき重要な先例である。

年表（本書言及の主要な出来事）

西暦	出来事
一九五〇	厚生省が『児童のケースウォーク事例集』を刊行（翌年より『児童のケースワーク事例集』に改題）
一九五一	文部省が長期欠席の調査を開始
一九五七	『児童のケースワーク事例集』に「登校を嫌がる女児とその母親」掲載
一九五九	佐藤修策の論文「神経症的登校拒否行動の研究」が『岡山県中央児童相談所紀要』に掲載
一九六〇	日本児童精神医学会が発足
一九六二	関西臨床心理学者協会第一回シンポジウム「所謂登校拒否について」開催
一九六五	日本臨床心理学会第一回大会シンポジウム「学校恐怖症の治療をめぐって」開催 渡辺位（精神科医）たちが国立国府台病院の児童精神科に院内学級を設置
一九六七	文部省が学校基本調査に「学校ぎらい」の項目を追加（一九六六年度対象調査から）
一九六八	第九回日本児童精神医学会総会シンポジウム「思春期心性とその病理」開催
一九六九	日本児童精神医学会において学会改革委員会が発足
一九七〇	イヴァン・イリイチ『脱学校の社会』原著刊行（邦訳書は一九七七年刊行）
一九七一	全国教育研究所連盟が『「義務教育改善に関する意見調査」報告書』を発表
一九七二	『朝日新聞』が連載記事「いま学校で」を開始（一九八二年まで） 保坂展人が麹町中学校内申書裁判を提訴
一九七三	遠山啓が教育雑誌『ひと』を創刊 国立国府台病院の児童精神科にて「希望会」（保護者の自助グループ）発足
一九七四	八杉晴実をはじめとする補習塾の教師たちが「わかる子をふやす会」を結成

西暦	出来事
一九七五	子安美知子『ミュンヘンの小学生――娘が学んだシュタイナー学校』刊行
一九七六	遠山啓『競争原理を超えて――ひとりひとりを生かす教育』刊行 戸塚ヨットスクール開校 渡辺位が論文「青春期の登校拒否」(『臨床精神医学』掲載)において登校拒否を「異常な行動」ではなく「当然な表現」と記述
一九七八	奥地圭子の子どもが小学校に行きしぶり
一九七九	久徳重盛『母原病――母親が原因でふえる子どもの異常』刊行 TBSのテレビドラマ「三年B組金八先生」放送開始
一九八〇	渡辺位が拒食症となった奥地圭子の子どもを診察
一九八一	黒柳徹子『窓ぎわのトットちゃん』刊行
一九八二	大沼安史『教育に強制はいらない――欧米のフリースクール取材の旅』(一光社)刊行
一九八三	一光社を拠点にフリースクール研究会が発足 保坂展人が『学校解放新聞』を創刊 渡辺位編『登校拒否・学校に行かないで生きる』刊行 稲村博『思春期挫折症候群――現代の国民病』刊行 文部省編『生徒の健全育成をめぐる諸問題――登校拒否問題を中心に』刊行 戸塚ヨットスクールでの死亡事件のため代表の戸塚宏ら逮捕
一九八四	奥地圭子たちが「登校拒否を考える会」を結成 臨時教育審議会が発足(一九八七年まで) 「自由の森学園」開学(四月)
一九八五	八杉晴実たちが「学校外で学ぶ子の支援塾全国ネット」を結成(四月) 奥地圭子が東京シューレを開設(六月)

西暦	出来事
一九八五	堀真一郎編『世界の自由学校――子どもを生かす新しい教育』刊行（七月） 日本弁護士連合会が「学校生活と子どもの人権に関する宣言」を採択（十月）
一九八六	東京都中野区立中野富士見中学校の二年生がいじめを苦に自殺
一九八七	不動塾（民間矯正施設）に連行された中学三年生が塾長と塾生たちによって暴行され死亡
一九八八	稲村博（精神科医）を取材した『朝日新聞』が「三十代まで尾引く登校拒否症」と報道（九月） 「登校拒否を考える会」などが上記報道に抗議して「登校拒否を考える緊急集会」を開催（十一月）
一九八九	奥地圭子『登校拒否は病気じゃない――私の体験的登校拒否論』刊行（二月） 渡辺位たちが日本児童青年精神医学会に稲村博の治療に対する見解を求める要望書を提出（六月） 東京シューレの子どもたちが「登校拒否アンケート」の結果を公表（六月） 学校不適応対策調査研究協力者会議が発足（七月） 法務省が「不登校児人権実態調査」の結果を公表（八月） 森田洋司（社会学者）が「生徒調査」の結果を公表（九月）
一九九〇	「登校拒否を考える各地の会ネットワーク」（現在の「登校拒否・不登校を考える全国ネットワーク」）発足
一九九一	風の子学園（民間矯正施設）にて未成年の入所者二名がコンテナに監禁され熱中症のため死亡
一九九二	日本児童青年精神医学会が「登校拒否と人権――稲村博会員の「登校拒否症」治療に関する調査および見解」を公表（二月） 学校不適応対策調査研究協力者会議が報告「登校拒否（不登校）問題について」を発表（三月） 文部省通知「登校拒否問題への対応について」発出（九月）
一九九三	文部省通知「登校拒否児童生徒が学校外の公的機関等に通所する場合の通学定期乗車券制度の適用について」発出（三月）

謝辞

本書は、二〇一九年度に武庫川女子大学大学院臨床教育学研究科に提出した博士論文「学校に行かない子どもに関する認識と対応の変容過程――一九六〇～一九八〇年代を中心に」を基に加筆修正したものである。博士論文主査の安東由則教授、副査の松下良平教授をはじめ武庫川女子大学の先生方には懇切にご指導いただいた。富山大学の高山龍太郎教授には外部副査として何度も来学いただき、有益な助言をいただいた。

博士論文提出後の先行研究の成果を十分に反映できていないことを博士課程在学中のように厳しく指摘されるのではないかと危惧するが、武庫川女子大学の社会人大学院入学の十年後に単著を出版できることに感謝したい。また、博士前期課程での指導教員であった小笠原博毅教授をはじめ神戸大学大学院総合人間科学研究科の先生方にも感謝したい。

本書の付論は、社会文化学会の『社会文化研究』二十号（二〇一八年）に掲載された「フリースクールへの通学定期券制度の準用過程――フリースクールと行政の関係性に着目して」に、他章との重複箇所を削除するなどの修正を施したものである。社会文化学会の会員諸氏とりわけ西部部会の皆様からは多くのご助言を賜った。

オルタナティブ教育共同研究会や武庫川臨床教育学会の皆様からも多くのことを学ばせていただいた。そして、不登校研究の大先輩である松浦善満先生（和歌山大学名誉教授）からは、何度も温かい励ましの言葉を頂戴した。

本研究にあたっては、貴重な資料を佐川佳之、田中嘉明、橋本あかね、藤根雅之、山下耕平（五十音順）各氏よりご提供いただいた。英語に関しては加藤マレー望氏にご助力いただいた。お一人お一人のお名前を挙げることは控えるが、これまでにお世話になった先生方、先輩方、同僚、フリースクールや「親の会」の関係者、「不登校五〇年証言プロジェクト」関係者の皆様に御礼申し上げたい。また、研究を支えてくれた家族にも感謝したい。

本書がこうして刊行されたのは、慶應義塾大学出版会の奥田詠二氏のご尽力の賜物である。まったく面識のなかった私の博士論文を奥田氏は国立国会図書館のデータベースで見つけ、改稿したうえでの出版を勧めてくださった。奥田氏からの連絡がなければ、本書が公刊されることはなかった。

本書の刊行にあたっては、日本学術振興会より研究成果公開促進費（学術図書、課題番号 24HP5124）の交付を受けた。また、同会からは研究活動スタート支援（研究課題「日本におけるフリースクール創設期の社会史的研究」、課題番号 16H07370）の助成も受けた。記して感謝する。

二〇二四年九月

著　者

著者紹介

田中佑弥（たなか　ゆうや）

頌栄短期大学教員
1982年生まれ。大阪市出身。神戸大学大学院総合人間科学研究科博士前期課程修了、修士（学術）。武庫川女子大学大学院臨床教育学研究科博士後期課程修了、博士（臨床教育学）。

学校に行かない子どもの社会史
——不登校とフリースクールの源流

2024年11月20日　初版第1刷発行
2025年 3 月21日　初版第2刷発行

著　者————田中佑弥
発行者————大野友寛
発売所————慶應義塾大学出版会株式会社
〒108-8346　東京都港区三田2-19-30
TEL〔編集部〕03-3451-0931
〔営業部〕03-3451-3584〈ご注文〉
〃　03-3451-6926
FAX〔営業部〕03-3451-3122
振替　00190-8-155497
https://www.keio-up.co.jp/
装　丁————鈴木　衛
組　版————株式会社キャップス
印刷・製本———中央精版印刷株式会社
カバー印刷———株式会社太平印刷社

Printed in Japan　ISBN 978-4-7664-2995-4

人名索引

な

は

ま

や

わ

事項索引

ま

ら

わ

秋葉昌樹, 2001,「保健室登校からみる不登校問題――教育の臨床エスノメソドロジー研究の立場から」『教育社会学研究』68, pp. 85-104.

天野秀徳, 1985,「『わかる子をふやす会』の十年」八杉晴実編『さよなら学校信仰――自前の教育を求めて』一光社, pp. 233-247.

朝日新聞社編, 1973,『いま学校で（1)』朝日新聞社.

―――― 1976,『いま学校で（5)』朝日新聞社.

朝倉景樹, 1995,『登校拒否のエスノグラフィー』彩流社.

麻生誠編, 1983,『学校ぎらい勉強ぎらい』福村出版.

綾屋紗月, 2023,『当事者研究の誕生』東京大学出版会.

Bereiter, C., 1973, *Must We Educate?*, Prentice-Hall.（= 1975, 下村哲夫訳『教育のない学校――全米を席巻した衝撃の脱学校論』学陽書房).

Best, J., 2017, *Social Problems*, third edition, W.W.Norton & Company.（= 2020, 赤川学監訳『社会問題とは何か――なぜ、どのように生じ、なくなるのか？』筑摩書房).

Broadwin, I. T., 1932, "A Contribution to the Study of Truancy," *American Journal of Orthopsychiatry*, 2(3), pp. 253-259.

Conrad, P. and Schneider, J. W., 1992, *Deviance and Medeicalization: From Badness to Sickness*, expanded edition, Temple University Press.（= 2003, 進藤雄三監訳『逸脱と医療化――悪から病いへ』ミネルヴァ書房).

堂本暁子, 1986,「格子のなかの子供たちの悲鳴――水面下で進む人権侵害を伝える」『新聞研究』420, pp. 42-46.

―――― 1987,「子どもたちの告発」『法学セミナー増刊』37, pp. 53-62.

江口怜, 2022,『戦後日本の夜間中学――周縁の義務教育史』東京大学出版会.

遠藤豊吉, 1975,『学習塾――ほんとうの教育とは何か』風濤社.

遠藤豊吉編, 1982,『お母さんの教育運動――私憤から公憤へ』太郎次郎社.

Estes, H. R., Haylett, C. H. and Johnson, A. M., 1956, "Separation Anxiety," *American Journal of Psychotherapy*, 10(4), pp. 682-695.

富士香織, 1989,「なぜ、登校拒否に〝隔離治療〟か――稲村療法の体験記録」『ひと』195, pp. 20-23.

藤井誠二編, 1984,『オイこら！学校――高校生が書いた〝愛知〟の管理教育批判』教育史料出版会.

藤井良彦, 2017,『不登校とは何であったか？――心因性登校拒否、その社会病理化の論

理』社会評論社.
藤掛永良・吉田猛, 1966,「学校恐怖症の一時保護治療」日本臨床心理学会編『臨床心理学の進歩――1966 年版』誠信書房, pp. 100-111.
藤本淳三, 1974,「登校拒否は疾病か」『臨床精神医学』3(6), pp. 35-40.
藤田克寿・福持裕・市川澄子・小西清三郎・吉田佳郎・石澤卓夫, 1988,「入院治療を行った、中学生の登校拒否症 43 例の検討」『小児科臨床』41(5), pp. 1179-1183.
藤田悟, 1985,「フリースクールの運動から」日本の教育 1985 編集委員会編『日本の教育 1985』現代書館, pp. 52-60.
福田みずほ, 1983,『学校がおもしろい――落ちこぼれ・登校拒否のないアメリカのフリースクール』主婦の友社.
船岡三郎, 1962,「登校拒否症状をもつ一高校生の治療過程」『関西臨床心理学者協会会報』3, pp. 6-8.
フリースクール全国ネットワーク・多様な学び保障法を実現する会編, 2017,『教育機会確保法の誕生――子どもが安心して学び育つ』東京シューレ出版.
学校不適応対策調査研究協力者会議, 1992,『登校拒否（不登校）問題について――児童生徒の「心の居場所」づくりを目指して』文部省.
学校解放新聞編集委員会編, 1984,『学校解放宣言』少年社.
現代教育研究会, 2001,『不登校に関する実態調査――平成 5 年度不登校生徒追跡調査報告書』現代教育研究会.
Goodman, P., 1964, *Compulsory Miseducation*, Horizon Press.（= 1979, 片岡徳雄監訳『不就学のすすめ』福村出版）.
後藤浩子, 2007,「音楽療法の草分け山松質文が残したもの」『大阪音楽大学研究紀要』46, pp. 91-108.
花谷深雪・高橋智, 2004,「戦後日本における『登校拒否・不登校』問題のディスコース――登校拒否・不登校の要因および対応策をめぐる言説史」『東京学芸大学紀要：第一部門教育科学』55, pp. 241-259.
原田智恵子, 1986,『お母さんの手作り算数塾』北斗出版.
――― 1993,「地域の子どもは、地域の母親たちの手で育てたい――『お母さんの教育運動』（太郎次郎社刊）のその後」『ひと』241, pp. 102-110.
橋本あかね, 2018,「フリースクール研究におけるナラティヴ・アプローチの可能性――多様性と流動性を考慮した新たな研究に向けて」『人間社会学研究集録』13, pp. 107-131.
――― 2020,『変容するフリースクール実践の意味――設立者のナラティブ分析から』明石書店.
畑山博, 1982,「夢のない時代――いまなぜトットちゃんなのか？」『潮』276, pp. 262-265.

樋田大二郎, 1997,「『不登校を克服することで一段と成長する』――登校の正当性をめぐる言論のたたかい」今津孝次郎・樋田大二郎編『教育言説をどう読むか――教育を語ることばのしくみとはたらき』新曜社, pp. 185-206.
―――― 2010,「『不登校は公教育の責務で解決する』」今津孝次郎・樋田大二郎編『続・教育言説をどう読むか――教育を語ることばから教育を問いなおす』新曜社, pp. 214-243.
土方由起子, 2016,「文部省の『不登校』概念採用をめぐって――『一九九二年報告』の意義」『奈良女子大学社会学論集』23, pp. 108-119.
―――― 2017,「法務省の『不登校』名称について――逸脱から人権擁護へ子どもの捉え方の変容」『近畿大学教育論叢』29(1), pp. 13-29.
平井信義, 1968,「思春期における登校拒否症」『小児の精神と神経』8(2), pp. 117-125.
―――― 1989a,『不登校児の実態について』法務省人権擁護局.
―――― 1989b,「不登校児人権実態調査報告」法務省人権擁護局内人権実務研究会編『不登校児の実態について――不登校児人権実態調査結果報告』大蔵省印刷局, pp. 61-171.
広田照幸, 1996,「家族―学校関係の社会史――しつけ・人間形成の担い手をめぐって」井上俊・上野千鶴子・大澤真幸・見田宗介・吉見俊哉編『こどもと教育の社会学』岩波書店, pp. 21-38.
―――― 2001,『教育言説の歴史社会学』名古屋大学出版会.
Holt, J., 1981, *Teach Your Own: A Hopeful Path for Education*, Delacorte.（= 1984, 大沼安史訳『なんで学校へやるの――アメリカのホームスクーリング運動』一光社).
法務省人権擁護局編, 1989,『不登校児人権実態把握のためのアンケート調査結果報告――昭和 63 年 11 月～12 月調査』法務省人権擁護局.
法務省人権擁護局内人権実務研究会編, 1989,『不登校児の実態について――不登校児人権実態調査結果報告』大蔵省印刷局.
堀真一郎, 1984,『ニイルと自由の子どもたち――サマーヒルの理論と実際』黎明書房.
堀真一郎編, 1978,『こんな学校もある――サマーヒル卒業生の手記』文化書房博文社.
―――― 1984,『自由を子どもに――ニイルの思想と実践に学ぶ』文化書房博文社.
―――― 1985,『世界の自由学校――子どもを生かす新しい教育』麦秋社.
堀智久, 2013,「専門職であることの否定から専門性の限定的な肯定あるいは資格の重視へ――日本臨床心理学会の 1970/1980 年代」『社会学評論』64(2), pp. 257-274.
保坂展人, 1983,『先生、涙をください！――元気印レポート』集英社.
―――― 1984a,『学校に行きたくない――元気印レポート 2』集英社.
―――― 1984b,『ガンバレ！はみだしっ子――チコは学校に行かない』ポプラ社.
―――― 1984c,『街で発光せよ――学校を超えて』筑摩書房.

――――― 1985,『やったね！元気くん――元気印レポート 3』集英社.
――――― 1986,『学校が消える日』晶文社.
保坂展人編, 1986,『花を飾ってくださるのなら――奈々 十五歳の遺書』講談社.
保坂展人・トーキングキッズ編, 1990,『先生、その門を閉めないで――告発・兵庫県立神戸高塚高校圧死事件』労働教育センター.
保坂亨, 2000,『学校を欠席する子どもたち――長期欠席・不登校から学校教育を考える』東京大学出版会.
――――― 2019,『学校を長期欠席する子どもたち――不登校・ネグレクトから学校教育と児童福祉の連携を考える』明石書店.
居場所カフェ立ち上げプロジェクト編, 2019,『学校に居場所カフェをつくろう！――生きづらさを抱える高校生への寄り添い型支援』明石書店.
生村吾郎, 1999,「学校のやまいとしての登校拒否――教育はこどもたちをいじめている」河合洋編『いじめ――《子どもの不幸》という時代』批評社, pp. 68-81.
Illich, I., 1970, *Deschooling Society*, Harper & Row.（= 1977, 東洋・小澤周三訳『脱学校の社会』東京創元社).
稲村博, 1971,「精神病受刑者の犯罪と疾病経過」『犯罪学雑誌』37(2), pp. 43-62.
――――― 1973a,「殺人者の自殺」『犯罪学雑誌』39(2), p. 72-73.
――――― 1973b,「感応精神病による一家心中の 1 例」『犯罪学雑誌』39(4), pp. 16-29.
――――― 1975,「子殺しの研究」『犯罪学雑誌』41(1), pp. 40-55.
――――― 1977,『自殺学――その治療と予防のために』東京大学出版会.
――――― 1978,『子どもの自殺』東京大学出版会.
――――― 1980,『家庭内暴力――日本型親子関係の病理』新曜社.
――――― 1981,『親たちの誤算――家庭内暴力・登校拒否・遊び型非行』朝日出版社.
――――― 1983,『思春期挫折症候群――現代の国民病』新曜社.
――――― 1992,「報告書に関する意見」『児童青年精神医学とその近接領域』33(1), pp. 101-103.
石田宇三郎, 1973,「編集会議報」『ひと』5, pp. 76-77.
石田美清, 1999,「児童・生徒指導要録記入に関する調査研究――不登校児童生徒の扱いを中心として」『鳴門教育大学研究紀要（教育科学編)』14, pp. 81-89.
石原孝二編, 2013,『当事者研究の研究』医学書院.
石川充夫, 1973,「デシリットルの指導――辻堂母親・子ども教室での実践」『ひと』3, pp. 57-66.
石川憲彦, 1989,「『登校拒否の治療』とは」登校拒否を考える緊急集会実行委員会編『「登校拒否」とは』悠久書房, pp. 75-88.
石川憲彦・内田良子・山下英三郎編, 1993,『子どもたちが語る登校拒否――402 人のメッセージ』世織書房.

石坂好樹, 2009,「『児童青年精神医学とその近接領域』の変遷――前編」『児童青年精神医学とその近接領域』50(50周年記念特集号), pp. 95-100.
板倉聖宣, 1973,「小学校での母親教師の比率――過去・現在、日本・世界」『ひと』11, pp. 13-15.
伊藤康貴, 2022,『「ひきこもり当事者」の社会学――当事者研究×生きづらさ×当事者活動』晃洋書房.
伊東信夫・奥地圭子・木幡寛・芳賀直義・山住正己・編集部, 1984,「座談会・明日の授業をつくる座標を求めて――戦後教育の流れを検討する」『ひと』140, pp. 2-17.
岩田弘志, 2015,「1960年代アメリカフリースクール運動に関する一考察――A. S. ニイルの思想受容の意味」『アメリカ教育学会紀要』26, pp. 24-36.
Johnson, A. M., Falstein, E. I., Szurek, S. A. and Svendsen, M., 1941, "School Phobia," *American Journal of Orthopsychiatry*, 11(4), pp. 702-711.
門野晴子, 1986,『少年は死んだ――中野・富士見中〝いじめ地獄〟の真実』毎日新聞社.
香川七海, 2020,「戦後教育史における『教育の現代化』から総合学習・オルタナティブ教育への連続性――奥地圭子と鳥山敏子の授業実践を起点として」『教育社会学研究』107, pp. 49-68.
――― 2021,「1970～80年代の『女教師問題』と民間教育研究運動のなかの女性教師――奥地圭子と鳥山敏子の所論に着目して」『子ども社会研究』27, pp. 207-227.
加藤美帆, 2012,『不登校のポリティクス――社会統制と国家・学校・家族』勁草書房.
河合洋編, 1991,『不登校児の新しい生活空間』日本評論社.
河上婦志子, 2014,『二十世紀の女性教師――周辺化圧力に抗して』御茶の水書房.
貴戸理恵, 2004,『不登校は終わらない――「選択」の物語から〈当事者〉の語りへ』新曜社.
――― 2022,『「生きづらさ」を聴く――不登校・ひきこもりと当事者研究のエスノグラフィ』日本評論社.
菊池栄治・永田佳之, 2001,「オルタナティブな学び舎の社会学――教育の〈公共性〉を再考する」『教育社会学研究』68, pp. 65-84.
喜多明人・吉田恒雄・荒牧重人・黒岩哲彦編, 2001,『子どもオンブズパーソン――子どものSOSを受けとめて』日本評論社.
北村真也, 1988,『学習塾がおもしろい――学生スタッフの塾が試みた自由な教育』一光社.
清原浩, 1992,「不登校・登校拒否に関する研究の系譜――概念規定をめぐる歴史的展開を中心に」『季刊障害者問題研究』69, pp. 4-12.
子どもの人権弁護団編, 1987,『子どもの人権110番――子どもたちをどのように救済で

きるか』有斐閣.
子どもの人権に関する委員会, 1992a,「登校拒否と人権――稲村博会員の『登校拒否症』治療に関する調査および見解」『児童青年精神医学とその近接領域』33(1), pp. 77-101.
――― 1992b,「子どもの人権に関する委員会活動報告」『児童青年精神医学とその近接領域』33(3), pp. 254-264.
国立教育研究所内塾問題研究会編, 1985,『シンポジウム 塾と学校』ぎょうせい.
小中陽太郎, 1983,「自由主義の力――黒柳徹子『窓ぎわのトットちゃん』」『思想の科学』7(31), pp. 53-56.
小柳伸顕, 1978,『教育以前――あいりん小中学校物語』田畑書店.
子安文, 1986,『私のミュンヘン日記――シュタイナー学校を卒業して』中央公論社.
子安美知子, 1975,『ミュンヘンの小学生――娘が学んだシュタイナー学校』中央公論社.
Kozol, J., 1982, *Alternative Schools: A Guide for Educators and Parents*, Continuum. (＝1987, 石井清子訳『自分の学校をつくろう』晶文社).
工藤宏司, 1994a,「不登校研究の展望と課題」『公民論集』2, pp. 29-54.
――― 1994b,「『不登校』の社会的構築――モノグラフの試み（上）」『大阪教育大学教育実践研究』3, pp. 79-94.
――― 1995,「『不登校』の社会的構築――モノグラフの試み（下）」『大阪教育大学教育実践研究』4, pp. 85-102.
――― 2002,「社会問題としての『不登校』現象」『人間科学論集』31/32, pp. 21-57.
――― 2006,「不登校と医療化」森田洋司・進藤雄三編『医療化のポリティクス――近代医療の地平を問う』学文社, pp. 165-179.
工藤定次, 1982,『学習塾の可能性――福生・タメ塾の記録』ユック舎.
熊谷晋一郎, 2020,『当事者研究――等身大の〈わたし〉の発見と回復』岩波書店.
黒柳徹子, 1981,『窓ぎわのトットちゃん』講談社.
久徳重盛, 1979,『母原病――母親が原因でふえる子どもの異常』教育研究社.
Leventhal, T. and Sills, M., 1964, "Self-Image in School Phobia," *American Journal of Orthopsychiatry*, 34(4), pp. 685-695.
毎日新聞姫路支局, 1993,『追いつめられた子どもたち――追跡・風の子学園事件』エピック.
毎日新聞社会部, 1977,『乱塾時代』サイマル出版会.
牧野禎夫・中島靖浩・服部祥子・辻村哲夫, 1989,「登校拒否を考える」『文部時報』1346, pp. 8-21.
真仁田昭・堀内聡, 1973,「情緒障害児のキャンプ療法に関する研究」『教育相談研究』13, pp. 13-32.
松井幹夫, 1973,「苦手な子のための一週間の算数教室――トランプ遊びによる正負の

数」『ひと』3, pp. 47-54.
——— 1987,『若者たちは学びたがっている——寺小屋から自由の森学園へ』太郎次郎社.
松井紀子, 1981,「母親たちの後見人、遠山先生」『月報（遠山啓著作集数学教育論シリーズ)』7, pp. 4-5.
松崎運之助, 1976,『夜間中学の歴史』東京都夜間中学校研究会資料室.
——— 1985,『青春——夜間中学界隈』教育史料出版会.
——— 1987,「夜間中学の子どもたち」登校拒否を考える会編『学校に行かない子どもたち——登校拒否・新しい生き方の発見』教育史料出版会, pp. 234-246.
——— 2014,『路地のあかり——ちいさなしあわせ　はぐくむ絆』東京シューレ出版.
松崎運之助・奥地圭子・佐々木賢, 1986,「学校はなにに縛られているか」『世界』487, pp. 118-133.
南出吉祥, 2016,「フリースクールの位置づけをめぐる教育実践運動の課題」『〈教育と社会〉研究』26, pp. 77-89.
三宅真由美, 2008,「スプートニク・ショック後のアメリカの科学教育政策」『朝日大学留学生別科紀要』5(5), pp. 15-19.
文部省編, 1983,『生徒の健全育成をめぐる諸問題——登校拒否問題を中心に（中学校・高等学校編)』大蔵省印刷局.
——— 1997,『登校拒否問題への取組について（小学校・中学校編)』大蔵省印刷局.
文部省初等中等教育局中学校課, 1989,「児童生徒の問題行動の実態と文部省の施策」『文部時報』1346, pp. 52-65.
Montgomery, P. and Korn, C., 1984, *Free School: Reality and Dream*, unpublished in English. (= 1984, 吉柳克彦・大沼安史訳『フリースクール——その現実と夢』一光社).
森村桂, 1981,「人間を励ますひとことの重み——『窓ぎわのトットちゃん』を読んで」『月刊教育の森』6(9), pp. 54-60.
——— 1984,『もうひとつの学校』角川書店.
森田次朗, 2007,「現代日本における『欧米型』フリースクールの変容に関する社会学的考察——京都市における事例Zを通して」『京都社会学年報』15, pp. 169-184.
森田洋司, 1989a,「はじめに」森田洋司編『「不登校」問題に関する社会学的研究』昭和63年度・平成元年度科学研究費補助金（一般研究A）研究成果報告書, 頁番号なし.
——— 1989b,「研究の枠組と調査の方法」森田洋司編『「不登校」問題に関する社会学的研究』昭和63年度・平成元年度科学研究費補助金（一般研究A）研究成果報告書, pp. 1-11.
——— 1991,『「不登校」現象の社会学』学文社.

森田洋司編，2003,『不登校—その後——不登校経験者が語る心理と行動の軌跡』教育開発研究所.
森田洋司・松浦善満編，1991,『教室からみた不登校——データが明かす実像と学校の活性化』東洋館出版社.
本山敬祐，2021,「不登校児童生徒を支援するフリースクールに対する財政支援の可能性——教育機会確保法成立以前より実施されてきた国内先進事例の比較分析」『東北教育学会研究紀要』24, pp. 43-56.
村上義雄・中川明・保坂展人編，1986,『体罰と子どもの人権』有斐閣.
村山士郎・久冨善之・佐貫浩，1986,『中学生いじめ自殺事件——青森県・野辺地中学校のケースを追う』労働旬報社.
永井順國，1988,「学校を選ぶ自由・つくる自由」『こころの科学』18, pp. 61-67.
永田佳之，1996,『自由教育をとらえ直す——ニイルの学園＝サマーヒルの実際から』世織書房.
永田佳之編，2019,『変容する世界と日本のオルタナティブ教育——生を優先する多様性の方へ』世織書房.
中野明徳，2009,「発達障害が疑われる不登校児童生徒の実態——福島県における調査から」『福島大学総合教育研究センター紀要』6, pp. 9-16.
Nathan, J., 1996, *Charter Schools: Creating Hope and Opportunity for American Education*, Jossey-Bass.（＝1997, 大沼安史訳『チャータースクール——あなたも公立学校が創れる』一光社).
Neill, A. S., 1960, *Summerhill: A Radical Approach to Child Rearing*, Hart Publishing.（＝1962, 霜田静志訳『人間育成の基礎』誠信書房).
Nichols, K. A. and Berg, I., 1970, "School Phobia and Self-Evaluation," *Journal of Child Psychology and Psychiatry*, 11(2), pp. 133-141.
日本弁護士連合会，1987,『子どもの人権救済の手引』日本弁護士連合会.
日本臨床心理学会編，1966,『臨床心理学の進歩——1966年版』誠信書房.
西嶋大美，1983,「学校ぐるみの性教育——『性教育の現場』取材ノートから」『ひと』126, pp. 32-38.
西野博之，2006,「不登校とフリースペースの歩み——『たまりば』から公設民営の『えん』へ」『子どもの権利研究』8, pp. 35-38.
丹羽敬子，1973,「おかあさんの私塾づくり運動」『ひと』3, pp. 25-44.
小川捷之・平井信義・神保信一・渡辺位・小泉英二，1982,「座談会——学校ぎらいにさせないためにどうしたらよいか」稲村博・小川捷之編『学校ぎらい』共立出版, pp. 165-188.
荻野達史，2000,「文化変動の組織化（上）——『ひと』運動の研究」『人文論集』51(1), pp. 47-75.

——— 2001,「文化変動の組織化（下）——『ひと』運動の研究」『人文論集』51(2), pp. 39-82.
小此木啓吾, 1978,『モラトリアム人間の時代』中央公論社.
奥地圭子, 1969,「社会科教育——社会科における自主編成の前進」『教育』19(3), pp. 27-40.
——— 1974,「一年間でなにをしたか」『ひと』14, pp. 83-95.
——— 1976,「母親教師って、いいわよ」『ひと』42, pp. 12-23.
——— 1982a,『女先生のシンフォニー——「いのち」を生み、育てる』太郎次郎社.
——— 1982b,「私のすすめたい本——菅龍一『善財童子ものがたり』」『ひと』114, pp. 103-106.
——— 1982c,「『いのち』育てとしての教育」『ひと』118, pp. 4-14.
——— 1983a,「学校とはなにか、子育てとはなにかを問われて」渡辺位編『登校拒否・学校に行かないで生きる』太郎次郎社, pp. 78-115.
——— 1983b,「この教育状況のもとで、授業をつくるとは」『ひと』125, pp. 4-21.
——— 1985a,「子どもが学校を棄てはじめた——学校とはなにか・登校拒否から見えてくるもの」『ひと』148, pp. 4-14.
——— 1985b,「いま、なぜ公立学校の教師をやめたか」『ひと』152, pp. 71-77.
——— 1987a,「暴力では『悩める子供』を救えない」『朝日ジャーナル』29(30), pp. 94-96.
——— 1987b,「わが子の登校拒否が私を変えた」登校拒否を考える会編『学校に行かない子どもたち——登校拒否・新しい生き方の発見』教育史料出版会, pp. 13-45.
——— 1988,「教師の『熱心』と学校の『ものさし』」『教育評論』490, pp. 20-23.
——— 1989a,『登校拒否は病気じゃない——私の体験的登校拒否論』教育史料出版会.
——— 1989b,「私の新任時代」『児童心理』43(6), pp. 147-150.
——— 1991,『東京シューレ物語——学校の外で生きる子どもたち』教育史料出版会.
——— 1992,『学校は必要か——子どもの育つ場を求めて』日本放送出版協会.
——— 2005a,『東京シューレ——子どもとつくる20年の物語』東京シューレ出版.
——— 2005b,『不登校という生き方——教育の多様化と子どもの権利』日本放送出版協会.
——— 2010,「〝フリースクール〟の草分け、東京シューレの四半世紀を振り返って」『看護教育』51(10), pp. 839-843.
——— 2013,「不登校とかかわる立場から『発達障害』をどう見るか」『福祉労働』140, pp. 58-65.
——— 2015a,『フリースクールが「教育」を変える』東京シューレ出版.
——— 2015b,「悲願の高等部通学定期」『不登校新聞』405.

――――― 2019a,『明るい不登校――創造性は「学校」外でひらく』NHK出版.
――――― 2019b,「『学校』と『学校以外』をどうとらえていくか」『月刊生徒指導』49(11), pp. 6-11.
奥地圭子・村田栄一, 1995,「わが子の登校拒否からみんなの登校拒否へ」『教育評論』583, pp. 10-18.
奥地圭子・柳下換, 2011,「子どもと共に考え、親と子の共同の力で作りだした学びの場」柳下換・高橋寛人編『居場所づくりの原動力――子ども・若者と生きる、つくる、考える』松籟社, pp. 169-215.
奥地重雄, 1997,「子は学校から、親は会社から離れて」東京シューレ父母会編『〔増補新版〕父親が語る登校拒否』現代企画室, pp. 14-29.
小野昌彦, 2012,「不登校状態を呈する発達障害児童生徒の支援に関する研究動向」『特殊教育学研究』50(3), pp. 305-312.
大沼安史, 1982,『教育に強制はいらない――欧米のフリースクール取材の旅』一光社.
大沼安史編, 1982,『続・教育に強制はいらない――パット・モンゴメリー女史来日の記録』一光社.
押谷由夫, 1980,「教育的浪費」新堀通也編『日本の教育地図――県別教育診断の試み・学校教育編』ぎょうせい, pp. 307-342.
大多和雅絵, 2017,『戦後夜間中学校の歴史――学齢超過者の教育を受ける権利をめぐって』六花出版.
大塚千野, 1987,『サマーヒル少女日記――やっぱり自由が好き！』晶文社.
大山洋子, 1989,「元気な登校拒否ばかりなんて？――テレビ・新聞の報道への危惧」『ひと』195, pp. 33-35.
Partridge, J. M., 1939, "Truancy," *The Journal of Mental Science*, 85, pp. 45-81.
Reimer, E., 1971, *School is Dead: An Essay on Alternatives in Education,* Doubleday. (= 1985, 松居弘道訳『学校は死んでいる』晶文社).
佐伯胖・黒崎勲・佐藤学・田中孝彦・浜田寿美男・藤田英典編, 1998,『いじめと不登校』岩波書店.
佐川佳之, 2006,「不登校経験について『語らない』ということ――コミュニケーション空間としてのフリースクールに関する一考察」『一橋論叢』135(2), pp. 258-278.
――――― 2009,「フリースクール運動のフレーム分析――1980～1990年代に着目して」『〈教育と社会〉研究』19, pp. 46-54.
蔡敏雄・向山徳子・松井猛彦ほか, 1981,「気管支喘息児にみられた登校拒否症の13例」『小児保健研究』40(5), pp. 476-479.
齊藤万比古, 2009,「不登校」『児童青年精神医学とその近接領域』50（50周年記念特集号）, pp. 145-155.

斎藤環, 2003,『ひきこもり文化論』紀伊國屋書店.
――――― 2015,『オープンダイアローグとは何か』医学書院.
――――― 2019,『オープンダイアローグがひらく精神医療』日本評論社.
酒井朗, 2023,「ゆらぐ教育保障のあり方」苅谷剛彦・濱名陽子・木村涼子・酒井朗『新・教育の社会学――〈常識〉の問い方、見直し方』有斐閣, pp. 1-78.
坂本昇一, 1989,「学校不適応の本質と指導のあり方」『文部時報』1346, pp. 4-7.
坂元良江, 1984,『世界でいちばん自由な学校――サマーヒル・スクールとの 6 年間』人文書院.
佐田智子, 1980a,「何が子どもの心を蝕むのか――『いま学校で』9 年間の取材から」『ひと』88, pp. 3-15.
――――― 1980b,「序列主義とのたたかい――みずからの生を考えさせられる」『ひと別冊（追悼特集号）遠山啓――その人と仕事』太郎次郎社, pp. 184-189.
佐藤淳一・今井恭平・大西愛美・岩田嘉光・齋藤真結子・星野光紀・小出奈津子, 2011,「不登校研究の展望――国内における 70 年代までの『学校恐怖症・登校拒否』」『上越教育大学研究紀要』30, pp. 123-132.
佐藤淳一・岩田嘉光・齋藤真結子・星野光紀・橋本賢司・秋山佳子, 2012,「不登校研究の展望（Ⅱ）――国内における 1980 年代の臨床心理学の事例論文から」『上越教育大学研究紀要』31, pp. 169-179.
佐藤守, 1957,「八郎潟漁村における長欠現象の分析――秋田県南秋田郡昭和町野村部落の場合」『教育社会学研究』11, pp. 79-93.
佐藤修策, 1959,「神経症的登校拒否行動の研究――ケース分析による」『岡山県中央児童相談所紀要』4, pp. 1-15.
――――― 1996,『登校拒否ノート――いま、むかし、そしてこれから』北大路書房.
佐藤洋作, 1998,『君は君のままでいい――10 代との対話と共同』蕗薹書房.
Seikkula, J. and Arnkil, T. E., 2006, *Dialogical Meetings in Social Networks*, Karnac Books.（= 2016, 高木俊介・岡田愛訳『オープンダイアローグ』日本評論社）.
青少年指導研究会, 1964,「在学非行青少年の指導に関する教育社会学的研究」『教育社会学研究』19, pp. 5-55.
瀬戸知也, 2001,「『不登校』ナラティブのゆくえ」『教育社会学研究』68, pp. 45-64.
Shimizu, K., 2011, "Defining and Interpreting Absence from School in Contemporary Japan: How the Ministry of Education Has Framed School Non-Attendance," *Social Science Japan Journal*, 14(2), pp. 165-187.
霜田静志, 1929,「新人ニイルの學校――自由教育と不良児の救済」『教育週報』222, p. 4.
――――― 1959,『ニイルの思想と教育』金子書房.
下村哲夫, 1978,『先きどり学校論――「壁のない学校」から「学校のない社会」まで』

学陽書房.
新堀通也, 1975,「現代教育の病理――教育病理学の構造」『教育社会学研究』30, pp. 17-27.
――― 1996,『教育病理への挑戦――臨床教育学入門』教育開発研究所.
新堀通也編, 1980,『日本の教育地図――県別教育診断の試み・学校教育編』ぎょうせい.
塩澤実信・植田康夫編, 1982,『『トットちゃん』ベストセラー物語』理想出版社.
Silberman, C. E., 1970, *Crisis in the Classroom: The Remaking of American Education,* Random House.（= 1973, 山本正訳『教室の危機――学校教育の全面的再検討』サイマル出版会）.
宋美蘭編, 2021,『韓国のオルタナティブスクール――子どもの生き方を支える「多様な学びの保障」へ』明石書店.
Spector, M. and Kitsuse, J. I., 1977, *Constructing Social Problems,* Cummings Publishing Company.（= 1990, 村上直之・中河伸俊・鮎川潤・森俊太訳『社会問題の構築――ラベリング理論をこえて』マルジェ社）.
杉村省吾・谷重美・藤坂由起子, 1977,「登校拒否症 School refusal の臨床的アプローチ――小児病院での実践を通して」『武庫川女子大学紀要：教育学科編』25, pp. 31-41.
鷲見たえ子・玉井収介・小林育子, 1960,「学校恐怖症の研究」『精神衛生研究』8, pp. 27-56.
住田征夫, 1972,「不登校児からみた教育に関する精神医学的一考察」『名古屋市立大学医学会雑誌』22(4), pp. 556-572.
鈴木敏, 1987,「ルポ不動塾体罰致死事件――私設刑務所で殺された 15 歳の〝問題児〟の周辺」『朝日ジャーナル』29(27), pp. 92-95.
鈴木菜生・岡山亜貴恵・大日向純子ほか, 2017,「不登校と発達障害――不登校児の背景と転帰に関する検討」『脳と発達』49(4), pp. 255-259.
鈴木康弘, 2019,「医学はいかに問い直されようとしたのか――学会改革の気運とその挫折」小国喜弘編『障害児の共生教育運動――養護学校義務化反対をめぐる教育思想』東京大学出版会, pp. 237-259.
鈴木康久・田中幸治・駒木明仁・増田久美子・綿引一男, 1984,『ぼくたちの朝――登校拒否児が書いた青春記』教育史料出版会.
高木隆郎, 1962,「いわゆる登校拒否の一例――その生育史と神経症的傾向をめぐる症状論的考察」『関西臨床心理学者協会会報』3, pp. 4-5.
――― 1984,「登校拒否と現代社会」『児童青年精神医学とその近接領域』25(2), pp. 63-77.
――― 2010,「不登校」『児童青年精神医学とその近接領域』51(3), pp. 200-221.
Takagi, R., 1963, "Mental Mechanisms of School Phobia and Its Prevention," *Acta*

Paedopsychiatrica, 39, pp. 131-146.
高木隆郎・川端利彦・田村貞房ほか，1959,「長欠児の精神医学的実態調査」『精神医学』1, pp. 403-409.
高木志づゑ，1973,「編集会議報」『ひと』8, pp. 37-38.
高木四郎，1961,「パネル・ディスカッションを司会して」『児童精神医学とその近接領域』2(1), pp. 114-116.
高橋良臣，1980,『よみがえった仔羊――デンマーク牧場から』たいまつ社.
―――― 1981,『子どもたちの復活――登校拒否をのりこえて』あすなろ書房.
高山龍太郎，2019,「教育機会確保法の成立過程とその論点――ニーズ対応型教育課程という観点から」永田佳之編『変容する世界と日本のオルタナティブ教育――生を優先する多様性の方へ』世織書房，pp. 135-171.
武井哲郎・矢野良晃・橋本あかね編，2022,『不登校の子どもとフリースクール――持続可能な居場所づくりのために』晃洋書房.
竹川郁雄，1993,『いじめと不登校の社会学――集団状況と同一化意識』法律文化社.
滝川一廣，1994,『家庭のなかの子ども　学校のなかの子ども』岩波書店.
詫摩武俊・稲村博編，1980,『登校拒否――どうしたら立ち直れるか』有斐閣.
田中佑弥，2016,「日本における『フリースクール』概念に関する考察――意訳としての『フリースクール』とその濫用」『臨床教育学論集』8, pp. 23-39.
―――― 2017a,「表現としての子どもの『問題行動』――戦後初期のケース記録『映画狂の精神薄弱児』に着目して」『臨床教育学論集』9, pp. 15-27.
―――― 2017b,「フリースクールの制度化に関する考察――不登校生支援のあり方をめぐる論争を中心に」『臨床教育学研究』23, pp. 13-22.
―――― 2022,「山田潤の教育と労働に関する問題意識――『ハマータウンの野郎ども』と不登校を中心に」『人文×社会』8, pp. 9-19.
―――― 2024,「奥地圭子と民間教育運動――『ひと』掲載の授業記録における子どもとの関係性に着目して」『社会文化研究』26, pp. 159-177.
Tanaka, Y., 2022, “Exploring ‘Parents’ Right to Educate’ in Japan,” *Other Education: The Journal of Educational Alternatives*, 11(2), pp. 3-15.
谷口清・小柴孝子，2013,「長期欠席と不登校の背景因子――相談担当者への聞き取り調査から」『人間科学研究』35, pp. 121-129.
鑪幹八郎，1963,「學校恐怖症の研究（1）――症状形成に關する分析的考察」『児童精神医学とその近接領域』4(4), pp. 221-235.
東海テレビ取材班，2011,『戸塚ヨットスクールは、いま――現代若者漂流』岩波書店.
登校拒否を考える会編，1987,『学校に行かない子どもたち――登校拒否・新しい生き方の発見』教育史料出版会.
登校拒否を考える緊急集会実行委員会編，1989,『「登校拒否」とは』悠久書房.

東京シューレ編, 2000,『フリースクールとはなにか――子どもが創る・子どもと創る』教育史料出版会.
―――― 2015,『東京シューレ 30 周年記念誌』東京シューレ.
東京シューレの子どもたち編, 1991,『学校に行かない僕から学校に行かない君へ――登校拒否・私たちの選択』教育史料出版会.
冨田竹三郎, 1951,「漁村及び農村中学校の長期缺席生徒について」『教育社会学研究』1, pp. 133-140.
友兼清治, 2017,『遠山啓――行動する数楽者の思想と仕事』太郎次郎社エディタス.
鳥山敏子, 1987,「一人ひとりの改革提言を」『ひと臨時増刊』1987 年 9 月号, pp. 69-72.
遠山啓, 1973a,「とびらのことば」『ひと』1, 頁番号なし.
―――― 1973b,「塾の思想――義務か、権利か」『ひと』11, pp. 4-12.
―――― 1976,『競争原理を超えて――ひとりひとりを生かす教育』太郎次郎社.
―――― 1980,『水道方式とはなにか』太郎次郎社.
遠山啓・石田宇三郎・板倉聖宣・遠藤豊吉・白井春男, 1973,「まず、第一歩を」『ひと』1, p. 1.
外山恒一・はやしたけし, 1990,『校門を閉めたのは教師か――神戸高塚高校校門圧殺事件』駒草出版.
辻悟・高橋哲郎・小澤勲・清水将之・村上靖彦・河合洋・西田博文, 1969,「思春期心性とその病理」『児童精神医学とその近接領域』10(3), pp. 131-159.
内田良子, 1985,「子どもの発する SOS をキャッチするには――臨床の現場から見た学校を拒否する子どもたち」『ひと』148, pp. 15-22.
―――― 1989,「登校拒否は治療の対象か――登校拒否の新しい局面」『ひと』195, pp. 4-12.
宇津木悦子・板橋登美, 1957,「登校を嫌がる女児とその母親――女児に対する遊戯治療と母親に対する社会治療の経過について」『児童のケースワーク事例集』9, pp. 73-99.
若林実, 1990,『エジソンも不登校児だった――小児科医からみた「登校拒否」』筑摩書房.
若林慎一郎・伊東秀子・伊東忍, 1965,「学校恐怖症または登校拒否児童の実態調査」『児童精神医学とその近接領域』6(2), pp. 77-89.
渡辺位, 1966,「登校拒否とその治療」『児童心理』20(9), pp. 128-134.
―――― 1967,「登校拒否について」『医療』21(2), pp. 216-223.
―――― 1976,「青春期の登校拒否」『臨床精神医学』5(10), pp. 1255-1260.
―――― 1978,「家庭内暴力のメカニズム」『児童心理』32(13), pp. 231-237.
―――― 1980,「学校をこばんだ子らとともに――登校拒否の原因と、その対応」『ひと』94, pp. 3-17.
―――― 1983,「まえがき」渡辺位編『登校拒否・学校に行かないで生きる』太郎次郎

社, pp. 2-5.
――――― 1992a,『不登校のこころ――児童精神科医 40 年を生きて』教育史料出版会.
――――― 1992b,『自然に学ぶ子育て――登校拒否の子と親から教えられたこと』教育史料出版会.
渡辺位編, 1983,『登校拒否・学校に行かないで生きる』太郎次郎社.
Willis, P., 1977, *Learning to Labour: How Working Class Kids Get Working Class Jobs*, Saxon House.（= 1985, 熊沢誠・山田潤訳『ハマータウンの野郎ども――学校への反抗・労働への順応』筑摩書房).
Wong, S. W., 2008, *Reframing Futoko (school non-attendance) in Japan: A Social Movement Perspective*, Doctoral Dissertation, University of Adelaide.
山田銀河, 2017,「不登校支援における連携ネットワークとアクター間の関係――『神奈川県学校・フリースクール等連携協議会』の事例から」『東京大学大学院教育学研究科教育行政学論叢』37, pp. 145-162.
山田潤, 2002,「『不登校』だれが、なにを語ってきたか」『現代思想』30(5), pp. 233-247.
山岸竜治, 2018,『不登校論の研究――本人・家庭原因説と専門家の社会的責任』批評社.
山松質文・畠瀬稔・鑪幹八郎, 1962,「シンポジユームの感想と問題点」『関西臨床心理学者協会会報』3, pp. 12-16.
山本宏樹, 2008,「不登校公式統計をめぐる問題――五数要約法による都道府県較差の検証と代替案の吟味」『教育社会学研究』83, pp. 129-148.
――――― 2016,「教育機会確保法案の政治社会学――情勢分析と権利保障実質化のための試論」『〈教育と社会〉研究』26, pp. 5-21.
山本昭二郎, 1966,「学校恐怖症の収容治療」日本臨床心理学会編『臨床心理学の進歩――1966 年版』誠信書房, pp. 283-292.
山本哲士, 1979,『学校・医療・交通の神話――イバン・イリイチの現代産業社会批判』新評論.
山本哲士編, 1986,『小さなテツガクシャたち――杉本治君・尾山奈々さんの自死から学ぶ』新曜社.
山﨑まどか, 1986,『ビバ！ 私はメキシコの転校生――「幸福」をおしえてくれた自由学校』偕成社.
山﨑満喜子, 1981,『メヒコの自由学校』現代書館.
山﨑洋子, 1998,『ニイル「新教育」思想の研究――社会批判にもとづく「自由学校」の地平』大空社.
山下耕平, 2016,「教育機会確保法案をめぐって」『精神医療』83, pp. 36-43.
山登敬之, 2005,「極私的不登校闘争二十年史序説」『こころの科学』123, pp. 64-70.
――――― 2014,『子どものミカタ――不登校・うつ・発達障害　思春期以上、病気未満

とのつきあい方』日本評論社.
―――― 2019,『わからなくても、こころはある――発達障害・不登校・思春期のミカタ』日本評論社.
八杉晴実, 1975a,『算数ぎらいが好きになる――家庭でできるDIG式つまずき発見法』徳間書店.
―――― 1975b,『先生、塾は悪いのですか』昌平社.
―――― 1979,『子供たちを落ちこぼすのは誰か――教育・弱者の論理』啓明書房.
―――― 1982,「西ドイツのシュタイナー学校――十二年間一貫制・生徒自作の教科書」『月刊教育の森』7(10), pp. 76-82.
―――― 1983,『人間が好き――塾 東進会の学び・愛・喜び』新声社.
―――― 1985a,『学力おくれ学校ぎらい』教育史料出版会.
―――― 1985b,「学校の外の風景」八杉晴実編『さよなら学校信仰――自前の教育を求めて』一光社, pp. 9-52.
―――― 1990a,『全国子ども支援塾ガイド――ビューティフル「家族ネットワーク」の広がりのために』一光社.
―――― 1990b,「補習塾の役割――勉強の遅れた子のために」『児童心理』44(3), pp. 443-447.
八杉晴実編, 1985a,『さよなら学校信仰――自前の教育を求めて』一光社.
―――― 1985b,『かけこみ塾ふれあい日記――学校の外で学ぶ子どもたち』有斐閣.
横田正雄, 1989,「登校拒否論の批判的検討――母子分離不安論の登場まで」『臨床心理学研究』27(2), pp. 56-61.
―――― 1990a,「登校拒否論の批判的検討〈その2〉――登校拒否の社会的広がりに至るまで」『臨床心理学研究』27(3), pp. 2-8.
―――― 1990b,「登校拒否論の批判的検討〈その3〉――分離不安論の新たな展開とその反作用」『臨床心理学研究』28(1), pp. 2-11.
―――― 1991,「登校拒否論の批判的検討〈その4〉――分離不安論から自己像脅威論へ」『臨床心理学研究』28(3), pp. 2-10.
―――― 1992,「登校拒否論の批判的検討〈その5〉――日本に登校拒否が現われた頃の社会的状況と初期の登校拒否論」『臨床心理学研究』30(1), pp. 11-19.
―――― 1994,「登校拒否論の批判的検討〈その6〉――イギリスでの登校拒否の多発という現象を踏まえて」『臨床心理学研究』31(3), pp. 30-39.
全国不登校新聞社編, 2018,『不登校50年証言プロジェクト』全国不登校新聞社.